工业控制与智能制造丛书

SMART MANUFACTURING SYSTEM
AND PRACTICES

智能制造之路
数字化工厂

陈明 梁乃明 方志刚 刘晋飞 唐堂 王亮 等编著

机械工业出版社
China Machine Press

图书在版编目（CIP）数据

智能制造之路：数字化工厂 / 陈明，梁乃明等编著. —北京：机械工业出版社，2016.10（2025.11重印）

（工业控制与智能制造丛书）

ISBN 978-7-111-55073-0

I. 智… II. ①陈… ②梁… III. 智能制造系统–制造工业–研究–中国 IV. F426.4

中国版本图书馆CIP数据核字（2016）第236291号

智能制造之路：数字化工厂

出版发行：机械工业出版社（北京市西城区百万庄大街22号 邮政编码：100037）	
责任编辑：张梦玲 　王　颖	责任校对：董纪丽
印　　刷：北京建宏印刷有限公司	版　次：2025年11月第1版第23次印刷
开　　本：170mm×242mm　1/16	印　张：18
书　　号：ISBN 978-7-111-55073-0	定　价：69.00元

客服电话：（010）88361066　68326294

版权所有·侵权必究
封底无防伪标均为盗版

Preface 序

当前,人类在技术革命领域不断开拓创新,大数据、云计算、物联网以及务联网(Internet of Service)等技术得以成熟应用,工业自动化、数字化的水平不断提高,这些都悄然孕育着一场新的工业革命。

2013年年底,德国正式发布"工业4.0战略计划",破晓了第四次工业的晨光。作为老牌工业发达国家,德国一直致力于引领全球工业发展的步伐,因此"工业4.0"的发布在全球范围内引起了极大的反响。继德国之后,美国、英国、日本等世界主要工业发达国家均出台了一系列国家政策以支持本国工业发展,应对新一轮工业革命所带来的挑战。我国政府通过统筹兼顾国内外环境,提出了实施制造强国"三步走"战略,并于2015年5月由国务院颁布出台了指导未来工业发展第一个十年计划"中国制造2025",力争在十年内跻身世界制造强国行列。尽管各个国家在制定相应战略政策时,由于各自工业基础和发展环境的不同,其战略侧重点有所区别,然而智能制造却一直作为未来工业发展的主旋律备受重视。

在这一工业发展的重要变革时期,中德两国政府高度重视合作共赢,包括两国重要领导的高层互访,双边政府性文件的出台。中德双方在关于未来工业发展的道路上已经具备了良好的、广阔的平台。为了更好地对接国际形势,积极推动我国智能制造的发展,同济大学充分利用对德合作优势,继德国"工业4.0"计划发布不到一年,与相关德国企业共同建立了"工业4.0-智能工厂实验室"。一方面,作为教育部"智能制造/工业4.0"师资培养基地,为我国智能制造产业培养了大量的人才。另一方面,作为智能制造关键技术研究的重要基地,为我国智能制造相关企业提供了有效的技术支持和验证平台,在国内外产生了广泛且积极的影响。西门子

（Siemens）作为德国大型跨国公司，一直致力于服务全球工业发展。自进入我国以来，不断拓宽业务领域，并以优异的品质和领先的技术水平，确立了领先的市场地位。作为"工业4.0"的发起者和倡导者之一，西门子在"工业4.0"的发展过程中始终处于领军地位，先后建成了德国安贝格数字化工厂和成都数字化工厂，作为通往未来智能制造的先驱试点，引起了全球制造业的高度关注。同济大学与西门子在智能制造领域也已开展了广泛的合作，从中德双方的角度审视"工业4.0"和智能制造，为我国的工业发展道路打开一扇启迪的窗户。

本书从智能制造环境下的理论研究、产品生命周期、制造运营管理、全集成自动化、系统集成等五个方面对智能制造进行深入分析和探讨，最终以典型案例形象地描述了我国智能制造企业在发展道路上的优势和不足，对理解和分析智能制造具有前瞻的理论价值，对企业开展智能制造的实施与改造具有重要的指导意义！

中国工程院院士
中国创新设计产业战略联盟副理事长

Preface 前言一

21世纪以来,全球出现了以物联网、云计算、大数据、移动互联网等为代表的新一轮技术创新浪潮。当前,新兴经济体快速崛起,全球市场经济交流合作规模空前庞大,多样化、个性化需求快速发展,用户体验成为市场竞争力的关键要素;资源、能源需求快速增长,生态环境、气候变化备受关注,绿色低碳的发展理念渐成共识;信息网络、先进材料、智能制造、生物医药等科技与产业酝酿新突破,服务与业态创新日新月异。

在此背景下,德国提出"工业4.0",中国推出"中国制造2025",美国推进振兴高端制造,日本发展协同机器人和无人工厂,英国着力生物、纳米等高附加值制造,法国开启"新工业法国"总动员。这些国家都将智能制造视为振兴实体经济和新兴产业的支柱与核心,以及提升竞争力和可持续发展能力的基础与关键。

本书以同济大学中德工程学院"工业4.0-智能工厂实验室"和西门子相关解决方案为背景,结合作者在智能制造领域的实践经验和关键技术编写而成。

本书共分六篇,分别为理论篇、产品全生命周期管理篇、制造运营管理篇、全集成自动化篇、系统集成篇、案例分析篇。书中介绍了智能制造在国内外的发展与应用状况、智能制造的内涵与特征;描绘了智能制造参考模型、智能工厂体系架构以及智能工厂解决方案要素;分享了智能制造前站——数字化工厂三个不同维度的数字化蓝图和实施路线图;通过系统集成篇与案例分析篇,结合西门子数字化企业软件套件,帮助读者更好地理解智能制造相关理念,促进企业打造新一代智能制造创新平台,从而在设计研发、工艺开发、生产制造、售后维护等产品全生命周期实行全面数字化与智能管理,同时促进企业实现工业物联网与应用服务联网的深度融合,更好地满足客户持续多变的个性化需求。

本书在注重智能制造基础理论架构的同时,也注意与数字化工厂多维信息管控系统及企业实践案例相结合，使读者能准确认知智能制造理论，体验实践环境。本书适用于开设智能制造课程的高校教师和学生、致力于打造数字化企业的从业人员、研究智能制造关键技术的科研人员及系统设计与开发人员。

由于笔者水平有限，且编写时间仓促，如有纰漏，恳请积极反馈！

陈明

同济大学中德工程学院副院长

同济大学工业 4.0- 智能工厂实验室主任

2016 年 10 月

Preface 前言二

"中国制造2025"的主攻方向是智能制造,要推进信息化与工业化深度整合,促进工业互联网、云计算、大数据在企业研发设计、生产制造、经营管理、销售服务等全流程和全产业链的综合集成应用;加快推动新一代信息技术与制造技术融合发展,把智能制造作为两化深度融合的主攻方向;着力发展智能装备和智能产品,推进生产全过程智能化、培育新型生产方式,全面提升企业研发、生产、管理和服务的智能化水平。

作为德国"工业4.0"的倡导者和世界级智能制造实践者之一,西门子数字化工厂集团及西门子工业软件公司长期扎根中国,积极响应《中国制造2025》的号召,参与组建中德智能制造联盟,利用西门子广泛的全球资源和本土创新能力,协助中国制造企业不断提升自动化、数字化、智能化水平,深度参与中国从制造大国转型为制造强国的历史进程。在此过程中,西门子积累了大量成功案例和宝贵的工程实践经验。我们十分愿意和业界分享这些经验,在分享经济时代实现健康的共同成长。

为此,2015年9月,西门子工业软件技术团队组织编写了《工业4.0实战:装备制造业数字化之道》一书,该书以基于模型的数字化企业(Model Based Enterprise,MBE)为主线,比较全面地阐述了数字模型在全流程和全产业链中的应用。

MBE的理想目标是建立数字孪生(Digital Twin)模型,即通过产品系统和生产系统的全数字化建模和仿真,全面或部分替代成本高且周期长的物理孪生、半数字孪生等工程开发和验证手段,并在工程设计和工艺设计领域应用工业大数据和预测性工程分析(Predictive Engineering Analytics)技术,逐步实现"十三五"规划中提出的智慧院所和智能工厂的愿景目标,打通贯穿全价值链的数字神经系统,通过工业云和工业大数据实现向服务型制造转型。

欣闻同济大学中德工程学院副院长陈明教授和他的团队编著《智能制造之路：数字化工厂》，决定选择西门子数字化工厂技术作为核心案例，西门子很荣幸地向同济大学团队提供了全套技术参考资料。资料收集团队由方志刚、王文华牵头，PLM部分：王昕、李志明、陈铁锋、邹明政、曾法力；MES部分：戚锋、吕平、张炬、何梦琼；TIA部分：葛蓬、崔坚、程瀚侬、冯学卫、杨德奇、杨光、赵欣。在此一并对做出贡献的同事表示感谢。

衷心希望本书对读者有一定的参考价值，让我们共同为实现"中国制造2025"而继续努力！

梁乃明（Leo Liang）
西门子数字化工厂集团工业软件全球副总裁兼大中华区董事总经理
中德智能制造联盟副理事长
2016年10月

Contents 目 录

序
前言一
前言二

理 论 篇

第1章 智能制造概述 ··· 2

1.1 智能制造国内外发展与应用状况 ··· 2
    1.1.1 美国智能制造的发展与应用 ··· 2
    1.1.2 欧洲智能制造的发展与应用 ··· 5
    1.1.3 亚太智能制造的发展与应用 ··· 10

1.2 工业 4.0 ·· 16
    1.2.1 工业 4.0 的背景 ·· 16
    1.2.2 工业 4.0 的主要内容 ·· 17
    1.2.3 工业 4.0 的执行情况 ·· 24

1.3 中国制造 2025 ·· 28
    1.3.1 中国制造 2025 的背景 ·· 28
    1.3.2 中国制造 2025 的主要内容 ·· 30
    1.3.3 中国制造 2025 的执行情况 ·· 31

1.4 智能制造的内涵与特征 ··· 32
    1.4.1 国内外对智能制造定义、内涵和特征的理解 ··················· 32

1.4.2　智能制造与传统制造的异同 ·············· 40
　　1.4.3　智能制造解读 ····························· 40
1.5　智能制造参考模型 ································ 43
　　1.5.1　美国 ··· 44
　　1.5.2　德国 ··· 46
　　1.5.3　中国 ··· 48

第 2 章　智能工厂方案与体系 ························· 51

2.1　智能工厂的体系架构 ······························ 52
　　2.1.1　智能工厂的架构与功能定义 ············· 52
　　2.1.2　智能工厂的雏形——安贝格数字化工厂 ··· 54
2.2　智能工厂解决方案要素 ··························· 57
　　2.2.1　产品数字化建模与开发系统 ············· 57
　　2.2.2　产品全生命周期管理系统 ················ 60
　　2.2.3　生产制造执行系统 ························ 63
　　2.2.4　全集成自动化系统 ························ 64
　　2.2.5　企业资源计划 ······························· 65

产品全生命周期管理篇

第 3 章　数字孪生模型 ······························· 70

3.1　概述 ·· 70
　　3.1.1　数字孪生模型的概念及定义 ············· 70
　　3.1.2　数字孪生模型在制造中的作用 ·········· 74
　　3.1.3　数字孪生模型的应用和进展 ············· 76
3.2　基于模型的企业 ···································· 77
　　3.2.1　技术标准与规范 ···························· 78
　　3.2.2　从 MBD 到 MBE ···························· 81
3.3　MBE 的体系建设 ··································· 91
　　3.3.1　西门子 MBE 解决之道 ···················· 91

3.3.2 西门子 MBE 解决方案的价值定位 95

第 4 章 数字孪生模型的组成 96

4.1 产品设计 96
4.1.1 MBD 模型定义的挑战 96
4.1.2 MBD 模型定义的解决方案 98
4.2 过程规划 116
4.3 生产布局 118
4.4 过程仿真 122
4.5 产量优化 123
4.6 维护保障管理 139
4.6.1 服务规划 139
4.6.2 服务手册管理 140
4.6.3 维护 BOM 管理 141
4.6.4 维护保障执行 143
4.6.5 服务调度和执行 143
4.6.6 维护保障知识库管理 144
4.6.7 FRACAS 管理 145
4.6.8 维护保障报告和分析 146
4.6.9 维护物料管理 146

制造运营管理篇

第 5 章 制造执行系统概述 150

5.1 制造执行系统定义 150
5.1.1 MES 的定义及内涵 150
5.1.2 MES 的位置及与其他信息系统之间的关系 153
5.2 MES 的体系架构简介 154
5.2.1 设计原则与项目目标 154
5.2.2 MES 的体系架构 155

5.3 MES 的发展趋势 161
　　5.3.1 MES 朝着新一代 MES 的方向发展 161
　　5.3.2 MES 成为智能工厂的核心 162
　　5.3.3 MES 成为实现精益生产的关键环节 163

第 6 章　智能制造执行系统——SIMATIC IT 166

6.1 数据展现和功能系统 167
　　6.1.1 控制系统的数据管理 169
　　6.1.2 业务系统的数据管理 170
6.2 生产过程和生产管理 174
　　6.2.1 产品定义和产品生产 175
　　6.2.2 人员管理和生产规划 177
　　6.2.3 工单管理和制造执行 179
6.3 SIMATIC IT 产品组合战略部署 181
　　6.3.1 SIMATIC IT 生产套件 183
　　6.3.2 SIMATIC IT Preactor 189
　　6.3.3 SIMATIC IT 智能套件 191
　　6.3.4 SIMATIC IT 研发套件 193
　　6.3.5 SIMATIC IT eBR 195

全集成自动化篇

第 7 章　全集成的系统概念 198

7.1 客户对于自动化解决方案的需求 199
7.2 全集成自动化解决方案的优势 201
7.3 一体化的工程 202
　　7.3.1 TIA 的统一性 202
　　7.3.2 TIA 的开放性 204
　　7.3.3 联合调试与联合编程 205
　　7.3.4 远程维护 206
　　7.3.5 过程的模拟与仿真 206

　　　　7.3.6　通过 TIA 实现高效工程及其带来的效益 …………………………………… 207
7.4　工业数据的管理 ………………………………………………………………………… 207
　　　7.4.1　跨部门的横向集成 ……………………………………………………………… 207
　　　7.4.2　跨各层的纵向集成 ……………………………………………………………… 207
　　　7.4.3　工业数据管理可以提供多种维度和视角来视察与利用数据 ………………… 207
7.5　故障安全集成 …………………………………………………………………………… 208
　　　7.5.1　安全集成理念 …………………………………………………………………… 209
　　　7.5.2　设备安全的实现 ………………………………………………………………… 209
7.6　工业通信 ………………………………………………………………………………… 215
　　　7.6.1　以太网和工业以太网 …………………………………………………………… 215
　　　7.6.2　PROFINET ……………………………………………………………………… 216
　　　7.6.3　工业无线通信 …………………………………………………………………… 219
　　　7.6.4　PROFIBUS（IEC 61158/61784）……………………………………………… 220
　　　7.6.5　AS-Interface（EN 50295/IEC 62026）………………………………………… 221
　　　7.6.6　IO-Link（IEC 61131-9）………………………………………………………… 221
7.7　工业信息安全 …………………………………………………………………………… 222
　　　7.7.1　工业信息安全的防护理念 ……………………………………………………… 222
　　　7.7.2　工厂安全 ………………………………………………………………………… 223
　　　7.7.3　网络安全 ………………………………………………………………………… 224
　　　7.7.4　系统完整性 ……………………………………………………………………… 228

系统集成篇

第 8 章　企业间价值网络的横向集成 …………………………………………………… 234

8.1　横向集成 ………………………………………………………………………………… 234
8.2　横向集成解决的问题 …………………………………………………………………… 235
8.3　横向集成与车间 ………………………………………………………………………… 236
8.4　横向集成与网络化 ……………………………………………………………………… 236

第 9 章　全流程的端到端集成 …………………………………………………………… 237

9.1　全流程的端到端集成简介 ……………………………………………………………… 238

9.2 端到端——供应链要达到最佳的状态 ………………………………… 239
9.3 端到端集成解决方案 …………………………………………………… 240
9.4 全价值链端到端系统工程 ……………………………………………… 240

第 10 章 网络化的纵向垂直集成与网络化制造 243

10.1 PDM 与 ERP 集成 ……………………………………………………… 244
  10.1.1 PDM 与 ERP 集成的必要性 …………………………………… 244
  10.1.2 PDM 与 ERP 的集成模式 ……………………………………… 244
10.2 ERP 与 MES 集成 ……………………………………………………… 245
  10.2.1 ERP 与 MES 的集成分析 ……………………………………… 246
  10.2.2 ERP 与 MES 的集成模式与方法 ……………………………… 247
  10.2.3 SAP 制造行业的 ERP 与 MES 集成架构 …………………… 250
10.3 PLM 与 MES 集成 ……………………………………………………… 251
  10.3.1 PLM 与 MES 的集成分析 ……………………………………… 251
  10.3.2 西门子的 PLM 与 MES 集成架构 …………………………… 251

案例分析篇

制造运营管理案例 ……………………………………………………………… 254
 成功案例 1　青岛啤酒 ……………………………………………………… 254
 成功案例 2　京信通信 ……………………………………………………… 258

产品全生命周期管理案例 ……………………………………………………… 264

全集成自动化案例 ……………………………………………………………… 268

理论篇

成就创新　引领卓越

第 1 章 Chapter1

智能制造概述

1.1 智能制造国内外发展与应用状况

1.1.1 美国智能制造的发展与应用

1. 背景

20世纪80年代以来，随着经济全球化、国际产业转移及虚拟经济不断深化，美国产业结构发生了深刻的变化，制造业日益衰退，"去工业化"趋势明显。因发展中国家占据廉价劳动力，产业资源丰富等优势，所以部分美国企业将工厂外迁，同时美国加大对房地产、金融等方面的投入，也降低了对制造业的投入。制造业的萎缩导致美国出口产品竞争力下降，净进口规模不断增加，贸易逆差由1980年的190亿美元迅速增加至2008年的6983亿美元。不仅美国低端产品在丧失出口竞争力，高端产品的领先优势也开始动摇，美国高新技术产品在全球市场出口份额所占权重由20世纪末的20%下降至2008年的11%。2008年金融危机爆发后，美国经济遭受重创，美国国内生产总值增长停滞。2009年，金融危机进一步蔓延，美国国内生产总值萎缩2.6%，创下1947年以来的新低。失业率方面，2009年失业率高达9.3%，远高于1990~2008年的平均失业率。此后，在美国政府一系列救助政策的强力干预下，经济下滑势头得以缓解，但失业率一直在8.5%~10%徘徊。

面对由虚拟经济危机爆发导致的增长乏力、失业率居高不下的困境，美国社会各界深刻认识到实体经济的重要性，美国国内主张发展制造业、改变经济过分依赖金融业的呼声不断高涨。2009年年末，美国提出了重振制造业的经济复活战略，提出了一系列的重振制造业措施。美国政府提出重振制造业战略，不仅是为了尽快摆脱所面临的经济困境,更重要的是要通过发展先进制造业,再次领导全球科学技术的发展,继续保持对全球经济和技术的强大领导力,为经济的繁荣和持久增长打下坚实的基础。

2. 发展历程与支持政策

美国在2008年金融危机之前就已经提出了先进制造技术(Advanced Manufacturing Technology,AMT)的理念,也意识到了制造业的重要性,因此在经济危机爆发后美国需要重振制造业。

20世纪90年代,美国开始了制造业信息化。1993年,美国政府开始实施AMT计划。该计划的目标是研究世界领先的先进制造技术,以满足美国对先进制造技术的需求,提升美国制造业的竞争力。美国国家科学技术委员会(NSTC)在1994年制定了AMT发展战略:支持科研院所、大学与工业界三者联合开发先进制造技术;通过工业服务网络帮助企业快速使用先进制造技术;开发有利于环境保护的制造技术;积极实施与工程设计、制造相关的教育培训计划。1995年11月,美国政府开启为期4年的敏捷制造使能技术战略计划,每年投资3000万美元,3000多家私营企业、16所大学以及多个政府机构参加了此项计划。"下一代制造技术计划"(NGMTI)于2004年4月开启,NGMTI将加速实施具有突破意义的制造技术,最终实现推广国家制造技术投资战略,实现美国国防工业基础的转变,实现国防与反恐的经济可承受的系统快速交付。

2011年6月,美国确定了智能制造的4个优先行动计划。在搭建工业建模与仿真平台方面,为虚拟工厂和企业创建社区平台(包括网络、软件),开发用于生产决策的下一代软件和计算架构工具箱,将人类因素和决定融入工厂优化软件和用户界面中,为多个行业扩展能源决策工具的可用性。在工业数据采集和管理系统方面,为各个行业建立一致的、有效的数据模型,如数据协议和接口、通信标准等。在业务系统、制造工厂和供应商集成方面,通过仪表板报表、度量、常用的数据架构和语言等优化供应链绩效。在智能制造的教育和培训方面,加强建立智能制造的人才队伍,如培训模块、课程、设计标准、学习者接口。2012年,通用电气提出工业互联网(Industrial Internet)概念,工业互联网是开放、全球化的网络,将机器和先进的传感器、控制和软件应用进行连接,提高生产效率、减少资源消耗。2014年4月3日,IBM、思科、通用电气和AT&T组建工业互联网联盟(Industrial Internet Consortium,IIC)。该联盟采用成员开放制,建立一个打破科技壁垒的团体,以更好地推动现实物理世界和数字世界间大数据的整合。

美国在2008年金融危机后也相继提出了一系列的重振制造业政策。美国重振制造业的主要政策如表1-1所示。

表 1-1 美国重振制造业的主要政策

时间	政策	内容	目的
2015.10	《美国创新新战略》	重点强调了九大战略领域：先进制造、精密医疗、大脑计划、先进汽车、智慧城市、清洁能源/节能技术、教育技术、太空探索和计算机创新领域	占领先进制造高点
2014.12	《振兴美国制造业和创新法案》	在美国国家科技技术研究院（NIST）框架下实施制造业创新网络计划，在全国范围内建立制造业创新中心	加快美国制造业的技术创新及商业应用步伐
2014.10	振兴美国先进制造业2.0版	为美国的先进制造业发展总结了三大支柱：加快创新，保证人才输送管道及改善商业环境	保证美国先进制造业良好的发展势头
2014.04	美国学徒计划	资助社区学院与雇主合作，设立适应未来工作的培训项目。投入学徒培训扩大计划，并集中在信息技术，医疗以及高级制造业领域	培训高级制造业、信息技术和医疗行业的高级技术工人
2013.03	《美国机器人路线图》	强调了机器人技术在美国卫生保健领域的重要作用	提出了未来5~15年制造业机器人所需要解决的关键能力
2013.01	《国家制造业创新网络初步设计》	组建美国制造业创新网络（NNMI），集中力量推动数字化制造、新能源以及新材料应用等新兴技术	打造一批具有先进制造能力的创新集群
2012.03	美国制造业创新网络计划	计划建设一个包含15个制造创新中心的全国性网络，专注于3D打印和基因图谱等新兴技术	利用高科技全面提升美国制造业，将美国转变成为全球的高科技中心
2012.02	美国先进制造业国家战略计划	围绕中小企业、劳动力、伙伴关系、联邦投资以及研发投资等五大目标具体建议展开	促进美国先进制造业的发展
2011.11	美国制造业复兴计划	从投资、贸易、劳动力和创新等方面提出了促进美国制造业复兴的四大目标以及相应的对策措施	确定美国保持制造业全球竞争力的路径
2011.02	《美国创新战略：保护我们的经济增长和繁荣》	新的创新战略推出了五个新的行动计划	在美国重点有限领域实现突破
2011.06	先进制造业伙伴关系计划	通过政府、高校及企业的合作来振兴美国制造业，以创造高质量的就业岗位	确保美国在全球先进制造业中的领导地位
2010.07	《2010美国制造业促进法案》	大规模投资清洁能源、道路交通、改善宽带服务，消减企业部分关税	破解制造业发展难题
2009.12	《重振美国制造业框架》	提出将重振制造业作为美国经济长远发展的重大战略	重振制造业的理论基础及优势，成为美国制造业指引
2009.11	美国"再工业化"战略	促进制造业增长，让美国回归实体经济	推动美国制造业回归

3. 总体情况

美国在智能制造技术的理论和应用研究方面长期处于世界领先地位，人工智能、控制论、物联网等智能技术的基础多数起源于美国。美国在智能产品的研发方面也一直走在全球前列，从早期的数控机床、集成电路、PLC，到如今的智能手机、无人驾驶汽车以及各种先进的传感器，均来自于美国高校的实验室和企业的研发中心。在基础元器件领域，不仅有艾默生、霍尼韦尔这样的工业巨头，更有大量专注于某一领域的优秀小企业。在数控机床方面，拥有 MAG、哈挺、哈斯、格里森等一批知名企业，工业机器人也拥有 American Robot 等知名企业。在工业软件方面，全球大多数研发设计软件、管理软件和生产制造软件的实力企业来自于美国。而美国重返制造业的典型特点是利用现有的先进信息、软件技术来改造现有的制造业，使得美国智能制造技术产业保持全方位、高水平发展。

美国的 IBM、思科、通用电气和 AT&T 等软件公司也是用工业互联网来改造制造业，如特斯拉电动汽车及谷歌自动驾驶汽车都将像手机/计算机一样成为互联网中的移动终端，用信息化带动制造业的发展，加快调整产品业务发展战略，不断加强跨行业的合作，在发挥各行业自身优势的同时推进制造业向智能化、网络化方面发展。

1.1.2 欧洲智能制造的发展与应用

1. 背景

制造业在欧洲的经济中所占的比例很大，欧洲地区国民生产总附加值的 15% 是由制造业产生的。同时，80% 的创新以及 75% 的出口都来自工业领域。考虑其对服务的影响，工业可以看作是欧洲的社会引擎、经济引擎。近年来，欧洲制造业面临的压力越来越大，特别是亚洲国家的制造业越来越多地参与到国际市场中，导致欧洲的制造业竞争力不断降低。到 2011 年，世界制造业的总增加值增至 6.577 万亿欧元，新兴经济体占世界制造业增加值的份额也已增至 40%，亚洲（除日本外）的制造业份额已从 1991 年的 8% 增至 31%，而西欧的制造业增加值份额从 1991 年的 36% 下降到 25%。"去工业化"困扰着欧洲各国政府，欧盟委员会必须立即采取行动刺激工业发展。

英国是全球最早进行工业革命的国家，曾经被称为"现代工业革命的摇篮"和"世界制造工厂"，它的现代化发展和财务绝大多数来源于制造业。然而，在出现第三产业和金融业后，英国制造业开始低迷，尤其是 1980 年中后期，英国当局开始实施去工业化的策略，即重新调整和布局产业结构来发展虚拟经济。随着时间的推进，英国已完成了去工业化的历程，20 年前英国经济比重中生产制造业占

22%，现在这个比例降到10%。现在英国的制造业从业人员数量为300万，而30年前却为500多万人。英国在2008年金融危机中损失惨重，国家当局认识到要想强大和富民必须靠制造业这一理念。因而，英国的官员、机构和学者等都呼吁重回制造业。以此为依托，英国开展"再工业化"。英国部门还发布了新的经济发展策略，其主要内容是增大工业在经济结构中的比重和打造高水平的制造业，在创造、升级上做足准备；减轻服务业、第三产业、金融业在经济中的比重，使国家的经济发展进入常态。

德国传统工业在世界上举足轻重，在核心竞争中占有优势，随着新一代物联网技术与工业的深度融合，物品、设备、工艺和服务的智能化逐渐发展，德国各界对能否跟上时代发展的步伐深感忧虑并产生深刻的危机意识。网络通信技术在全球新一轮工业变革中占有主导地位，作为世界的制造业强国，在新一轮技术变革中能否找到工业发展的道路并引领全球工业的发展是德国广泛关心的问题。针对世界新一轮网络技术与工业技术的不断融合，德国有巩固和加强技术优势的机会。主要优势表现在工业软件、工业电子和制造技术上。传统制造技术与工业软件、工业电子技术的组合，为德国在智能装备竞争上带来了机会。当全球都提出智能制造、工业互联网、能源互联网等新理念时，德国是传统工业的强者，它需要拥有传统制造业和未来制造业发展的新理念，抢占发展理念的优势，并继续使德国制造业处于世界领先地位。在这一背景下，德国工业4.0的概念出现了。

20世纪80年代以后，法国首先开始"去工业化"，这使得制造业从业职位从1980年的510万下降到2013年的290万，制造业增长值占GDP比重从20.6%下降到10%。尽管法国工业有着辉煌的历史，但必须指出的是，过去的十年是法国工业"失去的十年"，随着新兴国家的崛起和英美德等国"再工业化"的推进，法国一流工业强国的地位岌岌可危。2008年国际金融危机爆发后，法国制造业延续了下滑走势，2008～2012年，制造业就业率和增长值占比分别降低了1.3%和1.8%。同时，利润率加速下滑，劳动生产率增长持续减缓（2007年以来的增加率仅为0.9%，而2001～2007年的增加率为3.1%），德国、英国等其他欧洲地区的情况也与此相同。2010年9月，法国在"新工业政策"中明确将工业置于全国成长的中心位置，提出了法国一定要执行再工业化。

2. 发展历程与支持政策

欧洲早在1982年制定的信息技术发展战略计划中就强调了面向未来制造核心技术的开发。由德国、法国和英国发起的主题为"未来的工厂"的尤里卡项目将相关制造方面的研究与开发作为重点。从1984年起，欧盟制定了七个研发框架计划

(FP1～FP7)(1984～2013年)及"地平线2020"(2014～2020年)科技发展计划,重点在于先进/智能制造技术及其工业技术成长规划,如表1-2所示。

表1-2 历次欧盟研发框架计划及"地平线2020"

名　　称	年度	总金额(亿欧元)	重　　点
欧盟第一研发框架计划(FP1)	1984～1990	32.71	①建设欧盟统一的研究区域(ERA) ②保持科学技术的卓越 ③提升工业企业的竞争力 ④应对经济社会的挑战
欧盟第二研发框架计划(FP2)	1987～1995	53.57	
欧盟第三研发框架计划(FP3)	1991～1995	65.52	
欧盟第四研发框架计划(FP4)	1995～1998	131.21	
欧盟第五研发框架计划(FP5)	1998～2002	148.71	
欧盟第六研发框架计划(FP6)	2003～2006	192.56	
欧盟第七研发框架计划(FP7)	2007～2013	558.06	前4点同上,另外两点如下: ⑤经济增长 ⑥扩大就业
地平线2020(Horizon 2020)	2014～2020	770	

为促进制造业回流,抢占制造业新的制高点,力保"全球工厂"和"当代工业革命的摇篮"的荣誉,英国试图将已经挪到其他地区的公司、生产线和交易搬回本国,推出了"高价格制造"策略,期望鼓舞英国公司在本国制造出更多全球级的高附加值产品,以加大制造业在促进本国经济发展中的作用。2012～2014年,英国帮助了14个创造企业、特殊兴趣小组等机构进行建设,涉及范围包含能源、智能制造和嵌入式系统、生物技术、原料化学等。英国启动了对未来制造业开展预知的策略研究项目,即英国制造2050。该项目是定位于2050年英国制造业成长的一项长久策略研究,通过分析制造业面对的问题,提出英国制造业发展与苏醒的政策。该项策略研究于2012年1月启动,2013年10月形成最后报告《未来制造业:一个新时代给英国带来的时机与质疑》(《The Future of Manufacturing: A New Era of Opportunity and Challenge for the UK》)。该报告认为制造业并不是传统含义上的"制造之后再售卖",而是"服务再制造(以生产为核心的价值体系)",主要致力于4个方面:更快速、更灵敏地回应客户的需求;把握新的市场机遇;可持续发展;加大力度培养高素养的劳动力。2014年,英国贸易、创造和技能部发布了《工业策略:国家与工业之间的合作关系》,旨在加强英国制造业的竞争性,促使其可持续成长,并减少未来的不确定性。

德国在20世纪90年代提出了面向制造业升级的"制造2000计划"等,在21世纪又提出以提升信息化水平为宗旨的《2006年德国信息社会行动纲领》《2006—2010信息化行动计划》等。2000年1月,德国发布了"微系统技术2000"规划,该规划为期4年,旨在开展微系统技术和物品的真实使用,扩大微系统技术在经济和社会中的普遍影响。2006年,德国初次从政府层面提出了《德国高科技策略》。《德国高科技策略》中多次提到应加强创新,在新一轮工业革命中与美国、日本、中国展开竞争，抢占市场先机和价值链高端。2008 年，德国政府针对中小企业制定核心创造计划（Central Innovation Programme）。2010 年 12 月，德国联邦经济和技术部发布了新的信息化策略——数字德国 2015（Digital Germany 2015），提出通过数字化得到新的经济成长和就业机遇，具体内容包含：成长电子能源（E-energy）和智能电网；研究电动车，建设智能交通体系；将云计算技术应用于工业领域中。德国 2010 年还提出《思维·创造·生长——德国 2020 高科技策略》，讨论了德国和全球目前以及将来所面临的困难，提出了研究和创新措施，并确定了五个关键研究领域。在 2011 年的汉诺威工博会上，德国首次提出"工业 4.0"概念，旨在利用物联网技术提高德国制造业水平，这一概念恰好符合了德国行业主管部门的宏观策略思想。2012 年，德国将"工业 4.0"正式纳入《德国高科技行动规划》中，"工业 4.0"由此成为国家策略，由教育及研究部和经济及科技部共同主持，整合传统制造业、电信业，成立产官学共同平台，以西门子、SAP、博世等大公司带小公司的途径向前进行。在 2013 年的汉诺威工博会上，德国"工业 4.0 平台"发表了题为《保障德国制造业的未来：关于实施"工业 4.0"策略的建议》的报告，指出要依靠物联网和制造业服务，并提出了一个明确的执行方向。2014 年 3 月，德国工业 4.0 科学顾问委员会发布了《白皮书》，提出了关于人、技术及组织的 17 个重要问题，呈现了一个全新的工业蓝图。德国经过近十年的发展，为保证本土智能制造的竞争优势和市场地位，实施的工业 4.0 策略在各方面均处于世界前列。2014 年 8 月，德国政府发布《数字化议程：2014—2017》。2014 年 9 月 3 日，德国提出了新的高科技策略，指出科研结果要加快市场化和产品化，改良创造环境，所关注的领域主要有数字经济、可持续经济与能源、创造工作与医疗、移动智能设备和公民安全。2014 年德国在此方面投资 110 亿欧元。

2010 年 9 月，法国政府在"新产业政策"中明确将工业置于国家发展的核心位置，提出了法国必须进行再工业化。2012 年 5 月 16 日，法国总理让·马克·艾罗完成组阁，原"超级大部"经济、财政和工业部一分为二，其职责由新成立的生产振兴部和经济、财政与对外贸易部取代。生产振兴部的设立意在重振法国工业。法国政府于 2013 年 9 月推出了《新工业法国》战略，旨在通过创新重塑工业实力，使法国处于全球工业竞争力第一梯队。该战略为期十年，主要解决三大问题（能源、数字革命和经济生活），共包含 34 项具体计划，展现了法国在第三次工业革命中实现工业转型的决心和实力。2015 年 5 月，法国推出"未来工业"战略，覆盖了新型物流、新型能源、可持续发展城市、生态出行/未来交通、未来医疗、数据经济、智慧物体、数字安全和智慧饮食 9 个信息化项目，旨在通过信息化改造产业模式，实现再工业化的目标。根据计划，2015 年秋，法国"未来工业"项目正式和德国工业 4.0 项目建立合作关系；2016 年 2 月，法国公布"未来工业"标准化战略。对于"未来工业"的宣传推广，法国也将仿照德国汉诺威工业博览会模式，举办类似的大型活动。欧盟及欧洲各国相继出台相关智能制造行动计划，汇总如表 1-3 所示。

表 1-3 欧洲各国智能制造行动计划汇总

国家	项目名称	项目性质
欧盟	Application PPPs：FoF，SPIRE	欧盟内国际合作
	I4MS	欧盟内国际合作
	Smart Anything Everywhere	欧盟内国际合作
	ICT PPPs	欧盟内国际合作
	先锋行动	多地区合作
英国	高价值制造推动计划	国家计划
	创新英国	国家计划
	EPSRC 制造业未来	国家计划
	制造业行动计划	苏格兰地区计划
比利时	差异制造	国家计划
	弗兰德斯制造	弗兰德斯地区计划
法国	未来工业	国家计划
	FoFIle-de-France	地区计划
葡萄牙	制造业技术	国家计划
西班牙	工业 4.0	国家计划
	巴斯克工业 4.0	国家计划
	MDI 4.0-TECNALIA	国家计划
芬兰	FIMECC PPP 项目（MANU，S-STEP，SIMP，S4FLeet）	国家计划
	工业互联网商业革命	国家计划
波兰	INNOMED	国家计划
	INNOLOT	国家计划
	CuBR	国家计划
	BIOSTRATEG	国家计划
拉脱维亚	里加 IT 示范中心	国家计划
奥地利	未来制造	国家计划
意大利	智能工厂	国家计划
	伦巴的智能工厂	地区计划
希腊	西部大区项目	地区计划
德国	工业 4.0 平台	国家计划
	智能服务世界	国家计划
	工业 4.0 Autonomik	国家计划
	Allianz 工业 4.0 BW	国家计划
	It's OWL	东威斯特法伦－利普地区计划
	Allianz 工业 4.0	巴登－日本符腾堡州地区计划

3. 总体情况

欧洲作为第一次工业革命的发源地，其工业一直朝着高精尖的先进制造业方向发展。欧洲国家在智能制造领域较早进行战略布局，其智能制造各环节均处于全球领先地位。

欧盟侧重于民用机器人研发计划，积极推广应用机器人。2014年6月，欧委会和欧洲机器人协会联合180家企业及研发机构启动了"星火"计划，重点研发制造、护理、交通、农业、医疗等领域的机器人。目前包括减速机、控制器、电动机伺服系统在内的关键零部件的核心技术主要掌握在瑞士ABB、德国KUKA等几家国际巨头手中。德国在大型、重型、精密数控机床上的技术领先，其机、电、液、气、光、刀具、测量、数控系统及各种功能零部件在质量、性能上均居世界前列。如西门子公司的数控系统世界闻名，是用户的不二选择。目前3D打印技术最强的国家是以色列、美国和德国。欧洲十分重视3D打印技术的研发应用，已实现数字化规模生产，法国、德国、比利时都拥有技术较强的3D打印企业。工业软件是智能装备的核心和基础，德国企业资源管理（ERP）、制造执行系统（MES）、产品生命周期管理（PLM）、可编程控制器（PLC）等核心工业软件、硬件在全球都处于领导地位。工业电子的优势表现为集成了传感、计算、通信的工业电子是智能装备的核心，这也是欧洲特别是德国的优势领域所在。一批欧洲、德国企业在汽车电子、机械电子、机床电子、医疗电子等领域引领着全球相关领域的发展。

1.1.3 亚太智能制造的发展与应用

1. 背景

亚太地区的制造业相对欧美等发达国家发展缓慢，除了日本、韩国的制造业相对较强以外，中国及其他国家的制造业相对落后。为了获得生存和利润，欧美国家的制造业将加速转移到亚太新兴市场。在世界经济的格局调整过程中，将按照国际分工价值链引起产业布局的重新分布优化。从制造业的角度看，目前亚太地区的制造业主要以中、日、韩为主。近年来，印度制造业发展迅速，取得了不错的成绩。目前，尽管亚太市场对制造商有很强的吸引力，但由于亚太地区发展不平衡，要在亚太地区真正实现智能制造还需要很长时间。工业价值链中的大部分资源被智能制造整合，所以实行智能制造会影响整个产业。IT基础设施是实现智能制造的关键之一，但是亚太地区大部分国家的IT基础设施较弱。虽然很多亚太国家在IT系统的部分领域比较突出，但是其整体水平还无法有效地运用于智能制造。

中国是仅次于美国的全球第二大工业制造国，其2010年的产出占全球的19.8%。

不过中国目前还没有完成工业化,在信息技术日新月异的今天,中国需要走新型工业化道路(即两化深度融合道路)。我国制造业在取得巨大成绩的同时,也面临着诸多急待解决的问题,如核心技术受限、技术含量较低、能源消耗较多、产品结构不合理及企业自主创新能力薄弱等,急切需要实现由"制造业大国"向"制造业强国"的转变,实现制造业产业升级。同时,在全球价值链中,我国制造业处于低附加值的生产环节,资源的高强度消耗给环境造成了巨大的压力。因此,我国应该以制造业为切入点,尽快优化产品结构,使产品附加值提升,推动研发创新,逐步向技术、服务等环节过渡。中国也需要在国外智能制造的大背景下,开展相关智能制造项目,借此良机进行转型,克服劣势,最终达到技术突破和经济超越,不断向前沿高端环节迈进。

日本制造业在二战后发展迅猛,20世纪60年代的工业年均增长率高达13%,在70年代基本实现了工业现代化,到80年代,日本在汽车、半导体等领域超过欧美几个工业大国,成为世界第二大制造国。随后日本经济进入了长达十多年的停滞衰退期,但这并不影响其先进制造业的发展。日本政府通过政府干预、产业政策来引导和鼓励高新技术产业发展。进入21世纪后,日本制造业的成本增加,国际竞争力减弱。2000年后全球制造业结构调整,日本制造业面临巨大挑战。随着半导体性能的提升和软件业的迅速发展,亚洲等新兴经济体缩小了和日本的差距,从而加剧了与发达国家在制造业上的竞争。

韩国产业的门类齐全、技术先进,尤其是造船、汽车、电子、化工、钢铁等领域在全球具有重要地位,是全球制造业较为发达的国家之一,但是随着国际分工体系的变化和来自中国制造业的双重"夹击",当前韩国制造业增长缓慢且面临巨大挑战,急需新的发展战略,而"工业4.0"概念的提出为韩国制造业的转型升级提供了机遇。

印度2005~2010年的制造业GDP复合年增长率达到了8.5%,远高于平均值的2.9%。2011年,印度的实际GDP增长为6.9%,五年复合年增长率为78%,在新兴国家中处于领先地位。同时印度的制造业出口量的复合年增长率为17.1%,2011年制造业的出口量占总出口量的50.3%。2013年,印度制造业陷入衰退状态,受矿业和制造业的影响,其第二季度的GDP同比增长为4.4%,为近三年半来的新低。《2013全球制造业竞争力指标》报告显示,印度在全球制造业竞争力指标排名中下降了两位,由2010年的第二位降至第四位,但德勤认为排名的下滑可能只是暂时的,并预测五年后印度将重新成为全球第二大最具竞争力的制造业国家。印度储备有丰富的科学技术人才,同时还是全球劳工费用最低的国家之一,印度政府也积极制定促进制造业发展的各项政策,这些将进一步提升其制造业的竞争力。

2. 发展历程与支持政策

1991年我国国家自然科学基金委员会组织多个高校与新加坡、美国、韩国等国家和地区就智能制造的国际合作进行了研讨，并签订了合作意向书，在智能系统与建模、智能调度、智能机器人、智能控制、智能故障诊断5个领域进行为期5年的合作研究。我国国家自然科学基金委员会从1993年起每年适度资助智能制造方面的有关研究项目。我国制定的"九五"计划也将先进制造技术（包括IMT和IMS）作为重点发展领域之一。1993年，我国国家自然科学基金重大项目就研究了"智能制造系统关键技术"，而到1999年，又开展了"支持产品创新先进制造技术若干基础性研究"。在"高技术研究发展计划（863计划）"中，先进智能制造相关技术被纳入计划中，具体包含：信息技术——智能计算机系统主题，光电子器件和光电子、微电子系统集成技术主题，信息获取与处理技术主题，通信技术主题，自动化技术——计算机集成制造系统（CIMS）主题，智能机器人主题。在德国提出工业4.0以后，中国相继提出两化深度融合、互联网+、中国制造2025等一系列指导思想，用以指导中国智能制造的发展。中国制定的智能制造支持政策如表1-4所示。

表1-4 中国智能制造支持政策

时间	名称	内容
2015.07	《关于积极推进"互联网+"行动的指导意见》	推动互联网由消费领域向生产领域拓展，加速提升产业发展水平，增强各行业的创新能力，构筑经济社会发展新优势和新动能
2015.07	《2015年智能制造试点示范专项行动实施方案》	智能制造试点示范
2015.06	《关于开展2015年智能制造试点示范专项行动的通知》	智能制造试点专项行动
2015.05	《中国制造2025战略》	智能制造战略规划
2013.09	《信息化和工业化深度融合专项行动计划（2013—2018）》	信息化与工业化深度融合
2012	《智能制造科技发展"十二五"专项规划》《智能制造装备产业"十二五"发展规划》《智能制造装备发展专项》	加快智能制造装备的创新发展和产业化，推动制造业转型升级
2012.01	《"十二五"工业转型升级规划》	集成创新一批智能化成型和加工成套设备、冶金及石油石化成套设备、自动化物流成套设备、智能化造纸及印刷装备等流程制造装备和离散型制造装备
2010.10	《中共中央关于制定国民经济和社会发展第十二个五年规划的建议》	增强产业配套能力，淘汰落后产能，发展先进装备制造业
2009.05	《装备制造业调整和振兴规划》	加快装备制造企业兼并重组和产品更新换代，促进产业结构优化升级，全面提升产业竞争力
2006.06	《国务院关于加快振兴装备制造业的若干意见》	以科技进步为支撑，提高装备制造企业独立创新能力的发展方向
2006.02	《国家中长期科学发展规划纲要2006—2020》	以装备制造为突破口，以绿色制造为导向，以信息化和自动化为支撑，加强自主开发，支持企业提高自主创新能力

日本通产省于 1990 年 6 月提出了智能制造研究十年计划，并联合欧美国家协商，共同成立 IMS（智能制造系统）国际委员会。1992 年，日、美、欧三方共同提出研发合作系统，该系统中人和智能设备不受生产操作和国界限制，并于 1994 年启动了先进制造国际合作研究项目，其中包括全球制造、制造知识体系、分布智能系统控制等。日本是全球工业机器人装机数量最多的国家，其机器人产业也极具竞争力，2015 年 1 月，日本政府发布了《机器人新战略》，并提出三大核心目标：一是成为"世界机器人创新基地"，通过增加产、学、官合作，增加用户与厂商的对接机会，诱发创新，同时推进人才培养、下一代技术研发、开展国际标准化等工作，彻底巩固机器人产业的培育能力；二是成为"世界第一的机器人应用国家"，在制造、服务、医疗护理、基础设施、自然灾害应对、工程建设、农业等领域广泛使用机器人，在战略性推进机器人开发与应用的同时，打造应用机器人所需的环境，使机器人随处可见；三是"迈向世界领先的机器人新时代"，随着物联网的发展和数据的高级应用，所有物体都将通过网络互联，日常生活中将产生无限多的大数据。日本智能制造相关支持政策如表 1-5 所示。

表 1-5 日本智能制造相关支持政策

时间	名称	内容
1985	《促进基础技术开发税制》	实行税金扶持政策，推进先进制造关键技术研究
1996	《科学技术基本计划》	使得日本政府和地方机构在制定高新技术产业政策时有法可依，具有很强的法律制度保证，依靠法律的强制性和激励性来推动先进制造业的发展
1999	《振兴制造业基础技术基本法》	为制造业提供法律保障
2000	国家产业技术战略	研制新材料和开发新的制造工艺
2009.07	日本 IT 战略本部制定了至 2015 年的中长期信息技术发展战略——i-Japan	通过信息通信技术与产业的融合，从根本上提高生产效率，提高产品的附加值，开拓新的市场，使日本经济保持全球领先地位
2009 2010	《日本制造业竞争策略》 《日本制造业》	全面推动以制造为主的 5 个战略性新兴产业
2011	《应对日元升值综合经济对策》	增强制造业国际竞争力
2011	第四期科技发展基本计划（2011—2015 年）	部署了多功能电子设备、信息通信技术、测量技术、精密加工、嵌入式系统等重点研发方向；同时加强智能网络、高速数据传输、云计算等智能制造支撑技术领域的研究
2014.06	《制造业白皮书（2014 版）》	大力调整制造业结构，将机器人、下一代清洁能源汽车、再生医疗以及 3D 打印技术作为今后制造业发展的重点领域
2015.01	《机器人新战略》	机器人开始应用大数据实现自律化，使机器人之间实现网络化，物联网时代也将随之真正到来
2015.05	日本机器人新战略	"扩大机器人应用领域"与"加快新一代机器人技术研究"
2015.07	物联网升级制造模式工作组	实现物联网技术对日本制造业的变革

1991年年底，韩国提出了"高级先进技术国家计划（G-7计划）"，G-7计划包括CIM和IMS，计划用15年时间，由政府和民间共同投资4200亿韩元来实施"先进制造系统"的研究与开发。该目标现已基本达到。1992年，韩国制定了"高技术国家项目（HAN）"，这个项目的主要目的是试图集中国家有限的R&D资源来保持在某些领域中的竞争力和优势。到了2001年，技术的质量和内容达到发达国家的平均水平。HAN的项目分两类：一类是产品技术开发项目，它涉及特定的高技术产品的技术；另一类是基础技术开发项目，它涉及对发展经济、社会和提高生活水平很必要的核心技术。韩国先进制造系统（KAMS）项目始于1992年，它是HAN项目中的一个，历时10年，旨在开发先进制造系统。KAMS由3部分组成：通用基础技术、下一代机构制造系统、电子产品的装配和检验系统。到1995年，已开始实行100多个单个项目，共有38家工厂、19所大学和公共研究所参加KAMS项目。10年的研究经费约为6亿美元，由韩国贸易、工业和能源部（MOTEI）以及科学技术部（MOST）支持，部分还从参加的工厂筹集。为占领智能化生产技术的制高点，2013年7月，韩国政府发布的《第三期科学技术基本计划（2013—2017）》是近五年韩国科技领域最高级别的国家计划，它以"以创造性的科学技术为钥匙，开启充满希望的新时代"为发展蓝图，系统推进国家科技创新。韩国新一期科学技术基本计划提出会在五大领域推进120项国家战略技术（含30项重点技术）的开发，这五大领域包括：融合信息技术并创造新产业、扩充未来增长动力、营造清洁舒适的环境、开创健康长寿时代、构建安全无忧的社会。这30项重点技术中和智能制造相关的有：知识信息安全技术、大数据应用技术、下一代有线及无线通信网络技术、融合服务平台技术和智能交互技术。

2014年6月，韩国推出"工业4.0"的《制造业创新3.0战略》。2015年3月，韩国政府又公布了经过进一步补充和完善后的《制造业创新3.0战略实施方案》。这标志着韩国版"工业4.0"战略正式确立。首先，战略目标明确，即促进制造业与信息技术（ICT）相融合，从而创造出新产业，提升韩国制造业的竞争力。为实施"制造业创新3.0"战略，韩国制定了长期规划与短期计划相结合的多项具体措施，大力发展无人机、智能汽车、机器人、智能可穿戴设备、智能医疗等13个新兴动力产业。其次，在战略设计上，韩国政府特意使用了"制造业创新3.0"的提法，这意味着并非原封不动地复制德国"工业4.0"的全部理念，尤其是在战略执行上，充分考虑到韩国中小企业生产效率相对较低、技术研发实力不足的特点，采取了由大企业带动中小企业，由试点地区逐渐向全国扩散的"渐进式"推广策略。

印度在经济方面，以2007年汇率计算，2007年的经济总量达到1.1万亿美元，人均GDP为978美元（2006年推算值），是世界第12大经济体、亚洲第3大经济体。印度改革以来十多年的增长速度较快，而且经济规模与人均GDP也迅速上升。在2008~2009年度的世界经济论坛全球竞争力报告中，印度排在第72位。据世界银行的统计，印度用于基础设施的投资只占其GDP的4%，显然印度在基础设施方面的投资十分薄弱。在软件基础方面，印度相对于中国来说有比较明显的优势，印度的金融市场成熟，资本市场发达，市场经济自由化程度较高。虽然印度的基础教育相当落后，其高等教育却比较先进。目前印度的软件公司拥有超过65万名工程师，其雇员总数仅次于美国，印度全国的160所大学和500所学院均设立有软件方面的专业，每年从大学毕业的软件技术人员约为17.8万人，而每年进入软件行业的专业人员也高达7.3万~8.5万人。为了在2020年达到制造业占GDP 25%的目标，印度"国家制造业政策"（NMP）规划出了改革投资与税收政策和改善铁路、公路、港口等核心基础设施的路线图。

3. 总体情况

进入21世纪以来，中国在许多智能制造重点项目方面取得巨大成果，智能制造相关产业已初步成型：掌握了一大批相关的基础研究成果和长期制约我国产业发展的智能制造技术，如机器人技术、感知技术、工业通信网络技术、控制技术、可靠性技术、机械制造工艺技术、数控技术与数字化制造、复杂制造系统、智能信息处理技术等；攻克了盾构机、自动化控制系统、高端加工中心等一批长期严重依赖国外技术并影响我国产业安全的核心高端装备；建设了一批相关的国家重点实验室、国家工程技术研究中心、国家级企业技术中心等研发基地；培养了一大批长期从事相关技术研究开发工作的高技术人才。但中国智能制造仍呈现出工业2.0补课、工业3.0普及、工业4.0示范的现状。部分企业刚刚完成手工大规模生产阶段，需要补充机械化的内容；很大一部分企业仍然处于机械化阶段，需要将机械化提升至自动化水平；少部分已经完成自动化的企业，可利用国家相关政策，鼓励其作为相应智能制造示范项目。各个企业需要根据自身进行产业转型。国家及各地政府也需要结合当地实际情况，出台相关政策及进行相关关键技术研究。

生产模式的创新是日本在发展先进制造业方面最为成功的地方，日本创建了如精益生产模式、作业站生产模式和以人为本的经营管理模式等。日本工业的智能化水平及相关核心技术研发水平等都处于世界第一方阵。作为强大的机器人帝国，日本工业机器人产业早在20世纪90年代就开始普及工业机器人，而今已在发展第三、第四代工业机器人并取得了举世瞩目的成就。日本采用智能化生产线的企业越来越多，比如本田公司通过采取机器人、无人搬运机、无人工厂等先进技术和产品，把生产线缩短了40%，并通过改变车身结构设计把焊接生产线由18道工序减少为9

道,建成了世界最短的高端车型生产线。日本虽然在改善生产效率方面较欧美有些长处,但不少企业都对进一步发展数字化持消极态度,尤其是对软件技术和 IT 人才的培养。日本制造业之间的合作也不充分,比如工厂使用的制造设备的通信标准繁多,许多标准并存,没有得到统一,因此需要跨越企业和行业壁垒,强化"横向合作"。

韩国自亚洲金融危机后,将发展高科技提升为国家战略,并在 2003 年开始实施"第二次科技立国"战略。通过科技创新和产业升级,韩国的电子、造船、汽车和钢铁产业都实现了新的飞跃,2006 年,韩国的半导体、手机、液晶显示器、互联网普及率和造船业的竞争力已在 IMD 科技竞争力排名中占世界第一,技术竞争力占世界第六,科学竞争力占世界第七。韩国在造船和电子工业上发展较好,工业机器人生产商已占全球 5% 左右的市场份额。它的现代重工已可供应焊接、搬运、密封、码垛、冲压、打磨、上下料等领域的机器人,这些机器人能大量应用于汽车、电子、通信产业,大大提高了韩国工业机器人的自给率。但整体而言,韩国的技术仍与日本、欧洲等领先国家存在较大差距。

印度制造业发展趋势良好,制造业劳动力成本优势明显(印度拥有技术娴熟、成本低廉的劳动力)。一方面,印度拥有大量优秀的科学家和研究人员,能开展具有成本效益的研发工作;另一方面,丰富的工程师人才和具备英语能力的劳动力促进了制造业的成长。同时政府在基础设施上的巨大投资为钢铁和水泥等行业的制造业者创造了巨大的市场,这也有利于改善物流条件,降低制造成本,使得制造更具竞争力。为了利用这一机会,全球制造业企业纷纷在印度开设工厂,这也带来了最新的技术,并与当地的制造业展开竞争。跨国公司与印度本土企业间的竞争迫使企业提高生产力,并鼓励印度本土企业在创新上不断投入,这会在一定程度上加强印度制造业的竞争力。

1.2 工业 4.0

2011 年,德国人工智能研究中心负责人和执行总裁 Wolfgang Wahlster 教授提出"工业 4.0"概念,旨在通过互联网的推动,形成第四次工业革命的雏形。2013 年,德国联邦教研部与经济技术部将其列为《高技术战略 2020》十大未来项目之一。2015 年 3 月,德国工业 4.0 平台由德国联邦经济与能源部、教育与研究部接管。

1.2.1 工业 4.0 的背景

德国是全球第三、欧洲第一大商品出口国,是全球制造业发达的经济体,其生产的汽车、化工、电子以及机械产品享有盛誉。即便德国受到欧债危机的影响,其以成品出口拉动的经济也依然处于欧洲的前列。在后危机时代，德国日益产生一些担忧。

至今尚未完全走出欧债危机泥沼的欧盟，在采取各项救助与财政整顿措施的同时，立足长远，提出了"再工业化"战略，期望通过产业结构升级与制造业回归重振经济。在欧盟之外，美国和日本也在积极推进再工业化。美国虽然"空心化"，但是美国有强大的工业系统及信息技术，2013年以后，美国相继提出一系列法案，以支持美国智能制造战略。如《国家制造业创新网络初步设计》《美国创新新战略》《美国机器人路线图》"美国学徒计划""振兴美国先进制造业2.0版"《振兴美国制造业和创新法案》《美国创新新战略》等，给德国带来了巨大压力。

新兴经济体的蓬勃发展也对德国的外部竞争力构成了长期挑战。从20世纪中后期起，包括德国在内的许多发达国家将部分制造业转移到具有成本优势的发展中国家，这种转移在给发达国家造成产业空洞化的同时，也产生了溢出效应，促进了新兴国家产业升级与经济增长，反过来对发达国家的制造业造成了较大的竞争压力。中国已经成为世界第一大生产国，中国制造进而向中国创造、中国品牌转变。中国的中低端设备挤压着德国产品的生存空间。

自欧债危机爆发后，德国在经济危机和其他因素的共同作用下，单位劳动力成本不断增长，特别是德国大联合政府于2013年11月推出的每小时8.5欧元的最低工资制度，进一步推高了劳动力成本。劳动力成本的较快增长，再加上人口老龄化严重，德国急需通过技术进步夯实制造业的竞争力，以养活更多的人，维持德国市场经济的正常运行。

信息技术和制造业的结合代表着未来工业发展的方向，这必将带来相关产业的突破和重构，作为全球顶尖的制造业强国，德国敏锐地感知到了这种趋势和挑战，也不希望像20世纪80年代那样被动地调整和应对。德国急需在全球制造业中寻找制高点，以取得全球制造业的话语权，并引领全球的智能制造。

在这样的背景下，德国工业界及政府，希望通过实施工业4.0战略提高企业、行业、国家的竞争优势，确保德国制造业的未来竞争力，引领世界工业发展潮流。

1.2.2　工业4.0的主要内容

1. 工业4.0的定义

2015年4月，德国在《工业4.0战略计划实施》报告中，对工业4.0做了较为严格的定义：工业4.0概念指第四次工业革命，它意味着在产品生命周期内对整个价值创造链的组织和控制再进一步，即意味着从创意、订单到研发、生产、终端客户产品交付，再到废物循环利用，包括与之紧密联系的各服务行业，在各个阶段都能更好满足日益个性化的客户需求。所有参与价值创造的相关实体形成网络，获得随时从数据中创造最大价值流的能力，从而实现所有相关信息的实时共享。以此为基础，通过人、物和系统的连接，实现企业价值网络的动态建立、实时优化和自组织，根据不同的标准，对成本、效率和能耗进行优化。

德国工业4.0的主要内容可以概括为：一个网络，双重战略，三项集成，八项举措，十七项主题。

（1）一个网络：信息物理系统网络

信息物理系统是使用数字化技术，将物理实体抽象为数字对象，通过应用网络技术、人工智能实现对象间的通信与控制。信息物理系统中的软件应用可以直接与真实世界互动，它的框架如图1-1所示。

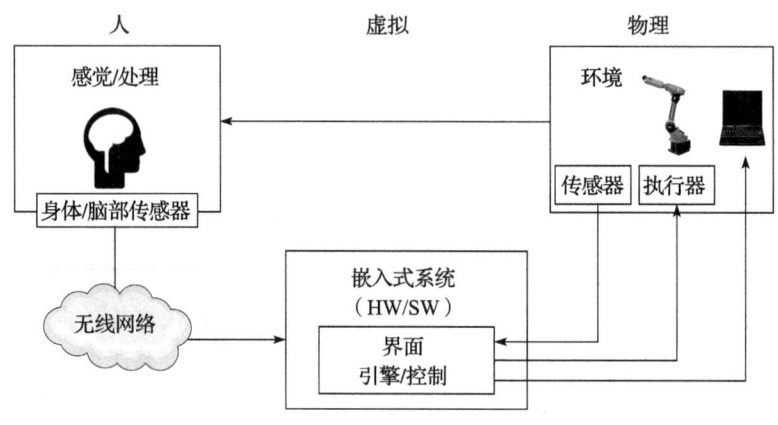

图1-1 信息物理系统框架

智能环境下的信息物理系统（Cyber Phsical System，CPS）是基于通信技术将智能机器、仓储系统以及生产设备的电子化融合到整个网络中，涵盖内部物流、生产、市场销售、外部物流以及延伸服务，并使得它们相互之间可以进行独立的信息交换、进程控制、触发行动等，以此达到全部生产过程的智能化，从而将资源、信息、物体以及人紧密地联系在一起，进而创造物联网及服务互联网，并将生产工厂转变为一个智能环境，这是实现工业4.0的基础。

信息物理系统是一个综合计算、网络和物理环境的多维复杂系统，通过3C（Computing、Communication、Control）技术的有机融合与深度协作，实现大型工程系统的实时感知、动态控制和信息服务。CPS实现计算、通信与物理系统的一体化设计，可使系统更加可靠、高效、实时协同，具有重要而广泛的应用前景。

在CPS的作用下，原先的自动化现场层、控制层、处理层、企业层之间的界限将消失，自动化金字塔结构将变成基于CPS的自动化网状结构，如图1-2所示。

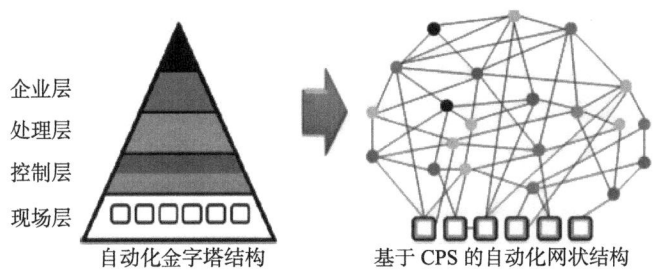

图 1-2　自动化金字塔结构到网状结构的转变

在 CPS 作用下,智能工厂以网络化分布式生产设施实现智能化生产过程。现以汽车网络化分布式生产线为例(见图 1-3),其具有以下特点:形成动态生产线,车辆成为智能产品,可通过 CPS 的处理模块在装配车间自主移动;动态生产线重新组合以满足不同车型和配置的需要,可随时响应生产线问题(如瓶颈),而不被约束;同步开发生产工艺系统、生产控制系统。

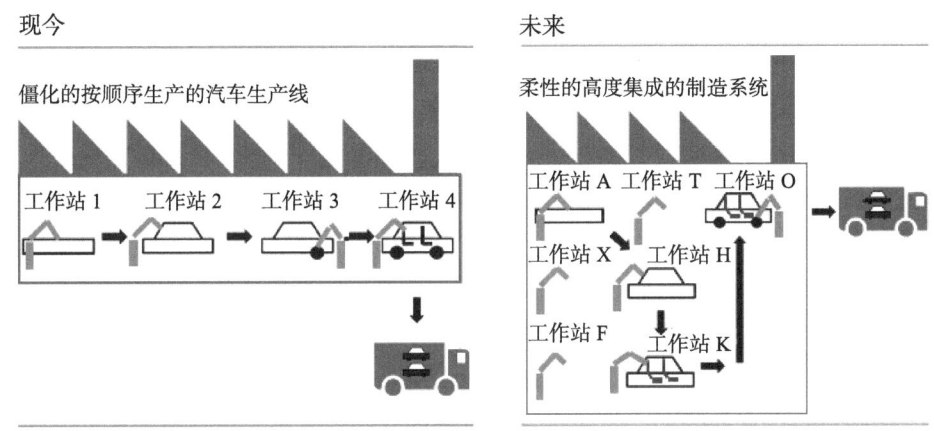

图 1-3　网络化分布式生产

（2）双重战略:成为领先的市场和供应商

工业 4.0 给德国制造业带来了非常大的发展潜力。越来越多的德国工厂配备信息物理系统,这将改善德国制造业的生产效率,进而做强德国制造业。同时,CPS 技术的发展也为出口技术和产品提供了重要的机遇。由此,工业 4.0 是德国制造业撬动市场潜力的杠杆,通过采用双重战略,即一方面在制造业中装备 CPS,另一方面推广 CPS 技术及产品,达到增强德国装备制造业的目的。

领先的供应商策略

领先的供应商策略是从设备供应商企业的视角专注于工业 4.0。德国的装备供应商为制造企业提供世界领先的技术解决方案,并借此成为工业 4.0 产品全球领先的开发商、生产商和市场先导者。若想实现创新的飞跃，现在就要寻找先进的手段，将顶尖技术解决方案与信息技术新潜力相结合，即将信息通信技术与传统高技术战略系统性地集成，这样企业才能应对迅速变化且日益复杂的全球市场，进而为自己开创新的市场机会。

1）目前的 IT 技术需适应制造业的具体需求，尤其要以应用为目标不断地开发新技术。为确保在规模经济中取得广泛效益，并作为向工业 4.0 迈进的一部分策略，有必要借助 CPS 功能推广制造技术和现有设备的信息系统。同时，有必要在设计和实施 CPS 制造业框架上建立模型并发展举措。

2）德国要想取得工业 4.0 装备供应商的持续领先地位，应将研究、技术和培训都作为优先事项来推进，在自动化工程建模和系统优化领域开展方法论研究和应用研究。

3）另一项关键的挑战是利用技术创建新型价值网络，这包括开发新的商业模式，尤其是要考虑将产品与服务相衔接。

主导市场策略

制造业是德国工业 4.0 的主导市场，为了形成并成功扩展这一主导市场，需要建立紧密的网络联系，企业之间也需建立更加密切的合作关系。这就要求对处于不同价值创造阶段和产品全生命周期的制造系统进行有逻辑的端到端数字集成。一项最特殊的挑战是同时将全球化运作的大型公司和基本在地区范围内运行的中小公司集成到新价值网络中。德国制造业的优势在于其保持了工业系统中大批中小企业和少数大型企业的结构平衡。但是，或许是因为缺乏专业人员或对技术战略持怀疑态度，许多小企业尚未做好向工业 4.0 结构转型的准备。

设计并实施一套全面的知识和技术转化方案是小企业融入全球经济价值链的一个关键策略。例如，建立试点并通过合作网络进行示范，发挥网络价值链的潜力，增强中小企业的信心，接受主导供应商的方法、组织手段和技术理念。这样做将扫除认知障碍，使中小企业熟悉 CPS 技术的应用，并将其应用到本企业中去。

强大的工业基础是德国经济的特征，特别是机械与设备制造、汽车工业和能源工业。工业 4.0 的实施绝对是这些产业未来发展的关键。为了实现工业 4.0，有必要加快应用和开发包含高速宽带数据传输等在内的技术基础设施。同时，还要教育和培训出熟练的技术工人，定制复杂、高效的工作组织设计系统。

（3）三项集成：横向集成、纵向集成与端到端的集成

横向集成是企业之间通过价值链以及信息网络实现的一种资源整合，目的是实现各企业间的无缝合作，以提供实时产品与服务（见图 1-4），如定制生产、JIT、维护保养等。这在今天的互联网环境下正在实现，工业 4.0 要解决诸如更大的信息传送、安全性、生产柔性等问题。

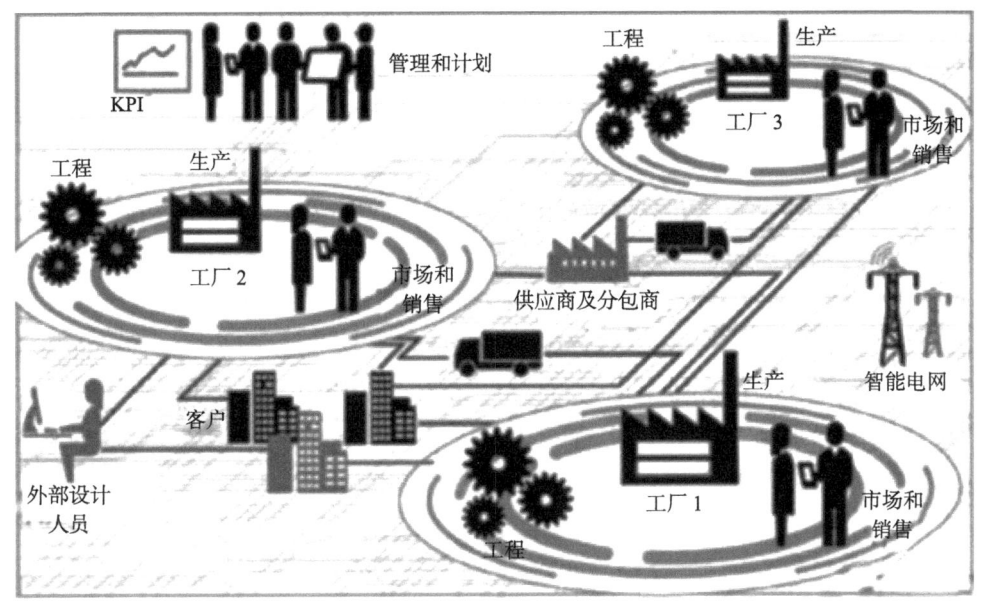

图 1-4 横向集成

网络化制造体系的纵向集成，是指在未来智能工厂中，生产流程（包括生产线）不会被完全固定，取而代之的是按个性化需求定制一组结构化模块，并根据生产需要自动搭建出特定的拓扑结构，包括模型、数据、通信、算法等，在该集成方式下，固定的生产线将成为历史。要做到这一点，就要确保各个层次上的传感器和执行器在 ERP（Enterprise Resource Planning）层面上实现端到端的数据集成。因此，要为这种网络化且可重组的制造系统开发模块化和重构策略。

端到端集成是贯穿整个价值链的工程化数字集成，在所有终端实现数字化并在这一基础上完成价值链和不同公司之间的整合。比如客户可以在产品设计、加工制造、成品物流等各个价值链环节上随时参与选择与决策，并对各种功能组件进行自由配置，使个性化定制真正成为可能。在这方面最大的挑战是如何建立合理的系统模型以支撑端到端的产品与服务实现。

（4）八项举措

工业 4.0 的成功实施需要恰当的产业和产业政策与之伴随。工业 4.0 工作组认为需要在以下 8 个关键领域采取行动：

1）标准化和参考架构：这贯穿整个价值网络，工业 4.0 将一些不同公司的网络进行集成。只有开发出一套单一的共同标准，这种合作伙伴关系才可能形成。因此需要一个参考架构为这些标准提供技术说明，并促使其执行。

2）管理复杂系统：产品和制造系统日趋复杂，适当的计划和解释性模型可以为日益复杂的管理提供基础。因此,工程师们需要学会开发这些模型的方法和工具。

3)基础设施建设:为工业建立全面宽频的基础设施——可靠、全面和高质量的通信网络是工业4.0的一个关键要求。因此,不论是德国内部,还是德国与其伙伴国家之间,都需要对宽带互联网基础设施进行大规模扩展。

4)安全和保障:安全和保障对于智能制造系统的成功至关重要。最重要的是要确保生产设施和产品本身不能对人和环境构成威胁。与此同时,对于生产设施和产品,尤其是它们包含的数据和信息,需要加以保护,防止滥用和未经授权的获取,这要求部署统一的安全保障架构和独特的标识符,还要相应地加强员工培训以及增加持续的专业发展内容。

5)工作的组织和设计:在智能工厂中,员工的角色将发生显著变化。工作中的实时控制将越来越多,这将改变工作内容、工作流程和工作环境。在工作组织中,应用社会技术方法将使员工有机会承担更大责任,同时促进他们个人的发展。若使其成为可能,有必要设置针对员工的参与性工作设计和终身学习方案,并启动模型参考项目。

6)培训和持续的专业发展:工业4.0将极大地改变员工的工作和技能。因此,有必要制定促进学习、使其终身学习和以工作场所为基础的持续专业发展的计划,实施适当的培训策略和组织工作。为了实现这一目标,应推动示范项目和"最佳实践网络",以及研究数字学习技术。

7)监管框架:虽然工业4.0中新的制造工艺和横向业务网络开发需要遵守法律,但是考虑到新的创新,也需要调整现行的法规。相关挑战包括保护企业数据、责任问题、处理个人数据以及贸易限制。这将不仅需要立法,而且也需要代表企业的其他类型的行动,包括准则、示范合同和公司协议或如审计这样的自我监管措施。

8)资源利用效率:即使抛开高成本不谈,制造业会消耗大量的原材料和能源,也对环境和安全供给带来了若干威胁。工业4.0将提高资源的生产率与利用效率。这就有必要在对智能工厂投入的额外资源与产生的节约潜力之间进行平衡。

迈向工业4.0将是一个渐进的过程,需要调整目前基本的技术和经验,从而适应制造工程的具体要求,同时应为开发新地点和新市场制定创新型解决方案。如果成功了,工业4.0将帮助德国提升全球竞争力,并保护其国内制造业。

(5)十七项主题

十七项主题如表1-6所示。

表1-6 工业4.0的十七项主题

分 类	主 题
第一类:人	1. 很可能建立以人为本的工作组织形式(这种工作组织形式也可称为自组织和自治),尤其有可能出现适合老年人的工作组织形式

（续）

分 类	主 题
第一类：人	2. 工业 4.0 作为一套社会技术系统，为拓展员工的工作范围、提高员工的素质和技能、大幅提高员工的知识水平提供了机会 3. 促进学习的工作设备（学习工具）和有利于沟通的工作方式（实践社区）会提高教学效率，而员工不断提高信息技术能力有助于在继续教育中补充新内容 4. 把简单易用且能促进学习的设备作为学习工具，这样做可以自然而然地把设备的功能传授给用户
第二类：技术应用	5. 工业 4.0 的系统对于用户来说简单易用而且操作直观，这些系统可以促进用户学习并给出可靠的反馈 6. 通用的、公开的解决方案模版允许多个参与者共同设计、实施和操作工业 4.0 系统（基于设计的工业 4.0） 7. 产品和业务流程的网络化和个性化会带来复杂性，但可以通过建模、仿真、自组织对这种复杂性进行管理，利用更快速的分析可以扩大求解空间，并更快地确定解决方案 8. 能够对资源有效性和资源效率进行持续的规划、实施、监控和自动优化 9. 智能产品是良好的信息载体，它能对各个生命周期阶段进行定位和识别 10. 系统组件可在内部对生产资料进行寻址和识别，工业 4.0 的系统组件支持生产系统和生产流程的虚拟规划 11. 新型的系统组件是可更换的，并且具有功能兼容性 12. 系统组件提供的功能本身可作为一种服务，供外部访问 13. 只有创造一种新型的安全文化，才能最终建立可靠、灵活、受欢迎的工业 4.0 系统
第三类：组织	14. 新的和现有的价值网络通过集成产品设计、生产过程和服务过程获得增值，并使分工得以动态调整 15. 合作和竞争促使企业管理和法律发生结构性转变 16. 有效的法律框架反映了对应的系统结构和业务流程，新的法律解决方案将可能产生新的协议模式 17. 工业 4.0 的发展有利于协调区域性市场和发展中市场的价值创造

2. 工业 4.0 技术路线

实现工业 4.0 的核心和关键是建立一个人、机器、资源互联互通的网络化社会。物联网、互联网、服务化的智能连接必然要求有一个系统框架，在这个框架内，各种终端设备、应用软件之间的数据信息交换、处理、识别、维护等必须以一套标准化的体系为基础。2013 年 12 月，德国电气电子和信息技术协会（DKE）发布了德国首个"工业 4.0"标准化路线图，包含以下几点：

- 建立对目标、利益、潜力和风险、可能的内容和实施策略的描述，以便参与者建立互信，从而联合执行措施。
- 瞄准关键技术术语和后续生产汇编发布通用的"工业 4.0 词汇表"。
- 对工业 4.0 架构的模型共性（底层的核心模型、参考模型、架构设计）进行界定。
- 制定工业 4.0 服务架构标准。
- 制定一个超自动化水平的程序与功能的描述标准。
- 给出术语标准和使用本体。

- 对自治和自治组织的系统进行研究，包括策划、运作和安全。
- 描述特性维护和系统结构。
- 改变现有的系统架构方法。
- 制定自下而上的技术地图，对目前存在的标准化机构进行分析和定位。
- 考虑到成本效益和时间的限制，还需建立自上而下的路线图。
- 选择一个合适的许可模式和合适的社区进程。
- 由其他任务组成工作组，任务包括协调、建议、评估、沟通和激励。

1.2.3　工业4.0的执行情况

1. 促进德国经济复苏

近年来，德国经济率先进入了复苏轨道，在欧洲整体疲弱的环境下保持了较高的劳动生产率，这凸显了工业4.0鼓励社会创新、技术进步对经济的强力支撑。德国联邦政府的工业政策直接刺激了德国劳动生产率，2006年推进的"高新技术战略"使得当年的生产率比2005年增加3.1%（见图1-5）。2008年德国政府富有远见性的对中小企业的创新支持计划和2010年的"2020高新技术战略"使得德国的劳动效率迅速从金融危机中恢复。2013年之后的"工业4.0"战略扭转了德国2011年以来生产率下降的趋势。

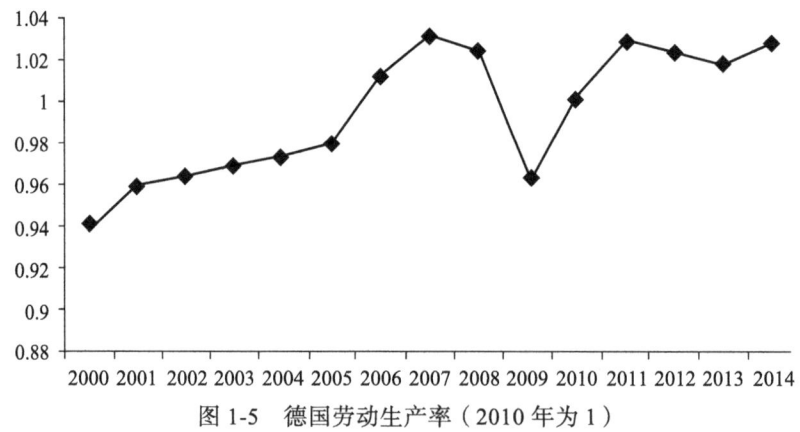

图1-5　德国劳动生产率（2010年为1）

2. 德国工业4.0应用地图

2015年11月19日，德国在全国信息技术峰会上正式推出了"工业4.0应用地图"。这份虚拟在线地图上清晰地标注了遍布德国各地的工业4.0应用实例和试验点，如图1-6所示。

截至2016年8月，这张工业4.0地图上共标有251个"大头针"，每个"大头针"

代表一个工业 4.0 应用实例或试验点。例如，在德国北部不来梅附近的一家工厂内，智能眼镜已在生产线上得到应用。工人可按照智能眼镜的指示，一步步完成组装工作。在德国中西部的黑森州，一家海绵垫生产商将设计环节交给了客户，客户可通过手机应用设计自己想要的海绵垫，然后直接传到工厂生产，实现廉价、快速的个性化定制。

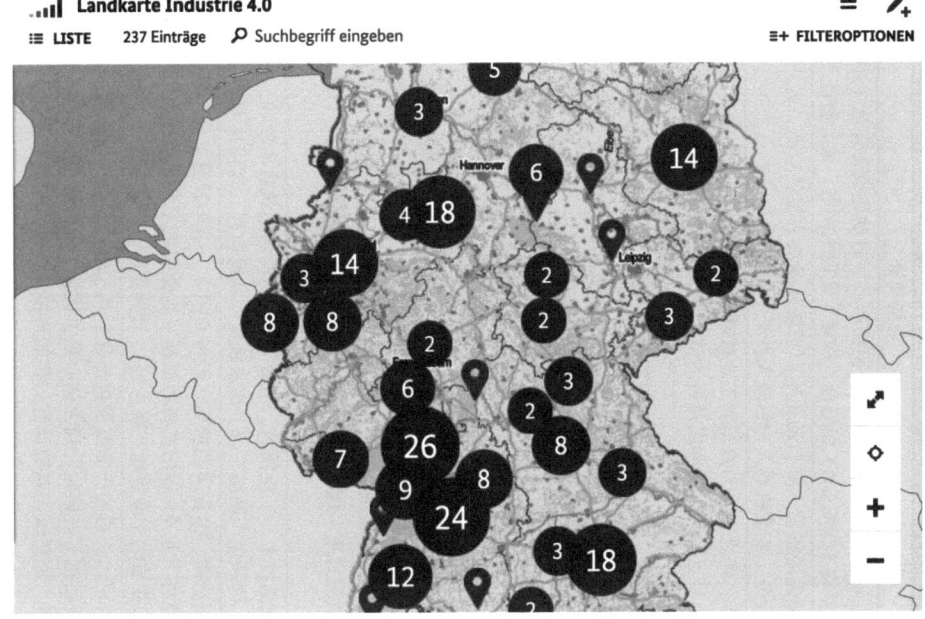

图 1-6　工业 4.0 平台地图

地图上的工业 4.0 应用实例涉及产品设计、生产、物流、服务等多个领域，而试验点则主要针对工业 4.0 应用展开研发和测试。借助试验点，中小企业在尝试满足工业 4.0 要求的改造时，可不必自行投资昂贵的研究设备。

"工业 4.0 应用地图"是由德国经济部部长加布里尔、教研部部长万卡和西门子董事鲁斯武尔姆共同发布的。加布里尔表示，这份地图上有许多不同的应用实例和试验点，展示了当下数字化生产带来的可能性，以及为何值得投资数字化改造。他说，希望这些案例可以为企业实现工业 4.0 提供启发和帮助。万卡说，德国针对工业 4.0 开展了大量研究，这些研究主要是为了帮助中小企业实现互联生产。试验点的设立有助于中小企业测试他们的新想法和新技术。

3. 形成完整的供应商产业链

工业 4.0 战略发布后，德国各大企业积极响应，已经形成了从基础元器件、自动化控制软硬件、系统解决方案到应用商的完整产业链（见表 1-7），围绕工业 4.0 形成大的生态系统，如图 1-7 所示。

表 1-7 德国工业 4.0 产业链

分类	公司名称	业务简介
硬件、终端提供商	倍福（Beckhoff）	Beckhoff 生产的工业 PC、现场总线模块、驱动产品、自动化设备规范（EAP）和 OPC 统一架构（OPC UA）相结合，自动化设备规范（ADS）、EtherCAT 自动化协议（EAP）和 OPC 统一架构（OPC UA）相结合，构建工业以太网络，成为智能工厂中信息互通有无的媒介
	库卡（KUKA）	库卡集团是全球领先的机器人和自动化生产系统及解决方案供应商，客户主要分布于汽车工业领域。KUKA 下设有两大业务：工业机器人和机器人系统
	英飞凌（Infineon）	全球领先的半导体公司之一，为汽车和工业级功率器件、芯片卡和安全应用提供半导体和系统解决方案，在模拟和混合信号、射频、功率以及嵌入式控制装置领域掌握尖端技术，通过微控制器、功率器件和传感器推动第四次工业革命
软件提供商	思爱普（SAP）	SAP 以信息技术为核心，提供企业应用、商务分析、移动商务、数据库及技术平台和云计算五大业务领域的企业管理解决方案。SAP 是全球最大的企业管理和协同化商务解决方案供应商，世界第三大独立软件供应商，也是工业 4.0 时代必不可少的 IT 综合提供商
控制软硬件提供商	菲尼克斯电气（PHOENIX）	作为全球电子电气工程、电子与自动化应用市场的领导者，公司提出"电气智能战略"，并成立独立软件公司 PHOENIX CONTACT SOFTWARE，以服务于智能制造和工业 4.0 的下一代菲尼克斯电气软件系统和解决方案，提供未来支持智能网络化和自组织制造技术的器件、重点业务是电气化、自动化和数字化
	西门子（SIEMENS）	全球电子电气工程领域的领先企业，重点业务是电气化、自动化和数字化
	施耐德电气（SchneiderElectric）	全球能效管理专家。在能源与基础设施、工业过程控制、楼宇自动化和数据中心与网络等市场处于世界领先地位，致力于为工业领域的最终用户和制造商提供完整的自动化产品系列，开放的能效管理平台和领域的行业解决方案。旗下已开展 Eco Struxure 能效管理平台、PlantStruxure 协同自动化设备管理系统和智能电网业务
应用商	博世（Bosch）	涵盖汽车与智能交通技术、工业技术、消费品以及能源与建筑技术领域，逐步打造智能工厂生产模式；智能化原材料输送、国际生产网络系统、流水线操作状况监控、远程技术支持和高效设备管理系统
	戴姆勒（Daimler）	全领先的汽车制造商，拥有高档轿车、轻型商用车、卡车及各车型等产品组合。它已经将工业 4.0 运用在在梅赛德斯-奔驰智能生产互联系统（为用户提供涵盖便捷服务、信息娱乐、安全服务的智能车载智能互联系统，以及一系列量身定制的汽车业务），全服务多领域的行业解决方案、3D 仿真模拟车辆建模等方面
	巴斯夫（BASF）	全球领先的化工公司，公司的产品范围包括基本化学品、特性化学品、塑料、农用产品、精细化学品以及原油和天然气。企业已把"一体化"列为核心竞争优势，凭借遍布全球的 6 个一体化基地和 376 个生产基地，形成生产装置、能量流与基础设施的智能连接。此外，它的专业知识与客户之间也实现了智能连接。一体化体系创造了从基础化学品到涂料和作物保护产品等高附加值产品的高效价值链

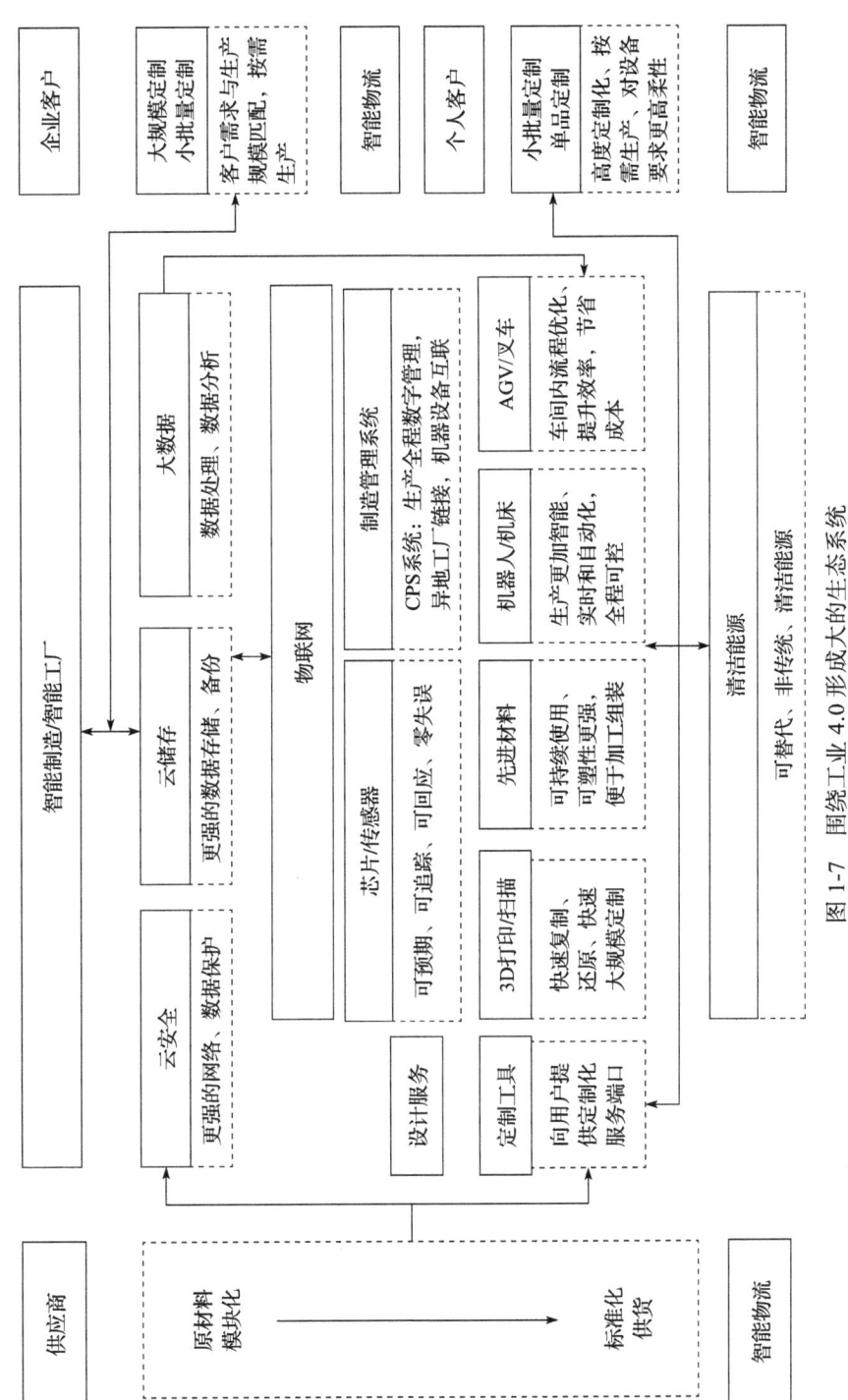

图 1-7 围绕工业 4.0 形成大的生态系统

1.3　中国制造 2025

中国制造 2025 以促进制造业创新发展为主题，以提质增效为中心，以加快新一代信息技术与制造业深度融合为主线，以推进智能制造为主攻方向，以满足经济社会发展和国防建设对重大技术装备需求为目标，强化工业基础能力，提高综合集成水平，完善多层次多类型人才培养体系，实现制造业由大变强。

1.3.1　中国制造 2025 的背景

随着全球制造业智能化技术的不断发展，全球很多国家都在布局制造业，全球制造业格局面临重大调整。中国整体的内外部经济环境发生变化，在制造业方面的低成本优势、制度变革后发优势、技术获取的后发优势等都在逐渐消失。快速发展的智能制造将加速重构全球制造业格局，中国制造业的弱点和面临的巨大压力正逐渐显现，中国制造面临着多重挑战。

1. 全球制造业格局面临重大调整

新一代信息技术与制造业深度融合，对产业变革影响深远，形成了新的生产方式、产业形态、商业模式和经济增长点。各国都在加大科技创新力度，推动三维（3D）打印、云计算、移动互联网、大数据、生物工程、新能源、新材料等领域取得新突破。基于信息物理系统的智能装备、智能工厂等智能制造正在引领制造方式变革；网络众包、协同设计、大规模个性化定制、精准供应链管理、全生命周期管理、电子商务等正在重塑产业价值链体系；可穿戴智能产品、智能家电、智能汽车等智能终端产品不断拓展制造业新领域。我国制造业转型升级、创新发展迎来重大机遇。

国际金融危机后，欧美发达国家纷纷推出"再工业化"战略，力图抢占国际竞争的制高点，如美国制定了先进制造业国家战略计划，德国推出了"工业 4.0"战略，法国出台了新工业法国。与此同时，新兴国家也不甘落后，2015 年 9 月，印度发布"印度制造"战略，将制造业作为立国之本，希望利用后发优势和低成本优势实现工业强国的目标。全球制造业发展格局的深刻变化，使我国制造业发展面临发达国家和发展中国家的"双重竞争"，这就要求中国制造业必须放眼全球，积极应对，努力在新的竞争格局中找准定位，把建设制造强国作为提高全球竞争力的关键举措。

2. 我国经济发展环境发生重大变化

2010 年我国超过美国成为全球制造业第一大国，但总的来说，大而不强的特征十分突出。在创新方面，自主创新能力不强，关键核心技术缺失，处于全球价值链中低端。比如，近八成的集成电路芯片依赖于进口，2013年进口额达到2313亿美元，其中高端芯片进口率更是超过九成。在土地矿产等资源方面，2013年全国因建设占用等原因减少耕地面积35.47万公顷，原油、铁矿石等重要矿产资源的对外依存度超过50%，资源、环境日益成为制约我国制造业发展的关键因素。在人力资源方面，2012年我国劳动年龄人口为9.37亿，比上年减少345万，这是历史上首次出现下降，2013年又减少244万，可以初步判断中国劳动力数量拐点已经出现。我国经济发展进入新常态，制造业发展面临新挑战。资源和环境约束不断强化，劳动力等生产要素成本不断上升，投资和出口增速明显放缓，主要依靠资源要素投入、规模扩张的粗放发展模式难以为继，调整结构、转型升级、提质增效刻不容缓。形成经济增长新动力，塑造国际竞争新优势，重点在制造业，难点在制造业，出路也在制造业。随着我国经济发展进入以增速换挡、结构转型和动力转换为主要特征的新常态，制造业传统发展方式已经难以为继，打造新的竞争优势，建设制造强国势在必行，也别无选择。

3. 建设制造强国的任务艰巨而紧迫

经过几十年的快速发展，我国制造业规模跃居世界第一位，建立起门类齐全、独立完整的制造体系，成为支撑我国经济社会发展的重要基石和促进世界经济发展的重要力量。持续的技术创新，大大提高了我国制造业的综合竞争力。载人航天、载人深潜、大型飞机、北斗卫星导航、超级计算机、高铁装备、百万千瓦级发电装备、万米深海石油钻探设备等一批重大技术装备取得突破，形成了若干具有国际竞争力的优势产业和骨干企业，我国已具备了建设工业强国的基础和条件。

但我国目前仍处于工业化进程中，与先进国家相比还有较大差距。制造业大而不强，自主创新能力弱，关键核心技术与高端装备对外依存度高，以企业为主体的制造业创新体系不完善；产品档次不高，缺乏世界知名品牌；资源能源利用效率低，环境污染问题较为突出；产业结构不合理，高端装备制造业和生产性服务业发展滞后；信息化水平不高，与工业化融合深度不够；产业国际化程度不高，企业全球化经营能力不足。推进制造强国建设，必须着力解决以上问题。

4. 我国工业化进程与发达国家有很大的不同

在产业阶段方面，德国工业4.0是在顺利完成"工业1.0""工业2.0"，基本完成"工业3.0"之后，提出的发展战略，是自然的"串联式"发展。中国制造业尚处于"工业2.0"和"工业3.0"并行发展的阶段，必须走"工业2.0"补课"工业

3.0"普及"工业4.0"示范的"并联式"发展道路,所以我们的任务就比德国实现工业4.0更加复杂、更加艰巨。因此,我们要充分发挥后发优势,大大加快我国工业化进程和建设制造业强国的进程。

1.3.2 中国制造2025的主要内容

制造业是国民经济的基础,是科技创新的主战场,是立国之本、兴国之器、强国之基。当前,全球制造业发展格局和我国经济发展环境发生重大变化,因此必须紧紧抓住当前难得的战略机遇,突出创新驱动,优化政策环境,发挥制度优势,实现中国制造向中国创造转变,中国速度向中国质量转变,中国产品向中国品牌转变。

《中国制造2025》提出,坚持"创新驱动、质量为先、绿色发展、结构优化、人才为本"的基本方针,坚持"市场主导、政府引导、立足当前、着眼长远、整体推进、重点突破、自主发展、开放合作"的基本原则,通过"三步走"实现制造强国的战略目标:第一步,到2025年进入制造强国行列;第二步,到2035年我国制造业整体达到世界制造强国阵营中等水平;第三步,到新中国成立一百年时,我制造业大国的地位更加巩固,综合实力进入世界制造强国前列。

围绕实现制造强国的战略目标,《中国制造2025》明确了9项战略任务和重点:一是提高国家制造业创新能力;二是推进信息化与工业化深度融合;三是强化工业基础能力;四是加强质量品牌建设;五是全面推行绿色制造;六是大力推动重点领域突破发展;七是深入推进制造业结构调整;八是积极发展服务型制造和生产性服务业;九是提高制造业国际化发展水平。

1. 五项基本方针

- 创新驱动:改善中国制造的发展方式,即转到创新驱动发展轨道上,解决一些重大的核心技术、核心零部件。
- 质量为先:有两方面含义,一方面是提高制造业的发展质量,二是发展质量和品牌。我国很多人到日本去买马桶盖,但是又发现它们是中国制造,我们的制造能力有,但是却没有品牌,没有被消费者所认可的品牌,所以要解决这个问题。
- 绿色发展:我国制造业在全社会能源消耗中占70%,制造业的绿色发展、节能减排、低碳发展影响全局,同时也要通过制造业的节能减排来促进制造业的创新发展。
- 结构优化:有两个方面,一是从一般的制造业来看,现在确实存在产能过剩的问题，但是我国高端制造业、生产性服务业发展不足；另外一个方面是产业链要提升，我国在全球产业分工当中一直处在低端的位置上，能源消耗、单位增加值所产生的消耗源于我们的价值链比较低端。

- ❏ 人才为本：要培育与制造强国发展目标相适应的人才，包括高端人才，也包括大量高技能的技术工人。

2. 五项重大工程

五项重大工程如表1-8所示。

表1-8 中国制造2025五项重大工程

智能制造工程	• 开展信息技术与制造装备融合的集成创新和工程应用，开发智能产品和自主可控的智能装置并实现产业化 • 建设重点领域智能工厂/数字化车间 • 开展智能制造试点示范及应用推广 • 建立智能制造标准体系和信息安全保障 • 搭建智能制造网络系统平台
工业强基工程	• 支持核心基础零部件（元器件）、先进基础工艺、关键基础材料的首批次或跨领域应用 • 突破关键基础材料、核心技术零部件工程化、产业化瓶颈 • 完善重点产业基础体系
绿色制造工程	• 组织实施传统制造业能效提升、清洁生产、节水治污、循环利用等专项技术改进 • 开展重大节能环保、资源综合利用、再制造、低碳技术产业化示范 • 实施重点区域、流域、行业清洁生产水平提升计划 • 开展绿色评价
高端装备创新工程	• 实施一批创新和产业化专项、重大工程； • 开发一批标志性、带动性强的重点产品和重大装备
制造业创新中心建设工程	• 形成一批制造业创新中心； • 重点开展行业基础和共性关键技术研发、成果产业化、人才培训等工作

3. 十大重点领域

十大重点领域包括：新一代信息技术、高档数控机床和机器人、航天航空装备、海洋工程装备及高技术船舶、先进轨道交通装备、节能与新能源汽车、电力装备、新材料、生物医药及高性能医疗器械、农业机械装备。国家将引导社会各类资源集聚，大力推动十大重点领域突破发展。

1.3.3 中国制造2025的执行情况

围绕中国制造2025这一主题，2015年6月，工信部公示了2015年智能制造专项项目，94家公司的相关项目入选。

2015年7月21日，工信部公布了2015年智能制造试点示范项目名单，全国共46个示范项目入围。2015年智能制造46个试点示范项目覆盖了38个行业，分布在21个省（自治区、直辖市），涉及流程制造、离散制造、智能装备和产品、智能制造新业态新模式、智能化管理、智能服务6个类别。

为深入贯彻落实《中国制造2025》，加快实施智能制造工程，根据工业和信息化部关于实施推进"中国制造2025""6+1"专项行动总体要求，在总结2015年实施智能制造试点示范专项行动的基础上，继续做好"智能制造试点示范2016专项行动"，制定实施方案。《智能制造试点示范2016专项行动实施方案》将遴选60个以上的智能制造试点示范项目。其中，选择20个以上离散型智能制造试点示范项目，选择20个以上流程型智能制造试点示范项目，选择20个以上网络协同制造、大规模个性化定制、远程运维服务试点示范项目。通过试点示范，进一步提升高档数控机床与工业机器人、增材制造装备、智能传感与控制装备、智能检测与装配装备、智能物流与仓储装备五大关键技术装备的水平，以及工业互联网创新能力，在关键领域形成一批智能制造标准，不断形成并推广智能制造新模式。

1.4 智能制造的内涵与特征

智能制造始于20世纪80年代人工智能在制造业领域中的应用，发展于20世纪90年代智能制造技术和智能制造系统的提出，成熟于21世纪基于信息技术的"Intelligent Manufacturing（智能制造）"的发展。它将智能技术、网络技术和制造技术等应用于产品管理和服务的全过程中，并能在产品的制造过程中分析、推理、感知等，满足产品的动态需求。它也改变了制造业中的生产方式、人机关系和商业模式，因此，智能制造不是简单的技术突破，也不是简单的传统产业改造，而是通信技术和制造业的深度融合、创新集成。

1.4.1 国内外对智能制造定义、内涵和特征的理解

1. 美国

（1）定义

2011年6月，美国智能制造领导联盟（Smart Manufacturing Leadership Coalition，SMLC）发表了《实施21世纪智能制造》报告，指出智能制造是先进智能系统强化应用、新产品快速制造、产品需求动态响应，以及工业生产和供应链网络实时优化的制造。其核心技术是网络化传感器、数据互操作性、多尺度动态建模与仿真、智能自动化以及可扩展的多层次网络安全。融合从工厂到供应链的所有制造，并使得

对固定资产、过程和资源的虚拟追踪横跨整个产品的生命周期。结果将是在一个柔性的、敏捷的、创新的制造环境中,优化性能和效率,并且使业务与制造过程有效地串联在一起。美国智能制造企业的框架如图1-8所示。

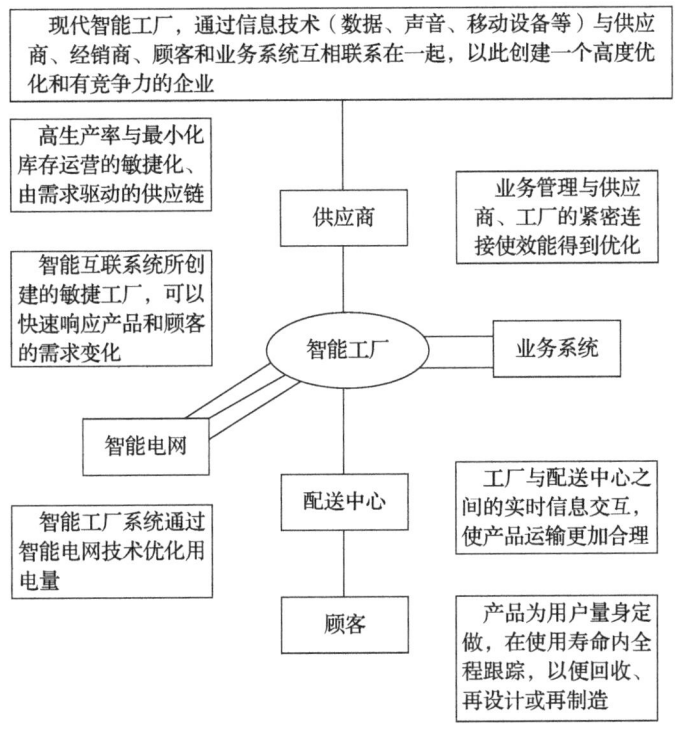

图1-8 美国智能制造企业的框架

2014年2月,美国国防部牵头成立了"数字制造与设计创新机构"(简称"数字制造",Digital Manufacturing);2014年12月,美国能源部宣布牵头筹建"清洁能源制造创新机构之智能制造"(简称"智能制造",Smart Manufacturing)。两个部门针对不同的侧重点对智能制造技术及内涵展开研究。

2014年12月,美国政府建立了国家制造创新网络中的第8个创新机构,即"智能制造创新研究院",该研究院由能源部牵头组织建设,能源部给智能制造下的定义是:智能制造是先进传感、仪器、监测、控制和过程优化的技术和实践的组合,它们将信息和通信技术与制造环境融合在一起,实现工厂和企业中能量、生产率、成本的实时管理。智能制造需要实现的目标有4个:产品的智能化、生产的自动化、信息流和物资流合一、价值链同步。

(2)内涵

从智能制造创新研究部门对智能制造给出的定义和智能制造要实现的目标来

看，传感技术、测试技术、信息技术、数控技术、数据库技术、数据采集与处理技术、互联网技术、人工智能技术、生产管理等与产品生产全生命周期相关的先进技术均是智能制造的技术内涵。智能制造以智能工厂的形式呈现。

数字制造部门对智能制造发展的侧重点是通过基于计算机的集成系统（由仿真、三维可视化、分析学和各类协同工具组成）将设计、制造、保障和报废系统的要求进行连接，完善整条全生命周期与价值链的"数字线"。在实施设计时，综合利用智能传感器、控制器和软件来提升保障性，同时考虑系统的安全性。

智能制造部门对智能制造发展的侧重点是将其用于高能效制造工艺的耐用传感器、控制和性能优化算法、高逼真建模与仿真技术，将其用于技术集成的开源平台——集成所有制造过程中的清洁能源和高能效应用、能量优化的控制与决策支持、原料和运行资源等。"智能制造"特别关注以一种环保和优化生产率的方式，降低选定制造工艺的能耗。总目标是减少生命周期能源使用，增加能源生产率，提升地区经济、就业以及本土生产，保障美国制造的竞争力。

综合数字制造部门和智能制造部门对智能制造概念的理解及应用情况，可用图1-9来进行表示。

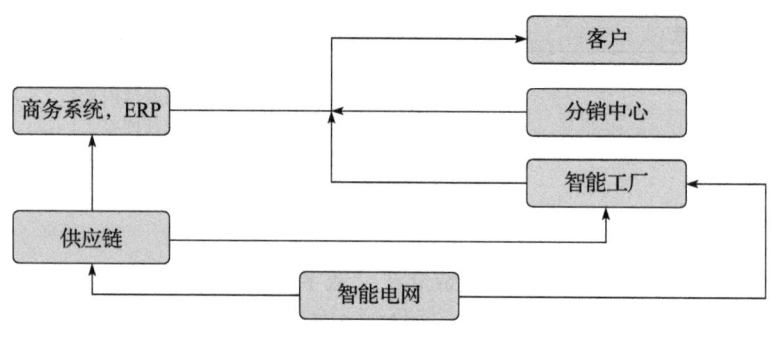

图1-9 美国提出的"智能制造"概念

除了美国政府部门外，美国企业、学术界也对智能制造内涵做了深入的研究，其中影响最大的是近期的"第三次工业革命"与"工业互联网"概念。

第三次工业革命 1994年，美国未来学家杰里米·里夫金首次提出"第三次工业革命"，并在2011年出版的专著《第三次工业革命》中系统阐述了"第三次工业革命"的概念。所谓"第三次工业革命"的核心内容就是借助互联网、新存储等技术，开发、搜集、应用可再生能源，其关键词是"向可再生能源转型"以及节能、低碳、绿色经济、可持续发展。杰里米·里夫金指出第三次工业革命是新能源技术和新通信技术的出现以及新能源和新通信技术融合的技术革命。并根据"第三次工业革命"的内涵提出了"五大支柱"说，即：

❏ 向可再生能源转型；

❏ 将建筑物转化为微型发电厂，以便就地搜集可再生能源；

❏ 在每一栋建筑物及基础设施中使用氢和其他存储技术，以存储间歇式能源；

❏ 利用互联网技术将每一大洲的电力网转化为能源共享网络，其工作原理类似于互联网；

❏ 将运输工具转变为插电式以及燃料电池动力车。

以制造业"数字化"为标志的"第三次工业革命"表现在大量高新技术"聚合发酵"和综合应用上，包括"更聪慧"的软件、"更神奇"（质量更轻、强度更高、更加耐用）的新材料、功能更强大的机器人、更完美的程序设计、"3D"打印技术以及更全面的网络服务等，从而实现生产成本更低、生产周期更短、生产过程更灵活、产品从设计到生产再到销售的关联更紧密，以及从"福特制"下的传统"大规模流水线生产"转向更适应"个性化需求"的"大规模定制"等。

工业互联网 "工业互联网"的概念最早由通用电气在2012年提出，与工业4.0的基本理念相似，倡导将人、数据和机器连接起来，形成开放而全球化的工业网络，其内涵已经超越制造过程以及制造业本身，跨越产品生命周期的整个价值链。工业互联网和"工业4.0"相比，更加注重软件、网络和大数据，目标是促进物理系统和数字系统的融合，实现通信、控制和计算的融合，营造一个信息物理系统的环境。

工业互联网系统由智能设备、智能系统和智能决策三大核心要素构成，涉及数据流、硬件、软件和智能的交互。将智能设备和网络收集的数据存储之后，利用大数据分析工具进行数据分析和可视化，由此产生的"智能信息"可以供决策者在必要时进行实时判断处理，使其成为大范围工业系统中工业资产优化战略决策过程的一部分。

❏ 智能设备：将信息技术嵌入装备中，使装备成为可智能互联的产品。为工业机器提供数字化仪表是工业互联网革命的第一步，使机器和机器交互更加智能化，这得益于以下三个要素：一是部署成本，仪器仪表的成本已大幅下降，从而有可能以一个比过去更经济的方式装备和监测工业机器；二是微处理器芯片的计算能力，微处理器芯片的持续发展已经达到了一个转折点，即机器拥有数字智能成为可能。三是高级分析，"大数据"软件工具和分析技术的进展为了解由智能设备产生的大规模数据提供了手段。

- 智能系统：设备互联形成的一个系统。智能系统包括各种传统的网络系统，但广义的定义包括部署在机组和网络中并广泛结合的机器仪表和软件。随着越来越多的机器和设备加入工业互联网，可以实现跨越整个机组和网络的机器仪表的协同效应。智能系统的构建整合了广泛部署智能设备的优点。当越来越多的机器连接在一个系统中，久而久之，结果将是系统不断扩大并能自主学习，而且越来越智能化。
- 智能决策：大数据和互联网基础上的实时判断处理。当从智能设备和系统收集到了足够的信息来促进数据驱动型学习的时候，智能决策就发生了，从而使一个小机组网络层的操作功能由运营商传输到数字安全系统。

对比"第三次工业革命"与工业互联网，前者主要是由学术界提出的，比较侧重对未来发展的设想与预测，且不局限于制造业领域，更多的是从经济学、生态学、社会学角度进行思考，视角更为宏观，但不涉及具体制造业发展计划。工业互联网概念首先由工业界提出，从开始之初，就是作为具体的智能制造发展规划被设计，具有很强的可执行性。

（3）特征

通过美国政府部门、企业界和学术界对智能制造的论述，可以总结出智能制造的五大特点：

1）新能源革命：即"向可再生能源转型"，寻求生产过程节能、低碳、高效之道。使用纳米技术和钠、钾等低成本材料，生产出成本低、耐用性高、可充电数十万次的大功率蓄电池，用以解决太阳能、风能储存问题，促进太阳能、风能开发，并满足运输工具转向插电式或燃料动力电池车的技术需求，促使世界加速向"后石油经济时代"过渡。

2）新材料革命：制造业广泛采用新型复合材料和纳米材料。这些新材料的强度、质量、性能均优于传统材料，而且适用性强，成本低。

3）新农业革命：首推"垂直农场"和"垂直农业"，即在消费地附近建立一层层叠加的摩天大楼式温室，种植各种农作物，以解决水、旱、虫灾及高温、酷寒等难题，节省水电资源和劳动力成本，实现农业高效、高产，并消除农产品传统上须从产地向消费地长途运输的"麻烦"。美国大西洋理事会特别强调转基因工程的重要性，认为转基因工程正处在"婴儿时期"，未来必然要大发展、更成熟、更普及。

4）新信息技术革命：主要是设计、生产、销售等借助网络信息技术全面数字化、智能化，互联网成为设计、生产、贸易、信息以及各种新技术交流的关键性平台与渠道，同时也构成经济、社会发展的新基础，从而深刻改变人类生产、生活方式。

5）制造业"数字化"革命：主要是生产、制造快速成型等，尤其是以 3D 打印机为代表的新型生产设备，可使产品从设计到生产再到销售的全过程一体化，简化流程、降低成本，并大大缩短生产周期和运送距离，使产品由大工业时代的"大规模生产"转向"大规模定制"，以适应消费者"个性化"需求，并能在世界各地"就地设计、就地生产、就地销售"，这可能导致第一次工业革命以来、历时两个多世纪的"大规模工厂制"逐步被淘汰。

2. 欧州

（1）定义

在欧洲各国的智能制造发展战略中，德国 2013 年 4 月在汉诺威工业博览会上正式推出的"工业 4.0"战略最为典型和完善。德国对智能制造的理解也是一个逐步深化的过程。在 2013 年推出"工业 4.0"战略时，对工业 4.0 还没有严格的定义，只是使用描述性的语言概括了工业 4.0 的特征。工业 4.0 将使得生产资源形成一个循环网络，使得生产资源具有自主性、可自我调节以应对不同的形势、可自我配置等。工业 4.0 的智能产品具有独特的可识别性，可以在任何时候被分辨出来。工业 4.0 将可能使有特殊产品特性需求的客户直接参与到产品设计、生产、销售、运作和回收的各个阶段。工业 4.0 的实施将使企业员工可以根据形势和环境敏感的目标来控制、调节和配置智能制造网络和生产步骤。

2015 年 4 月，德国工业 4.0 平台发布的《工业 4.0 战略计划实施》报告则对工业 4.0 进行了较为严格的定义：

工业 4.0 概念表示第四次工业革命，它意味着在产品生命周期内对整个价值创造链的组织和控制迈上新台阶，意味着从创意、订单，到研发、生产、终端客户产品交付，再到废物循环利用，包括与之紧密联系的各服务行业，在各个阶段都能更好地满足日益个性化的客户需求。所有参与价值创造的相关实体形成网络，获得随时从数据中创造最大价值流的能力，从而实现所有相关信息的实时共享。以此为基础，通过人、物和系统的连接，实现企业价值网络的动态建立、实时优化和自组织，根据不同的标准对成本、效率和能耗进行优化。

（2）内涵

随着计算机信息处理和传递速度的提高，机器和设备智能化水平提升，工厂的管理日趋数字化。由此可知"工业 4.0"的内涵就是数字化、智能化、人性化、绿色化，产品的大批量生产已经不能满足客户个性化订制的需求，要想使单件小批量生产能够达到大批量生产同样的效率和成本，需要构建可以生产高精密、高质量、个性化智能产品的智能工厂。工业 4.0 的另一个内涵是分散网络化和信息物理的深度融合，由集中式控制向分散式增强型控制的基本模式转变。目标是建立一个高度灵活的个性化和数字化的产品与服务的生产模式。在这种模式中，传统的行业界限将消失，并会产生各种新的活动领域和合作形式。创造新价值的过程正在发生改变，产业链分工将被重组。德国学术界和产业界认为，"工业 4.0" 概念即为以智能制造为主导的第四次工业革命，或革命性的生产方法。

（3）特征

该战略旨在通过充分利用信息通信技术和网络空间虚拟系统相结合的手段，使制造业向智能化转型。其三大主题的特征主要是：

1）智能工厂：重点研究智能化生产系统及过程，以及网络化分布式生产设施的实现。

2）智能生产：主要涉及整个企业的生产物流管理、人机互动以及 3D 技术在工业生产过程中的应用等。该计划将特别注重吸引中小企业参与，力图使中小企业成为新一代智能化生产技术的使用者和受益者，同时也成为先进工业生产技术的创造者和供应者。

3）智能物流：主要通过互联网、物联网、务联网，整合物流资源，充分发挥现有物流资源供应方的效率，而需求方则能够快速获得服务匹配，得到物流支持。

3. 中国

（1）定义

20 世纪 90 年代，中国开始研究智能制造，宋天虎（1999 年）认为智能制造在未来应该能对工作环境自动识别和判断，对现实工况做出快速反应，制造与人和社会的相互交流。杨叔子和吴波（2003 年）认为智能制造系统通过智能化和集成化的手段来增强制造系统的柔性和自组织能力，提高快速响应市场需求变化的能力。熊有伦等（2008 年）认为智能制造的本质是应用人工智能理论和技术解决制造中的问题，智能制造的支撑理论是制造知识和技能的表示、获取、推理，而如何挖掘、保存、传递、利用制造过程中长期积累下来的大量经验、技能和知识是现代企业急需解决的问题。中国机械工程学会在 2011 年出版的《中国机械工程技术路线图》一书中提出，智能制造是研究制造活动中的信息感知与分析、知识表达与学习、智能决策与执行的一门综合交叉技术，是实现知识属性和功能的必然手段。卢秉恒和李涤尘（2013 年）认为智能制造应具有感知、分析、推理、决策、控制等功能，是制造技术、信息技术和智能技术的深度融合。中国机械工业集团有限公司中央研究院副总工程师、中国机器人产业联盟专家委员会副主任郝玉认为智能制造是能够自动感知和分析制造过程及其制造装备的信息流与物流，能以先进的制造方式，自主控制制造过程的信息流和物流，实现制造过程自主优化运行，满足客户个性化需求的现代制造系统。智能制造的基本属性有三个，即对信息流与物流的自动感知和分析，对制造过程信息流和物流的自主控制，对制造过程的自主优化运行。

在2015年工业和信息化部公布的"2015年智能制造试点示范专项行动"中，智能制造定义为基于新一代信息技术，贯穿设计、生产、管理、服务等制造活动各个环节，具有信息深度自感知、智慧优化自决策、精准控制自执行等功能的先进制造过程、系统与模式的总称。具有以智能工厂为载体，以关键制造环节智能化为核心，以端到端数据流为基础、以网络互联为支撑等特征，可有效缩短产品研制周期、降低运营成本、提高生产效率、提升产品质量、降低资源能源消耗。

（2）内涵

中国要实施智能制造，必须坚持创新驱动、智能转型、强化基础、绿色发展。以此作为发展方针，推行数字化、网络化和智能化制造，提升产品的设计能力，完善制造业技术创新体系，强化制造基础，提升产品质量，推行绿色制造，培养具有全球竞争力的企业群体和优势产业，发展现代制造服务。

（3）特征

其特征具体表现在以下几个方面：

1）重视工业基础，拓宽知识口径：中国制造业落后，很大程度上是因为基础零部件、基础工艺、基础材料比较落后。在未来的现代化工厂中，无论是机械工程师还是普通的工人都必须具备良好的机械设计基础知识，对产品的每一个环节都必须严格把关，每一道工序都必须精益求精。

2）结合数字网络，提升智能效率：中国要成为工业强国，必须改变传统模式，打造新型工业，从"中国制造"蜕变为"中国智造"，通过智能制造带动各个产业的数字化水平和智能化水平的提高。

3）节约产业资源，保护生态环境：经济发展的最大制约就是环境和资源，中国作为世界第一制造大国，发展的质量和效益已经成为中心任务，在这方面，一个非常重要的工作就是要节约资源，保护环境。工业消耗占整个国家能源消耗的73%，在节能减排降耗、提高资源利用率方面有巨大的潜力和空间，所以要实施绿色制造工程来避免牺牲生态环境换取的工业繁荣。

4）培养优势产业，高端装备创新：要实现工业强国，必须培养自己的优势产业，加快实施走出去战略，鼓励企业参与境外基础设施建设和产能合作，让"中国智造"造福世界。

1.4.2 智能制造与传统制造的异同

智能制造是一种由智能机器和人类专家共同组成的人机一体化智能系统，通过人与智能机器的合作共事，去扩大、延伸和部分地取代人类专家在制造过程中的脑力劳动。它更新了制造自动化的概念，使其扩展到柔性化、智能化和高度集成化。智能制造与传统制造的异同点主要体现在产品的设计、产品的加工、制造管理以及产品服务等几个方面，具体见表1-9。

表1-9 智能制造与传统制造的异同

分类	传统制造	智能制造	智能制造的影响
设计	• 常规产品 • 面向功能需求设计 • 新产品周期长	• 虚实结合的个性化设计，个性化产品 • 面向客户需求设计 • 数值化设计，周期短，可实时动态改变	• 设计理念与使用价值观的改变 • 设计方式的改变 • 设计手段的改变 • 产品功能的改变
加工	• 加工过程按计划进行 • 半智能化加工与人工检测 • 生产高度集中组织 • 人机分离 • 减材加工成型方式	• 加工过程柔性化，可实时调整 • 全过程智能化加工与在线实时监测 • 生产组织方式个性化 • 网络化过程实时跟踪 • 网络化人机交互与智能控制 • 减材、增材多种加工成型方式	• 劳动对象变化 • 生产方式的改变 • 生产组织方式的改变 • 生产质量监控方式的改变 • 加工方法多样化 • 新材料、新工艺不断出现
管理	• 人工管理为主 • 企业内管理	• 计算机信息管理技术 • 机器与人交互指令管理 • 延伸到上下游企业	• 管理对象变化 • 管理方式变化 • 管理手段变化 • 管理范围扩大
服务	产品本身	产品全生命周期	• 服务对象范围扩大 • 服务方式变化 • 服务责任增大

1.4.3 智能制造解读

智能制造技术已成为制造业的发展趋势，得到工业发达国家的大力推广和应用。发展智能制造既符合制造业发展的内在要求，也是重塑各国制造业新优势、实现转型升级的必然选择。各国发展智能制造的趋势主要为：

❑ 数字化制造技术得到应用：数字化制造技术有可能改变未来产品的设计、销售和交付方式，使大规模定制和简单的设计成为可能，使制造业实现随时、随地、按不同需要进行生产，并彻底改变自"福特时代"以来的传统制造业形态。
- ❏ 智能制造技术创新及应用贯穿制造业全过程：智能制造技术的加速融合使得制造业的设计、制造、管理和服务等环节逐渐智能化，产生新一轮的制造业革命。
- ❏ 世界范围内智能制造国家战略的空前高涨：主要体现在世界主要工业化发达国家提早布局，并且将智能制造作为重振制造业战略的重要抓手。

智能制造的特点主要体现在以下几个方面。

（1）工业4.0不是无人工厂，人是工业4.0的核心

智能工厂不是无人工厂。德国、美国、日本都是传统制造业强国，我国是制造业大国，然而德国企业的实践证明，工业3.0并不需要达到100%的自动化，未来工厂里人依然将发挥重要的控制和决策作用。人与机器和谐相处，人有丰富的经验和更高的灵活性，机器则在某些方面具有较好的一致性，人与机器各有所长，要充分发挥各自的长处。因此，建议中国企业将自动化程度提高到70%～80%作为工业3.0的实现目标，但迈进思路要以智能制造业的理念为指导。

（2）要实现工业4.0，首先要进行生产组织和工作流程的梳理

精益生产是通过系统结构、人员组织、运行方式和市场供求等方面的变革，使生产系统能很快适应用户需求的不断变化，并能使生产过程中一切无用、多余的东西被精简，最终达到包括市场供销在内的生产的各方面最好结果的一种生产管理方式。与传统的大生产方式不同，其特色是"多品种""小批量"。

首先不同的企业在行业特点上不尽相同，就拿流程行业和离散行业来说，对于流程行业，比如化工、医药、金属等，一般偏好设备管理，如TPM（Total Productive Maintenance），因为在流程型行业中需要运用一系列的特定设备，这些设备的运行状况极大地影响着产品的质量；而离散行业，比如机械、电子等，LAYOUT、生产线的排布，以及工序都是影响生产效率和质量的重要因素，因此离散行业注重标准化、JIT（Just In Time）、看板以及零库存。

（3）人、机器、工件（产品）互联互通

传统生产模式下，车间内的信息交流只能发生在工人与设备以及工人与工人之间，工人只能与本工位机器或其上下道工位的工人进行信息交互。而在工业4.0模式下，机器间可以直接通信，进行信息交互，人与机器间的通信结构为网状，大大提高了信息交互的效率，为个性化生产提供了可能。

（4）生产数据自动采集

利用各种检查和测试方法判断系统和设备是否存在故障的过程是故障检测，而进一步确定故障所在大致部位的过程是故障定位。故障检测和故障定位同属网

络生存性范畴。要求把故障定位到实施修理时可更换的产品层次（可更换单位）的过程称为故障隔离。故障诊断就是指故障检测和故障隔离的过程。

对采集到的生产数据运用大数据的分析方法进行分析，结合故障以及寿命预测算法，对设备的寿命进行预测分析。同时可以通过对设备状态的检测实时了解设备的运行状态，为任务的动态调度提供依据。

（5）车间布局——消灭固定生产线

由原先的严格按照生产节拍的生产线生产模式改为具有高度灵活性和自主性的矩阵或网状的生产系统，从而达到消灭固定生产线的目的。

（6）实现个性化产品的前提是标准化、模块化和数字化

标准化是指在一定的范围内获得最佳秩序，对实际的或潜在的问题制定共同且可重复使用的规则，包括制定、发布及实施标准的过程。标准化的重要意义是改进产品、过程和服务的适用性，防止贸易壁垒产生，促进技术合作。

模块化是指解决一个复杂问题时自顶向下逐层把系统划分成若干模块的过程，有多种属性，分别反映其内部特性。

数字化是指将许多复杂多变的信息转变为可以度量的数字、数据，再基于这些数字、数据建立起适当的数字化模型，并把它们转变为一系列二进制代码，引入计算机内部，进行统一处理。

（7）用户体验

在传统模式下，用户体验是在产品交付到用户手中之后开始的，而在工业 4.0 模式下，用户可以在设计，甚至生产环节就参与产品的生产过程，用户可以通过终端实时监控产品的生产情况，大大延伸了产品的用户体验区域，为多样化、全方位的用户体验带来可能。

（8）敏捷制造由对市场的快速响应转变为对用户个性化需求的快速响应

在传统模式下，敏捷制造需要分析市场并结合市场分析结果对生产决策做出支撑，因为传统模式下产品的生产是批量的，需要根据市场大部分用户的需求而定；而在工业 4.0 模式下，由于个性化生产的出现，使得企业可以直接获得每个个体的需求，因此敏捷制造要能及时响应个体客户的要求。

（9）信息物理系统是实现智能制造的基础

信息物理系统包括了智能机器、仓储系统以及生产设备的电子化，并基于通信技术将其融合到整个网络，涵盖内部物流、生产、市场销售、外部物流以及延伸服务，并使得它们相互之间可以进行独立的信息交换、进程控制、触发行动等，以此达到全部生产过程的智能化，从而将资源、信息、物体以及人紧密地联系在一起，从而创造物联网及服务互联网，并将生产工厂转变为一个智能环境。这是

实现工业 4.0 的基础。

(10) 实现"自动化 + 信息化"智能化，智能工厂是革新

纵向集成的全称为"纵向集成和网络化制造系统"，其实质是"将各种不同层面的 IT 系统集成在一起（例如，执行器与传感器、控制、生产管理、制造和执行及企业计划等不同层面的连接）"，通过将企业内不同的 IT 系统、生产设施（以数控机床、机器人等数字化生产设备为主）进行全面的集成，建立一个高度集成化的系统，为将来智能工厂中的网络化制造、个性化定制、数字化生产提供支撑。

(11) 工业 4.0 解决信息孤岛问题——纵向集成是基础

纵向集成主要是指将企业内部各单元进行集成，使信息网络和物理设备之间进行联通，即解决信息孤岛的问题。纵向集成中企业信息化的发展经历了部门需求、单体应用到协同应用的一个历程，伴随着信息技术与工业融合发展常讲常新，换句话说，企业信息化在各个部门发展阶段中的里程碑就是企业内部信息流、资金流和物流的集成，是生产环节上的集成（如研发设计内部信息集成），是跨环节的集成（如研发设计与制造环节的集成），是产品全生命周期的集成（如产品研发、设计、计划、工艺到生产、服务的全生命周期的信息集成）。工业 4.0 所要追求的就是在企业内部实现所有环节信息的无缝链接，这是所有智能化的基础。

(12) 工业 4.0 不仅仅是智能工厂——横向集成是革命

横向集成是指"将各种应用于不同制造阶段和商业计划的 IT 系统集成在一起，这其中既包括一个公司内部的材料、能源和信息的配置，也包括不同公司间的配置（价值网络）"（摘自《德国工业 4.0 战略计划实施》），也就是以供应链为主线，实现企业间的三流合一（物流、能源流、信息流），实现社会化的协同生产。

(13) 工业 4.0 要建立端到端的集成——消灭中间环节

端到端的集成是指"通过将产品全价值链和为满足客户需求而协作的不同公司集成起来，现实世界与数字世界完成整合"（摘自《德国工业 4.0 战略计划实施》），也就是说，集成产品的研发、生产、服务等产品全生命周期的工程活动，最典型的例子如小米、苹果手机围绕产品的企业间的集成与合作。

1.5 智能制造参考模型

2015 年 4 月 16 日，德国电子电气工业协会发布了工业 4.0 参考架构模型（RAMI 4.0），将工业 4.0 所涉及的关键要素用一个三维的层级模型来描述：第一个维度是由产品、控制装置、工作单元、企业和企业联盟构成的企业纵向集成维度（Hierarchy Levels Axis）；第二个维度是由研发阶段和生产阶段组成的产品生命周期与价值流维度

（Life Circle & Value Stream Axis）；第三个维度则是借助信息和通信技术通用的业务划分准则，把制造系统的活动划分为业务、功能、信息、通信、集成和资产 6 个层次，形成活动层维度（Layers Axis）。这个架构模型的作用就是圈定了德国工业 4.0 所涉及的范围，所有的事情都可以在这个模型里进行分解并得到解释。

由于网络化在工业领域的广泛应用将产生大量的连接，从而使数据处理至关重要，从美国的工业互联网联盟和德国工业 4.0 平台推出的参考架构模型来看，数据服务是模型的一部分。

1.5.1 美国

工业互联网是互联网和新一代信息技术在工业全领域、全产业链、全价值链中的融合集成应用，是实现工业智能化的综合信息基础设施。其本质是以机器、零部件、控制系统、信息系统、产品以及人之间的网络互联为基础，通过对工业数据的深度感知、传输交换、计算处理和高级分析，实现从单个机器到生产线、车间乃至整个工厂的智能决策和动态优化，工业互联网的三要素为智能机器、高级分析和工作人员，如图 1-10 所示。

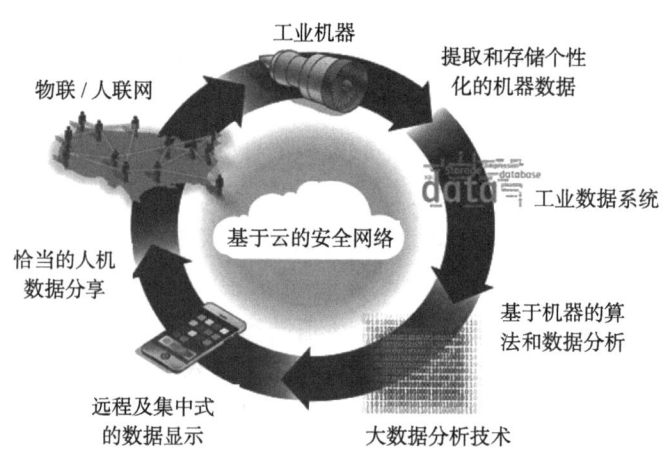

图 1-10 美国工业互联网

工业互联网的价值可以从三方面体现：第一，提高能源的使用效率；第二，提高工业系统与设备的维修和维护效率；第三，优化并简化运营效率。

2015 年 6 月，工业互联网联盟（IIC）发布工业互联网参考架构（Industrial Internet Reference Architecture，IIRA）。该文件定义了工业互联网系统的各要素，以及为要素之间的相互关系提供了通用语言。在通用语言的帮助下，参与者可为系统选取所需的要素，从而更快地交付系统实现，工业互联网的参考架构如图 1-11 所示。

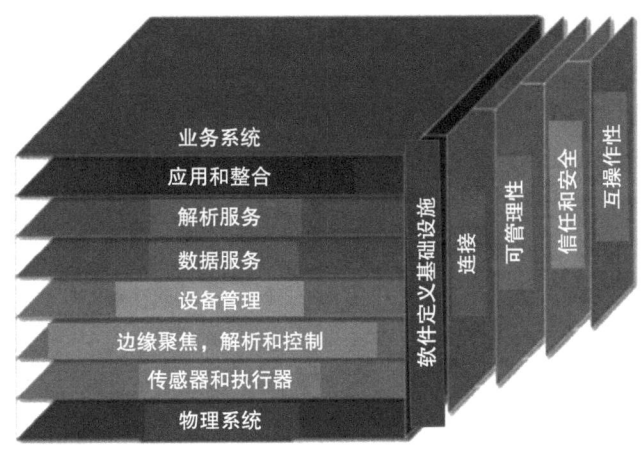

图 1-11　美国工业互联网参考架构模型（IIRA 4.0）

工业互联网联盟提出的参考架构模型主要是基于软件及互联网的核心技术，对未来工业的一种互联网思考方式的结果。

然而 IIC 并不制定标准，它主要的工作是推动协作。事实上，IIC 还积极推进与国际标准化组织的协作，现已梳理了 20 多个关联标准化组织，以图加快工业互联网标准研制和全球标准化协作。工业互联网参考架构可将现存的和新兴的标准统一在相同的结构中，从而能更加简单快捷地找出需弥补的缺口，进而确保各组件间的互操作性。

工业互联网参考架构可以从网络、数据和安全三个维度来理解。在三个维度里，网络是基础，通过工业全系统的互联互通，实现工业数据的无缝集成，根据连接范围不同，网络又可分为工厂内网络和工厂外网络；数据是核心，通过产品全生命周期数据的采集与分析，形成生产全流程的智能决策，实现机器弹性控制、运营管理优化、生产协同组织与商业模式创新；安全是保障，通过构建涵盖工业全系统的安全防护体系，有效防范网络攻击和数据泄露。以网络、数据和安全为核心，从生产系统内部智能化改造升级和依托互联网的新模式/新业态创新两个层面同时着力，内外兼顾地协同推进工业互联网发展。

在网络方面，针对工厂内部网络 IP 化、无线化、扁平化以及灵活组网的发展趋势，推动工业以太网以及 IPv6 技术在工厂网络中的应用，引导短距离通信、WiFi 等无线网络技术在工厂中的部署，探索面向工业环境的有线/无线融合组网以及工业制造领域 SDN（软件定义网络）技术。而对于工业互联网海量连接、安全可靠等新需求，加快软件定义网络、网络功能虚拟化（NFV）等技术的创新和应用，不断提升公众网络的宽带接入和传输速率，加大力度促进标识解析系统的建设，构建支撑跨工厂、跨企业全面信息互联的关键基础设施。积极引导云计算在工业领域的应用,加强工厂内各生产系统和IT系统间的数据集成协议规范的研制,促进工业互联网应用支撑能力的建设。

在数据方面,加快推动工业大数据的发展,通过试点示范推动企业进行工业大数据的应用创新,树立标杆;以应用为牵引,凝聚ICT和制造业,形成联合攻关力量,开展工业数据平台的技术和产业化攻关,最终形成产业支撑能力;推进工业大数据标准化工作,健全安全体制,完善外部环境。

在安全方面,深入剖析工业互联网的安全保障风险和需求,重塑网络安全保障思路,建立统一的、贯穿产业全生命周期的工业互联网安全保障体系。规范工业互联网安全防护技术的应用场景,提出安全管理、技术、运维、测评等方面的基本要求,指导业界开展工业互联网的安全保障体系建设,建立工业互联网安全审查和监督管理机制。

1.5.2 德国

德国工业4.0体系中的RAMI 4.0直接依托IEC相关标准,从多个视角凸显工业4.0体系的多面性,IIC架构大都被包含在其中。2014年,德国电工电子与信息技术标准化委员会发布了工业4.0标准化路线图,对德国的工业4.0标准化工作进行了顶层设计。2015年,德国正式公布了工业4.0参考架构模型,即RAMI4.0,如图1-12所示。

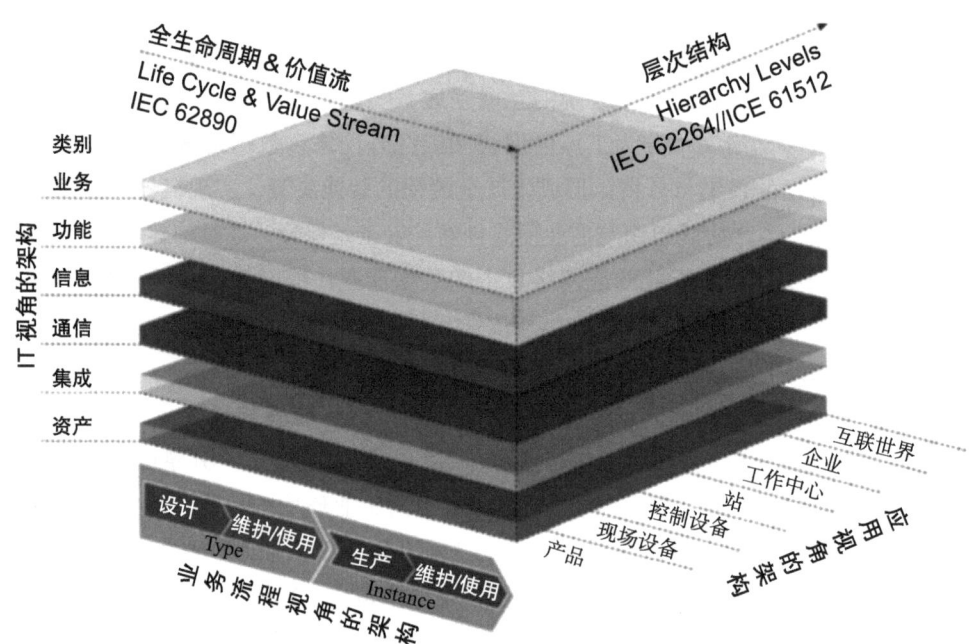

图1-12 德国工业4.0参考架构模型(RAMI 4.0)

RAMI 4.0 的三维模型中包含了工业 4.0 所涉及的全部关键要素，从这个模型可以发现现有标准在工业 4.0 中的应用，查找出现有标准的不足之处。工业 4.0 贯穿产品的整个开发和生产过程。RAMI 4.0 模型的第一个维度（垂直轴）借用了信息和通信技术常用的分层概念。和 ISO OSI 七层模型相似，各层之间有比较独立的功能，同时上层使用下层的服务，下层为上层提供接口。

可以从各层次的不同视角来实现工业 4.0 的建模和实施，从下到上各层所代表的功能为：

1）资产层和集成层：用数字化的虚拟来表示现实世界的各种成分，如硬件、软件、文件等。

2）通信层：实现标准化的通信协议以及数据和文件的传输。

3）信息层：包含相关数据。

4）功能层：形式化定义必要的功能。

5）业务层：映射相关的业务流程。

RAMI 4.0 模型的第二个维度（左侧水平轴）描述了产品全生命周期及相关价值链，参照的标准为 IEC 62890《工业过程测量控制和自动化系统和产品生命周期管理》。完整的产品生命周期是从规划开始，到产品的设计、仿真、制造，直至销售和服务的整个过程。RAMI 4.0 模型进一步将产品生命周期划分为样机开发（Type）和产品生产（Instance）两个过程。Type 阶段指的是从初始设计到定型的一个过程，还包括各种测试和实验验证。Instance 阶段进行产品的规模化、工业化生产，每个产品是原型的一个实例。在工业 4.0 中，Type 阶段与 Instance 阶段形成闭环，这给产品的升级改进带来了巨大的好处。其次，将采购、订单、装配、物流、维护、供应商以及客户等紧密关联起来，这为改进提供了巨大的潜能。因此，必须将生命周期与其所包含的增值过程一起考虑，而不仅限于单个工厂内部，而是扩展到涉及的所有工厂与合作伙伴，从工程设计到零部件供应商，直至最终客户。

RAMI 4.0 模型的第三个维度（右侧水平轴）描述工业 4.0 不同生产环境下的功能分类，与 IEC 62264《企业控制系统集成》（即 ISA S95）和 IEC 61512《批控制》（即 ISA S88）规定的层次一致。由于工业 4.0 不仅关注生产工厂和机器，还关注产品本身以及工厂外部的跨企业协同关系，因此在底层增加了"产品"层，在工厂顶层增加了"互联世界"层。RAMI 4.0 模型将全生命周期及价值链与工业 4.0 分层结构相结合，为描述和实现工业 4.0 提供了最大的灵活性。

RAMI 4.0 模型的目的在于识别作用于工业 4.0 的现有标准和标准缺省，并选择适宜的解决方案。图 1-13 给出了 RAMI 4.0 模型的现有国际标准映射。

工业 4.0 现有的国际标准包括数字工厂、安全与保障、能效、系统集成、现场总线等几个技术领域，主要来自于 IEC/TC65，也包括来自 IEC/TC3、ISO/TC184、IEC/TC17B、ISO/IEC JTC1、IEC/TC44 等技术委员会的标准。

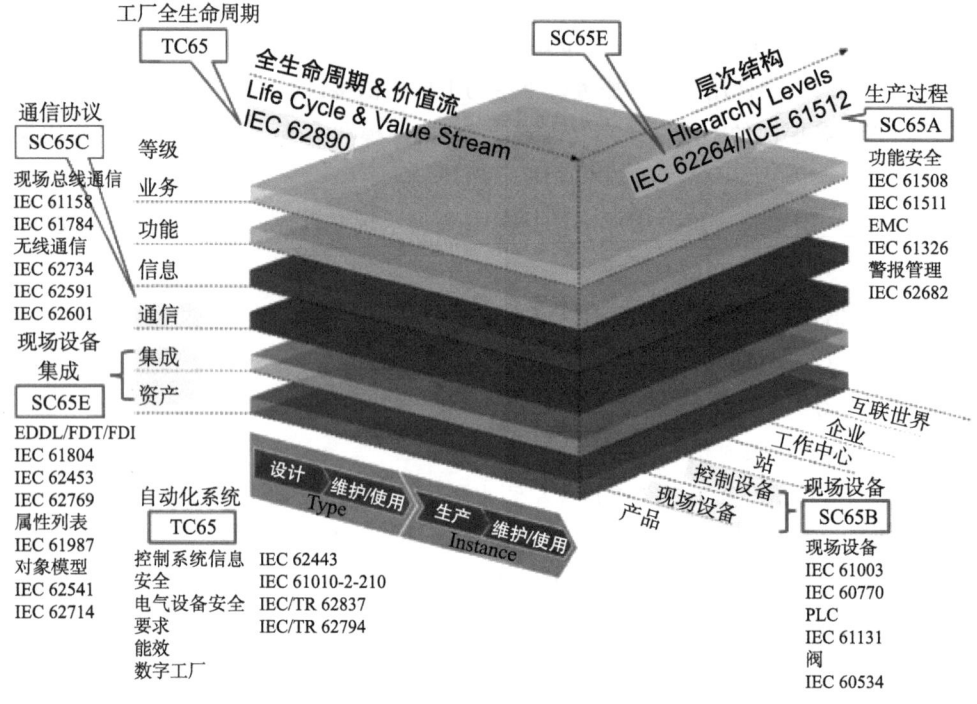

图 1-13　RAMI 4.0 模型的国际标准映射

1.5.3　中国

面对欧美发达国家推行的"再工业化"战略以及我国制造业面临的诸多严峻问题，国务院于 2015 年 3 月发布了制造强国战略的行动纲要《中国制造 2025》，旨在抢占技术发展的战略制高点。2015 年 12 月，工信部和国家标准化管理委员会共同发布《国家智能制造标准体系建设指南（2015 版）》，其中的智能制造系统架构与 RAMI 4.0 模型基本一致。

中国智能制造参考架构模型结合智能制造技术架构和产业结构，从系统架构、价值链和产品生命周期三个维度构建了智能制造标准化参考模型，这有利于认识和理解智能制造标准的对象、边界、各部分的层级关系和内在联系，如图 1-14a 和 b 所示。

参考架构最底层的总体要求包括基础、安全、管理和可靠性等，以支撑智能制造、急需解决的通用标准和技术。第一个层次是智能制造中关键的技术装备，这一层次的重点不在于装备本身而更侧重于装备的数据格式和接口的统一。第二个层次是工业互联网，包括核心软件和平台技术、工业网络技术、安全保护体系、测评等。第三个层次是智能工厂，包括工厂体系架构、制造系统互操作性、诊断/维护与优化等，依据自动化与 IT 技术的作用范围划分为工业控制和生产经营管理两部分。工业控制包括 DCS、PLC、FCS 和 SCADA 等工控系统，在各种工业通信协议、设备行规和应用行规的基础上，实现设备及系统的兼容与集成。生产经营管理在 MES 和 ERP 的基础上，将各种数据和资源融入全生命周期管理，同时实现节能与工艺优化。第四个层次实现制造新模式，通过云计算、大数据和电子商务等互联网技术，实现离散型智能制造、流程型智能制造、个性化定制、网络化协调制造与远程运维服务等制造新模式。第五个层次是服务型制造，包括个性化订制、远程服务、网络众包和电子商务等。第六个层次是上述层次技术内容在典型离散制造业和流程工业中的实现与应用。

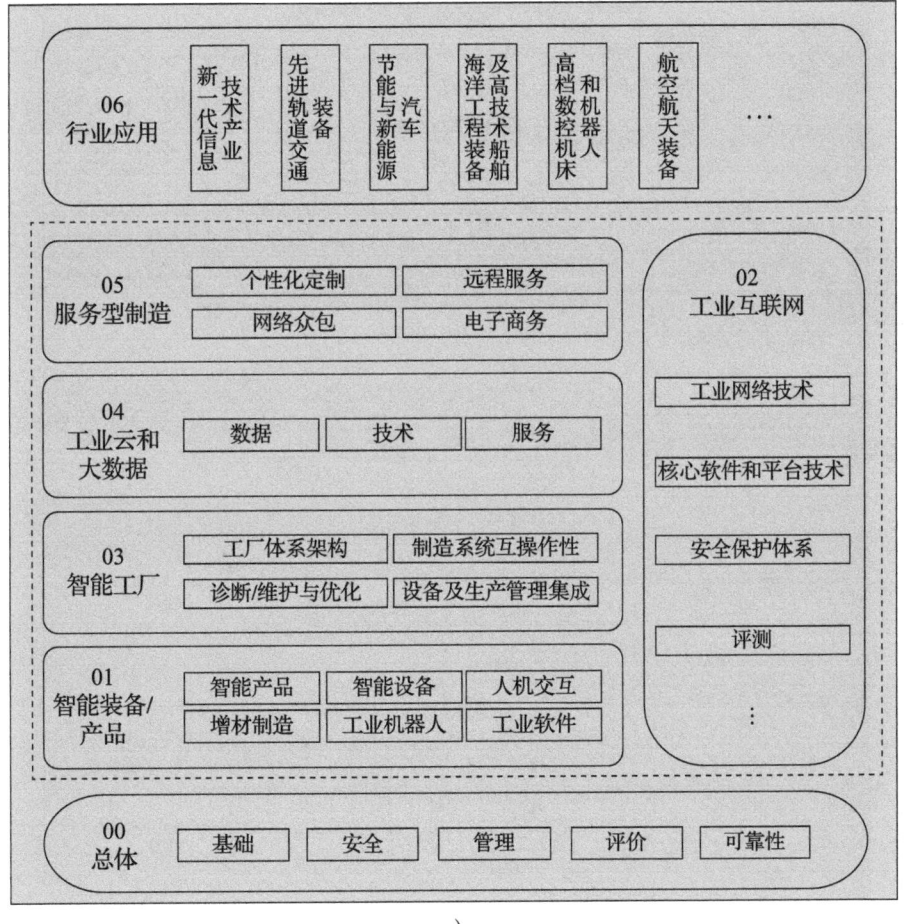

a）

图 1-14　中国工业 4.0 参考架构模型

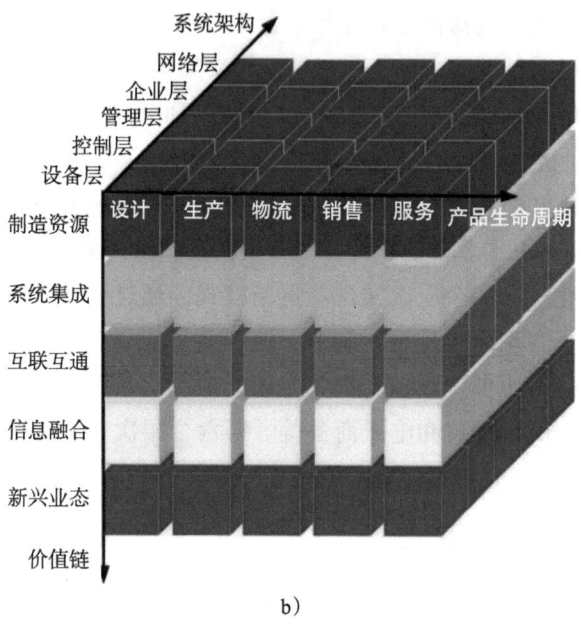

b)

图 1-14 (续)

Chapter2 第 2 章

智能工厂方案与体系

随着产品需求及随之而来的设计制造过程转变,全球制造业发生了前所未有的改变,智能产品的复杂性被视为对创新领导者在制造上的全新挑战,这势必会加速全球竞争。但是,以往的制造技术、制造理念以及对于制造过程的管控能力已经跟不上时代需求,无法承担起产品自主创新的重任,而软件工程和电子技术正在驱动产品创新与制造走向新的水平,这势必会掀起新的产品创新机遇。

智能特性作为现行制造系统的核心功能,是构成智能制造系统的核心与主要驱动力。在智能制造系统中,人类的部分脑力劳动被机器所替代,计算机能够模仿人的思维方式,进行条件判断、数据分析、资源管理、调度决策等行为。人类与机器之间的关系也不是对立的,而是相互合作、共同协作的,从而有助于建立起高度柔性的智能系统。智能制造系统不是简单的人工智能系统,而是在人工智能的辅助下,人与机器和谐相处,各自发挥自己的优势,其中人依然是整个过程的核心。

智能制造系统的关键体现在智能工厂上,而产品制造从诞生开始,经历了自动化、数字化过程,在此基础上,借助物联网技术可实现设备的互联互通,实现智能工厂架构的纵向集成,并借助跨层级的数据传输能力建立自下而上的数据通道,为绿色、节能且环保的生态型智能工厂的建立提供组件基础。基于此,智能工厂已经初步具有自律、自组织能力,可采集底层数据并对其进行详细分析,还可针对特定条件下的生产情形进行判断以及逻辑推理。同时,通过三维建模等可视化技术,现实物理世界可与虚拟世界进行无缝融合,将仿真融入产品的设计与制造过程中。并且,各个子系统之间能够相互协调、动态重组,整体上具备了自我诊断、自行维护能力，更好地为制造产业提供实现手段。

2.1 智能工厂的体系架构

2.1.1 智能工厂的架构与功能定义

智能工厂是实现智能制造的基础与前提，它在组成上主要分为三大部分（见图 2-1）。在企业层对产品研发和制造准备进行统一管控，与 ERP 进行集成，建立统一的顶层研发制造管理系统。管理层、操作层、控制层、现场层通过工业网络（现场总线、工业以太网等）进行组网，实现从生产管理到工业网底层的网络联接，满足管理生产过程、监控生产现场执行、采集现场生产设备和物料数据的业务要求。除了要对产品开发制造过程进行建模与仿真外，还要根据产品的变化对生产系统的重组和运行进行仿真，在投入运行前就要了解系统的使用性能，分析其可靠性、经济性、质量、工期等，为生产制造过程中的流程优化和大规模网络制造提供支持。

（1）企业层——基于产品全生命周期的管理层

企业层融合了产品设计生命周期和生产生命周期的全流程，对设计到生产的流程进行统一集成式的管控，实现全生命周期的技术状态透明化管理。通过集成 PLM 系统和 MES、ERP 系统，企业层实现了全数字化定义，设计到生产的全过程高度数字化，最终，实现基于产品的、贯穿所有层级的垂直管控。通过对 PLM 和 MES 的融合实现设计到制造的连续数字化数据流转。

（2）管理层——生产过程管理层

管理层主要实现生产计划在制造职能部门的执行，管理层统一分发执行计划，进行生产计划和现场信息的统一协调管理。管理层通过 MES 与底层的工业控制网络进行生产执行层面的管控，操作人员/管理人员提供计划的执行、跟踪以及所有资源（人、设备、物料、客户需求等）的当前状态，同时获取底层工业网络对设备工作状态、实物生产记录等信息的反馈。

（3）集成自动化系统

自动化系统的集成是从底层出发的、自下而上的，跨越设备现场层、中间控制层以及操作层三个部分，基于 CPS 网络方法使用 TIA 技术集成现场生产设备物理创建底层工业网络，在控制层通过 PLC 硬件和工控软件进行设备的集中控制，在操作层有操作人员对整个物理网络层的运行状态进行监控、分析。

智能工厂架构可以实现高度智能化、自动化、柔性化和定制化，研发制造网络能够快速响应市场的需求，实现高度定制化的节约生产。

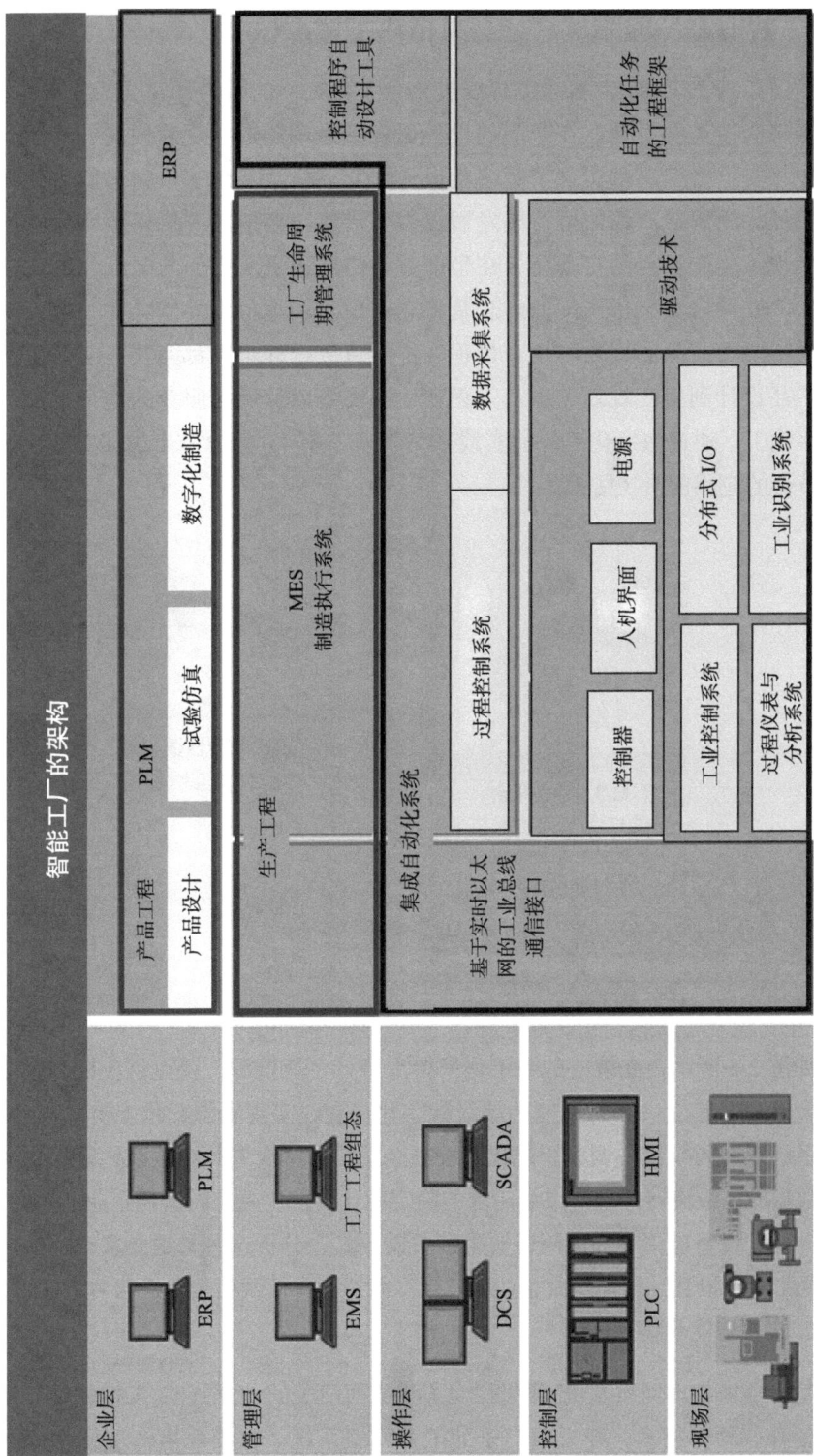

图 2-1 智能工厂的架构

2.1.2 智能工厂的雏形——安贝格数字化工厂

西门子基于工业 4.0 概念创建安贝格数字化工厂的目的是实践工业 4.0 概念并诠释未来制造业的发展,在产品的设计研发、生产制造、管理调度、物流配送等过程中,安贝格工厂都实现了数字化操作。安贝格数字化工厂突出数字化、信息化等特征,为制造产业的可持续发展提供了借鉴与启迪。安贝格数字化工厂已经完全实现了生产过程的自动化,在生产过程的制造研发方面与国际化的质量标准相对接。安贝格数字化工厂的理念是将企业现实和虚拟世界结合在一起,从全局角度看待整个产品的开发与生产过程,推动每个过程步骤都实现高能效生产,覆盖从产品设计到生产规划、生产工程、生产实施以及后续服务的整个过程,安贝格数字化工厂通过数字化工厂的实践来对未来工业 4.0 概念做出最佳实践,处于制造业革命的应用前沿(见图 2-2)。

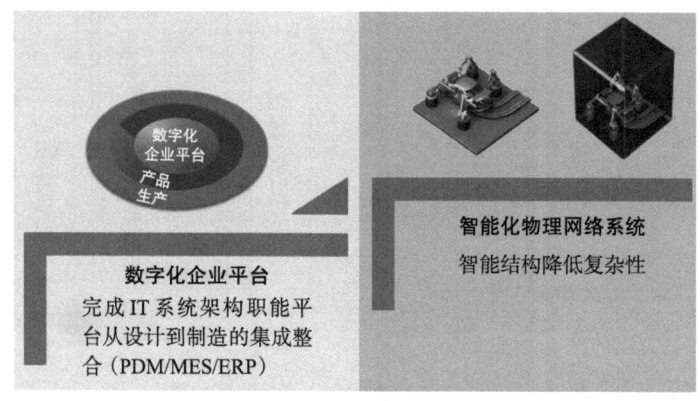

图 2-2　安贝格数字化工厂

1. 建立数字化企业平台

如图 2-3 所示,在统一的数字化平台上进行企业资源、企业供应链、企业系统的融合管理,建立一个跨职能的层级数字化平台,实现资源、供应链、设计系统、生产系统统一的柔性协调和智能化管控,企业所有层级进行全数字化管控,通过数字化数据的层级流转实现对市场需求的高定制化要求,并实时监控企业的资源消耗、人力分配、设备应用、物流流转等生产关键要素,分析这些关键要素对产品成本和质量的影响,以达到智能控制企业研发生产状态、有效预估企业运营风险的目的。

2. 建立智能化物理网络

基于赛博物理网络基础(见图 2-4)集成西门子的 IT 平台、工控软件、制造设备的各种软硬件技术,建立西门子的工业网络系统。在创建生产现场物理网络的同时，把生产线的制造设备联接到物理网络中，采集设备运行情况，记录生产物料流转等生产过程数据。

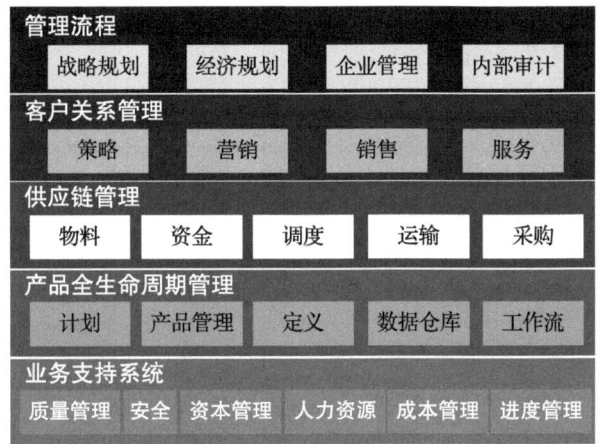

图 2-3　数字化企业平台

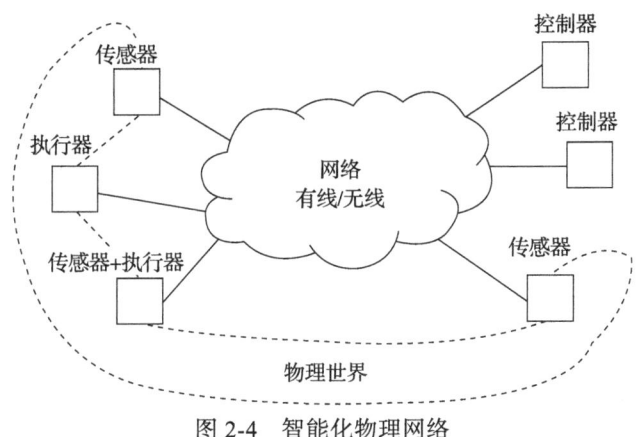

图 2-4　智能化物理网络

在西门子数字化工厂中，所研发、生产的每一件新产品都会拥有自己的数据信息。这些数据信息在研发、生产、物流的各个环节中不断丰富，实时保存在数字化企业平台中。基于这些数据实现数字化工厂的柔性运行，生产中的各个产品全生命周期管理系统、车间级制造执行系统、底层设备控制系统、物流管理等全部实现了无缝信息互联，并实现智能生产。

西门子数字化工厂在同一数据平台上对企业的各个职能和专业领域进行数字化规划，数字化工厂应用领域包括数字化产品研发、数字化制造、数字化生产、数字化企业管理、数字化维护、数字化供应链管理。通过对企业各个领域的数字化集成实现企业精益文化的建立，实现企业的精益运营，如图 2-5 所示。

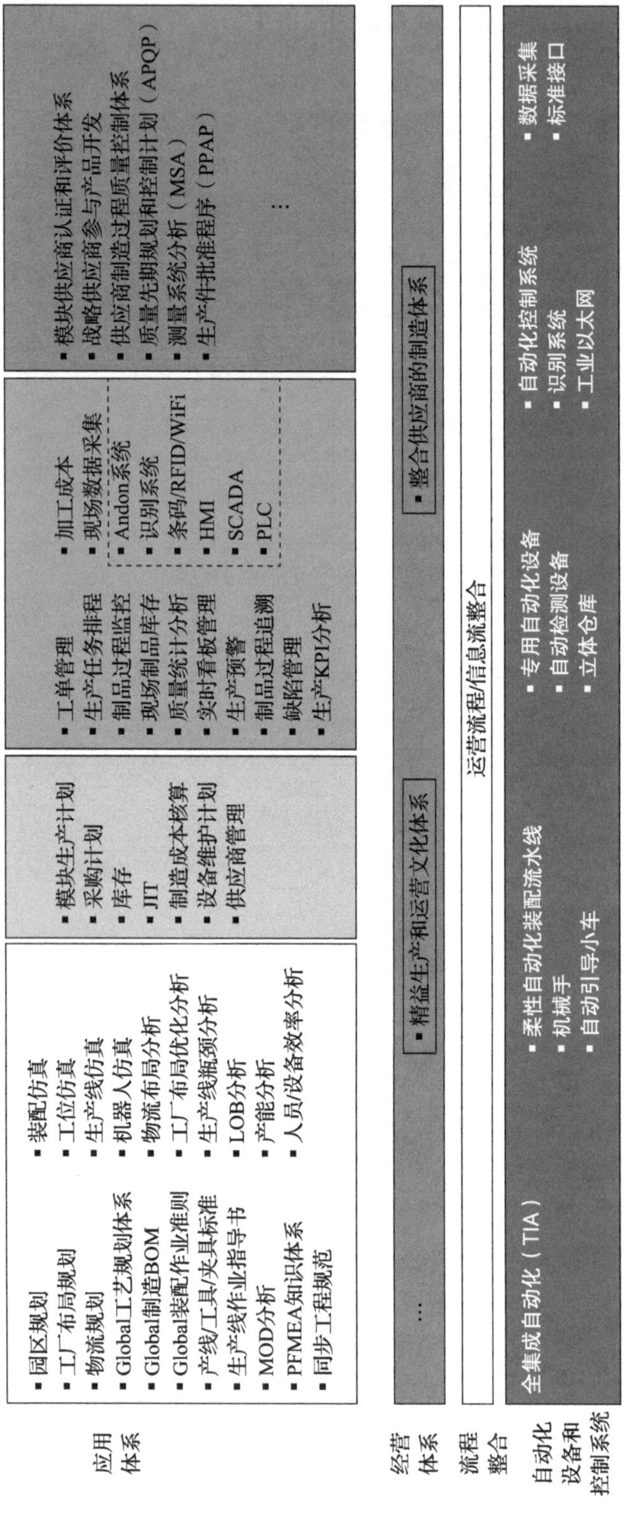

数字化工厂

应用体系

数字化制造规则（MPM）
- 园区规划
- 工厂布局规划
- 物流规划
- Global工艺规划体系
- Global制造BOM
- Global装配作业准则
- 产线工具夹具标准
- 生产线作业指导书
- MOD分析
- PFMEA知识体系
- 同步工程规范

- 装配仿真
- 工位仿真
- 生产线仿真
- 机器人仿真
- 物流布局分析
- 工厂布局优化分析
- 生产线瓶颈分析
- LOB分析
- 产能分析
- 人员设备效率分析

ERP
- 模块生产计划
- 采购计划
- 库存
- JIT
- 制造成本核算
- 设备维护计划
- 供应商管理

制造运营管理（MES）
- 工单管理
- 生产任务排程
- 制造过程监控
- 现场制品库存
- 质量统计分析
- 实时看板管理
- 生产预警
- 缺陷管理
- 制造过程追溯
- 生产KPI分析

- 加工成本
- 现场数据采集
- Andon系统
- 识别系统
- 条码/RFID/WiFi
- HMI
- SCADA
- PLC

供应商管理
- 模块供应商认证和评价体系
- 战略供应商参数与产品开发
- 供应商制造过程质量控制体系
- 质量先期规划和控制计划（APQP）
- 测量系统分析（MSA）
- 生产件批准程序（PPAP）
- ……

经营体系
- 精益生产和运营文化体系

流程整合
- 运营流程/信息流整合
- 整合供应商的制造体系

自动化设备和控制系统

全集成自动化（TIA）
- 柔性自动化装配流水线
- 机械手
- 自动引导小车

- 专用自动化设备
- 自动检测设备
- 立体仓库

- 自动化控制系统
- 识别系统
- 工业以太网

- 数据采集
- 标准接口

图2-5 西门子数字化工厂的数据平台

2.2 智能工厂解决方案要素

2.2.1 产品数字化建模与开发系统

产品的研发、设计、制造、质检等组成了产品生产过程，而过程是一系列相关活动组成的有机序列，通过过程才能形成产品并产生效益。为提高制造的成功率和可靠性，在数字化制造中应格外重视工艺过程，即产品加工过程、装配过程及生产系统规划、重组和仿真等技术的研究，以实现生产资源和加工过程的优化及从传统制造向可预测制造转变的目的。出于工艺过程的复杂性，很难用一个模型来描述，所以在工艺过程建模中往往采用多视图和复合过程模型描述。所谓多视图，即从产品信息、开发活动、企业资源和组织结构等多方面分别进行描述，然后通过集成化方法产生模型间的映射机制；复合过程模型是指对过程、产品数据及资源数据的复合描述，也包括复合各种模型的特点，如功能模型中的结构分析，动态模型中的状态转移及对象模型中的封装、继承等特点。按照加工过程的特点，加工过程中的建模和仿真指的是对刀具轨迹进行运动模拟，并判断在刀具与原材料的相对运动过程中是否存在干涉。同时在智能工厂装配环节，通过虚拟装配环境可以有效地提高装配车间现场的现代化管理水平。在车间现场，所提供的三维可视化装配工艺文档（包括装配工艺过程动画、三维模型、装配工装和工具、辅助材料清单等）使装配人员可以更清晰、更快速地理解装配意图，从而减少或部分替代实物试装，提高生产效率，降低生产成本。

可以说，产品数字化模型不仅是产品性能仿真的基础，而且是生产系统建立、工艺路线确定和工艺过程建模的基础。产品数字化建模技术主要研究的是在计算机内部采用什么样的数字化模型来描述、存储和表达现实世界中的产品，包括产品的几何形状、结构、性能与行为状态等信息。对机械产品而言，由于产品的几何形状和结构是最基本的信息，因此自三维 CAD 系统（如 NX）出现以后，数字化建模技术首先成功应用在产品的数字化定义和数字化预装配方面。

下面以西门子产品数字化建模与开发解决方案 NX 为例进行详细阐述。NX 支持产品开发中从概念设计到工程和制造的各个方面，为客户提供了一套集成的工具集，用于协调不同学科、保持数据完整性和设计意图以及简化整个流程。应用领域最广泛、功能最强大的最佳集成式应用程序套件 NX 可大幅提升生产效率，帮助客户制定更明智的决策并更快、更高效地提供更好的产品。除了用于计算机辅助设计、工程和制造（CAD/CAM/CAE）的工具集以外，NX 还支持在设计师、工程师和更广泛的组织之间进行协同，为此，它提供了集成式数据管理、流程自动化、决策支持以及其他有助于优化开发流程的工具，主要有：

❑ 面向概念设计、三维建模和文档的高级解决方案。
❑ 面向结构、运动、热学、流体、多物理场和优化等应用领域的多学科仿真。
❑ 面向工装、加工和质量检测的完整零部件制造解决方案。

NX 将面向各种开发任务的工具集成到一个统一的解决方案中，所有技术领域均可同步使用相同的产品模型数据。借助无缝集成，客户可以在所有开发部门之间快速地传播信息和进行流程变更。NX 利用 Teamcenter 软件（Siemens PLM Software 推出的一款协同产品开发管理（cPDM）解决方案）来建立单一的产品和流程知识源，以协调开发工作的各个阶段，实现流程标准化，加快决策过程。实践表明，NX 帮助客户推出了更多新产品，减少了 30% 以上的开发时间，将设计–分析迭代周期缩短了 70% 以上，减少了多达 90% 的计算机数控（CNC）编程时间。

如图 2-6 所示，借助全面的三维产品设计，NX 可以帮助客户以更低的成本实现更出色的创新和更高的质量。NX 还可让设计团队自由地使用最高效的方法来处理手头的任务，设计师可以借助无缝交换功能来选择线框、曲面、实体参数或直接建模技术。NX 包含强大的装配体设计工具，其卓越的性能和能力能够在完整的装配体环境中进行交互式操作，即使是对于最复杂的模型也能胜任。装配体导航、多 CAD 样机、干涉分析、路径规划和其他工程工具可加快装配体设计并改善质量。对于专业化的设计任务，NX 提供了针对特定流程的建模工具，在钣金设计、焊接设计以及电气和机械布线方面优于通用 CAD。NX 还提供了设计模板，可加快设计速度，实现工程流程标准化。客户可以基于现有模型创建模板，进而在新设计中轻松地重用它们，模板中还可以纳入仿真、制图、验证和其他工程领域的最佳实践。

图 2-6　基于 NX 的设计

借助高级自由曲面建模、形状分析、渲染和可视化工具，NX 能够交付专用工业设计系统的全部功能,还可提供与 NX 设计、仿真和制造功能的完整集成。通用的集成工具箱将二维、三维、曲线、曲面、实体、参数和同步建模结合在一起,有助于轻松快速地创建和编辑形状,可在基本形状的基础上轻松地进行构造,或通过逆向工程来参照实物对象,进而创建概念模型。NX 的形状分析和验证工具有助于确保设计的完整性、质量和可制造性。同时,NX 将机械、电子和电气设计与流程集成到统一的机电产品设计解决方案中。从印制电路板设计到机械封装、电气配线和线缆设计,NX 提供了各种工具来支持不同部门之间的协同。机械、电子和控制系统设计师可以使用并行流程来提供高质量产品。

工程师们一直都在努力尝试在整个系统的层面更好地了解产品性能。NX CAE (见图 2-7)提供了能够更轻松地执行系统仿真的方法。NX CAE 是一种现代的多学科环境,其面向的人群包括高级分析师、工作组和设计师。他们需要及时地提供高质量的性能分析以推动做出更明智的产品决策。与无关联的单学科 CAE 工具不同,NX CAE 将一流的分析建模与用于结构分析、热分析、流体分析、运动分析、多物理场分析和优化分析的仿真解决方案集成到一个环境中,它还可以将仿真数据管理无缝集成到分析师工作流程中,因此不会再丢失某些隐蔽的硬盘驱动器中的信息。最后,NX CAE 使公司可以将仿真扩展到设计社区,并且加强分析师和设计师之间的协同,从而实现仿真驱动型设计。

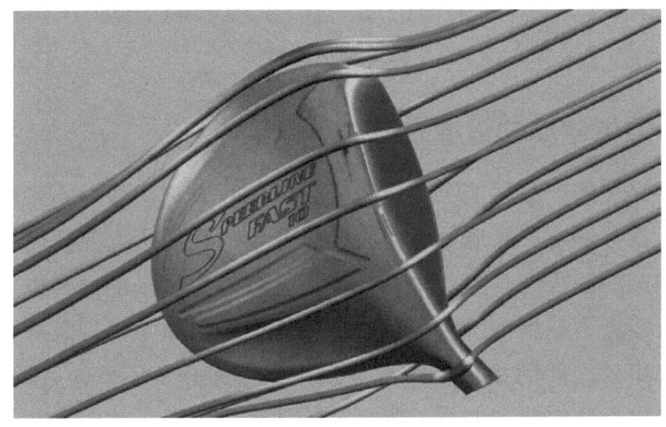

图 2-7 NX CAE

另外,NX CAE 可与 Teamcenter 的仿真过程管理模块无缝集成。仿真数据管理功能是"安装即用"的,因此企业可以建立一个完整的 CAE 数据、过程和工作流程管理环境,将其作为更广泛的产品开发环境的一部分。这样可以通过促进现有设计和工程知识的重用来减少时间浪费。仿真数据管理还实现了仿真与设计同步,并在数据挖掘、可视化和报告过程中保证仿真结果随时可供存取。NX Open(NX 自动化和编程的通用基础）可用于创建和自动执行客制化 CAE 流程以提高生产效率。

在制造过程阶段，NX 在单个 CAM 系统中提供一整套数控（NC）编程功能与一系列集成的制造软件应用程序。这些强大的应用程序为零部件建模、工装设计和数控测量编程带来了便利，所有这一切都以可满足未来需求的成熟 NX 体系架构为基础。NX 允许在从零部件设计到生产的整个过程中使用通用三维模型。高级模型编辑、工装和夹具设计以及零部件和数控测量编程都具有关联性，可轻松快速地实现变更。以 CAM（见图 2-8）等单一的应用程序为基础，NX 可以通过扩展来建立完整的零部件制造解决方案，包括与车间系统和设备的连接。

图 2-8　CAM

2.2.2　产品全生命周期管理系统

生产一件完美的产品可能会涉及数千甚至数百万项决策。不论是重大决策还是细微决策，都会影响产品质量。庞大的企业中的任何个人在任何时候制定的决策都可能影响产品的成败。除此之外，产品复杂性所带来的影响也不容忽视。随着技术的复杂程度不断增加，电子和软件组件已与机械零部件发挥着同样重要的作用。然而，组件之间的接口却经常被忽略，直到开发环节的后期才引起关注。此时，需要找出最佳实践和方法，并且无论从事哪项业务，在将新产品推向市场时，还必须考虑法规要求、环境影响、成本和质量。并且，在市场竞争日益激烈的今天，越来越多的制造商都意识到，一流产品不仅是成功的源泉，而且是持久成功的基础。因此强调产品创新、加强产品开发的科学管理引起了人们的充分重视，也促进了产品生命周期管理思想的推广应用。PLM 是一种应用于单一地点的企业内部、分散在多个地点的企业内部，以及在产品研发领域具有协作关系的企业之间的，支持产品全生命周期的信息创建、管理、分发和应用的一系列应用解决方案，它能够集成与产品相关的人力资源、流程、应用系统和信息。

PLM 的主要管理内容是产品信息，唯拥有具有竞争能力的产品，才能让企业获得更多的用户和更大的市场占有率，所以针对制造业的信息化过程应该以用户的"产品"为中心，把重点放在为用户建立一个既能支持产品开发、生产和维护的全过程，同时又能持续不断地提升创新能力的产品信息管理平台上。PLM 解决方案把产品放在一切活动的核心位置，PLM 可以从 ERP、CRM 以及 SCM 系统中提取相关的信息，从而允许用户在企业的整个网络中共同进行概念设计、产品设计、产品生产以及产品维护。PLM 解决方案为产品全生命周期的每一个阶段都提供了数字化工具，同时还提供信息协同平台，将这些数字化工具集成使用。此外，还可以使这些数字化工具与企业的其他系统相配合，把 PDM 与其他系统集成和整合成一个大系统，以协调产品研发、制造、销售及售后服务的全过程，缩短产品的研发周期、促进产品的柔性制造、全面提升企业产品的市场竞争能力。PLM 系统完全支持在整个数字化产品价值链中构思、评估、开发、管理和支持产品，把企业中多个未连通的产品信息孤岛集成为一个数字记录系统。PLM 构件可分为三个层次，对象构件、功能构件和应用构件。对象构件单元提供系统的基本服务，如事件管理、数据连接管理等，是与应用相分离的；功能构件则提供特定的 PLM 功能服务，如数据获取与编辑、数据管理与查询、数据目录管理、模型管理等，是 PLM 构件开发中的核心；应用构件为特定的应用服务，直接面向 PLM 用户，响应用户的操作请求，如产品配置、变更控制、文档处理等，是最上层的 PLM 构件。企业应根据 PLM 系统的实际需要，选择重用对象并对其进行概括提炼，明确它的算法和数据结构的软件构架，对重用对象匹配进行实例化，最后根据重用技术提供的框架，将已实例化的包含在可重用零部件库中的软件零部件合成一个完整的软件系统。

PLM 打破了限制产品设计者、产品制造者、销售者和使用者之间进行沟通的技术桎梏，通过互联网进行协作，PLM 可以让企业在产品的设计创新上突飞猛进，同时缩短开发周期、提高生产效率、降低产品成本。PLM 在市场竞争的带动下，越来越多地被企业所重视和广泛应用，这些企业认为在现阶段各类软件技术逐渐趋于成熟的情况下，利用软件重用技术开发与设计 PLM 软件系统不但可以提高软件的开发效率，提高软件品质，并且对软件的应用商大有益处，可从整体上提高企业的核心竞争力。Teamcenter 可提供和安排合理的集中式应用程序的灵活组合，并能够以合理的方式从战略上提高 PLM 的成熟度。Teamcenter 平台具有强大的核心功能，是适用于 Teamcenter 应用程序的坚实基础。用户可以灵活选择部署选项（内部部署、云和 Teamcenter Rapid Start），并通过 Active Workspace 获得直观的

PLM 用户体验，如图 2-9 所示。

图 2-9　Teamcenter 应用程序

Teamcenter 可以帮助用户掌控多 CAD 和多领域设计流程，包括机械、电子、软件和仿真数据，并通过单个安全来源管理这些数据，还可以评估、收集和重用公司的宝贵知识产权，并在开始生产前验证设计数据的质量和完整性。同时，Teamcenter 为所有与 BOM 交互的产品提供一个准确的产品定义，凭借 Teamcenter 提供的完整、最新的信息来源，用户无需再使用独立的电子表格和系统。这一灵活的 BOM 定义可帮助用户管理配置，并快速刷新产品线以满足客户需求。使用 Teamcenter，可以将 BOM 管理扩展到整个产品生命周期，支持前期规划和主产品定义，涵盖产品配置、设计、制造、服务等环节；还可以将 BOM 信息集成到其他企业系统，以弥补独立 BOM 源引起的代价高昂的缺陷。无论流程是简单还是复杂，使用 Teamcenter 都可以减少管理 PLM 流程的人力和成本，再融入业务逻辑并使用标准模板，为每个人提供按时完成任务所需的资源。Teamcenter 中包含可以关联规划与任务实际执行的项目和计划管理解决方案。由于时间表将会自动更新，交付内容相互关联并可随时跟踪，因此可以详细了解项目状态。将项目与集成产品组合规划进行关联，这样能够确保实现目标所需的时间、人员和资金都得到安排。利用项目管理和工作流程相关功能有效管理更改，从而同步并集成所有产品领域的更改流程，以快速、准确和全面地实施更改。Teamcenter 能为各行各业提供解决方案，包括航天和国防、汽车及交通运输（见图 2-10）、消费品和零售、能源及公共事业、油气精炼、电子和半导体、医疗器械和制药、工业机械、船舶等。

图 2-10　行业解决方案

2.2.3　生产制造执行系统

生产制造执行系统（Manufacturing Execution System，MES）是这十多年来随着生产形态变革而产生的，因而它的发展史比 MIS、MRP、CAD/CAM 等要短，但人们对它的研究和应用却开展得非常迅速，MES 国际联合会（MESA International）是以宣传 MES 思想和产品为宗旨的贸易联合会，它为了帮助其成员组织在企业界推广 MES 制定了一系列研究、分析和开发计划。MES 国际联合会对 MES 的定义如下：MES 能通过信息传递对从订单下达到产品完成的整个生产过程进行优化管理。当工厂发生实时事件时，MES 能对此及时做出反应、报告，并用当前的准确数据对它们进行指导和处理。这种对状态变化的迅速响应使 MES 能够减少企业内部没有附加值的活动，有效地指导工厂的生产运作，从而既能提高工厂的及时交货能力，改善物料的流通性能，又能提高生产回报率。MES 还通过双向的直接通信在企业内部和整个产品供应链中提供有关产品行为的关键任务信息。

从以上定义可看出 MES 的关键作用是优化整个生产过程，它需要收集生产过程中大量的实时数据，并对实时事件做出及时处理，同时又与计划层和控制层保持双向通信能力，从上下两层接收相应的数据并反馈处理结果和生产指令。因此，不同于以派工单形式为主的生产管理和以辅助物料流为特征的传统车间控制器，也不同于偏重于以作业与设备调度为主的单元控制器，我们应将 MES 作为一种生产模式，把制造系统的计划和进度安排、追踪、监视和控制、物料流动、质量管理、设备的控制和计算机集成制造接口（CIM）等作为一体去考虑，以最终实施制造自动化战略。图 2-11 反映了 MES 在企业生产管理中的数据流图。

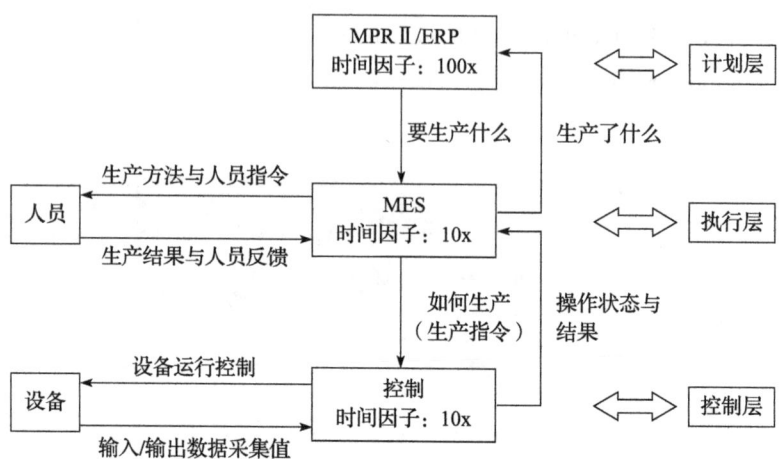

图 2-11 MES 在企业中的数据流图

同时，西门子提出了 MOM（Manufacturing Operations Management），它对传统 MES 系统进行了进一步扩展，不仅涵盖传统国际标准 ISA-95 MES 系统中关注的产品定义、资源计划、生产计划、生产性能等生产核心要素，同时又包含了制造运营过程中的设备全面管控、物料流转、高级计划排程、能源管理、工厂/集团智能运营分析等模块。IEC/ISO 62264 标准对 MOM 的定义是：MOM 是通过协调管理企业的人员、设备、物料和能源等资源，把原材料或零部件转化为产品的活动。它包含管理由物理设备、人和信息系统来执行的行为，并涵盖了管理有关调度、产能、产品定义、历史信息、生产装置信息及其有关的资源状况信息的活动。

MOM 关注的范围主要是制造型企业的工厂，生产运行是整个工厂制造运行的核心，是实现产品价值增值的制造过程；维护运行为工厂的稳定运行提供设备可靠性保障，是生产过程得以正常运行的保证；质量运行为生产结果和物料特性提供可靠性保证；库存运行为生产运行提供产品和物料移动的路径保障，并为产品和物料的存储提供保证。由此可见，维护运行、质量运行和库存运行对制造型企业不可或缺。同时，生产运行、维护运行、质量运行和库存运行的具体业务过程又相互独立、彼此协同，共同服务于企业制造运行的全过程。因此，采用生产、维护、质量和库存并重的 MOM 系统设计框架，比使用片面强调生产执行的 MES 框架更符合制造型企业的运作方式和特点。

2.2.4 全集成自动化系统

西门子集成自动化系统是实现智能控制生产过程的核心部分，实现了对工厂层面的柔性操控、自动化物流运营、灵敏制造，达到了智能工厂对生产业务功能的要求。西门子集成自动化系统的功能定义是：TIA^㊀是一个以工业以太网（或工业总线）为基础的技术解决方案，它集成工厂的生产管理系统、人机控制、自动化控制软件、自动化设备、数控机床，形成工厂的物理网络，实时采集生产过程数据，分析生产过程的关键影响因素，监控生产物流的稳定性和生产设备的实时状态，以实现智能控制整个工厂的生产资源、生产过程达到智能化、数字化生产的目的（见图 2-12）。集成自动化系统、MES 和企业 PLM/ERP 的连接实现了整个企业层级自上而下的数字化驱动，真正实现产品全生命周期的数字化定义，实现企业全生命周期的技术状态透明化管理，灵活快速地响应市场需求，通过实时监控设备生产状态和完备率，评估投产风险，预估成本，为企业提供可靠的投资保障。

图 2-12　集成自动化系统功能

2.2.5　企业资源计划

企业资源计划（即 ERP）由美国 Gartner Group 公司于 1990 年提出。企业资源计划是 MRPII（企业制造资源计划）下一代的制造业系统和资源计划软件。除了 MRPII 已有的生产资源计划、制造、财务、销售、采购等功能外，还有质量管理、实验室管理、业务流程管理、产品数据管理、存货管理、分销与运输管理、人力资源管理和定期报告系统。目前，在我国 ERP 所代表的含义已经被扩大，用于企业的各类软件都已经统统被纳入 ERP 的范畴。它跳出了传统企业边界，从供应链范围去优化企业的资源，是基于网络经济时代的新一代信息系统。它主要用于改善企业业务流程，以提高企业的核心竞争力。

ERP 汇合了离散型生产和流程型生产的特点，面向全球市场，包罗了供应链上所有的主导和支持能力，协调企业各管理部门围绕市场导向，更加灵活或"柔性"地开展业务活动，实时地响应市场需求。为此，我们需要重新定义供应商、分销商和制造商之间的业务关系，重新构建企业的业务、信息流程及组织结构，使

㊀　TIA 是集成了西门子公司的软件技术、驱动技术、数字控制技术、工控人机界面技术、自动化生产线电压控制技术等的集成技术解决方案。

企业在市场竞争中有更大的能动性。ERP 是一种主要面向制造行业进行物质资源、资金资源和信息资源集成一体化管理的企业信息管理系统。ERP 是一个以管理会计为核心，可以提供跨地区、跨部门甚至跨公司整合实时信息的企业管理软件，也是针对物资资源管理（物流）、人力资源管理（人流）、财务资源管理（财流）、信息资源管理（信息流）集成一体化的企业管理软件（见图 2-13）。

图 2-13　ERP 内容

ERP 系统包括以下主要功能：供应链管理、销售与市场、分销、客户服务、财务管理、制造管理、库存管理、工厂与设备维护、人力资源、报表、制造执行系统、工作流服务和企业信息系统等。此外，还包括金融投资管理、质量管理、运输管理、项目管理、法规与标准、过程控制等补充功能。ERP 是将企业所有资源进行整合集成管理，简单地说，是将企业的三大流——物流、资金流、信息流进行全面一体化管理的管理信息系统。它的功能模块已不同于以往的 MRP 或 MRPII 模块，它不仅可用于生产企业的管理，而且许多其他类型的企业（如一些非生产、公益事业的企业）也可导入 ERP 系统进行资源计划和管理。在企业中，一般的管理主要包括三方面的内容：生产控制（计划、制造）、物流管理（分销、采购、库存管理）和财务管理（会计核算、财务管理）。这三大系统本身就是集成体，它们互相之间有相应的接口，能够很好地整合在一起对企业进行管理。另外，要特别一提的是，随着企业对人力资源管理重视程度的加强，已经有越来越多的 ERP 厂商将人力资源管理作为 ERP 系统的一个重要组成部分。

ERP把客户需求和企业内部的制造活动以及供应商的制造资源整合在一起，形成一个完整的供应链，其核心管理思想主要体现在以下三个方面：对整个供应链资源进行管理，精益生产、敏捷制造和同步工程，事先计划与事前控制。

ERP应用成功的标志是：系统运行集成化，软件的运作跨越多个部门；业务流程合理化，各级业务部门根据完全优化后的流程重新构建；绩效监控动态化，绩效系统能即时进行反馈，以便纠正管理中存在的问题；管理改善持续化，企业建立了一个可以不断自我评价和不断改善管理的机制。ERP具有整合性、系统性、灵活性、实时控制性等显著特点。ERP系统的供应链管理思想对企业提出了更高的要求，是企业在信息化社会、在知识经济时代繁荣发展的核心管理模式。

产品全生命周期管理篇

成就创新 引领卓越

第 3 章 Chapter 3

数字孪生模型

不论是建设新工厂还是对现有工厂进行现代化升级改造，数字化投资总会有所回报。对于计划周期较长的客户来说，数字化能够为其带来特殊效益，包括提高设备可用性和降低生命周期成本。这样，数字化能够为过程工业的所有企业带来决定性竞争优势。数字化孪生模型（Digital Twin）的目标是实现制造业行业内设计制造方式创新、加工制造效率以及产品质量的提升。

数字孪生模型指的是以数字化方式在虚拟空间呈现物理对象，即以数字化方式为物理对象创建虚拟模型，模拟其在现实环境中的行为特征，它是一个应用于整个产品生命周期的数据、模型及分析工具的集成系统。对于制造企业来说，它能够整合生产中的制造流程，实现从基础材料、产品设计、工艺规划、生产计划、制造执行到使用维护的全过程数字化。通过集成设计和生产，它可帮助企业实现全流程可视化、规划细节、规避问题、闭合环路、优化整个系统。

3.1 概述

3.1.1 数字孪生模型的概念及定义

数字孪生模型是在美国国防部提出的信息镜像模型（Information Mirroring Model）的基础上发展而来的，利用数字孪生技术可对航空航天飞行器进行健康维护与保障。实现过程是：需要先在虚拟空间中构建真实飞行器各零部件的模型，并通过在真实飞行器上布置各类传感器，实现飞行器各类数据的采集，实现模型状态与真实状态完全同步，这样在飞行器每次飞行后，根据飞行器结构的现有情况和过往载荷,及时分析与评估飞行器是否需要维修,能否承受下次的任务载荷等。

信息镜像模型如图3-1所示,它是数字孪生模型的概念模型,包括三个部分:
- ❑ 真实世界的物理产品。
- ❑ 虚拟世界的虚拟产品。
- ❑ 连接虚拟和真实空间的数据和信息。

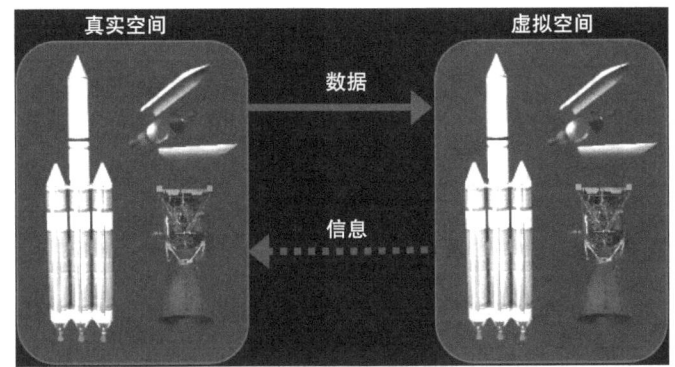

图3-1　信息镜像模型

在该模型概念出现后的十来年,无论是物理产品还是虚拟产品,它们的信息在数量、丰富程度以及保真度上都得到了较大的增加。

在虚拟方面,有大量的可用信息,增加了大量的行为特征,从而不仅可以虚拟化、可视化产品,并且可以对其性能进行测试,同时也具有创建轻量化虚拟模型的能力,这意味着我们可以选择所需要的模型的几何形状、特征以及性能而去除不需要的细节。这大大减小了模型尺寸,从而加快了处理过程。这些轻量化模型使得今天的仿真产品可以虚拟化并实时地以合适的计算成本来仿真复杂系统以及系统的物理行为。这些轻量化模型同时也意味着与它们通信的时间和成本也大大地减少。更重要的是,我们可以仿真产品的制造环境,包括构成制造过程的大部分自动和手动操作,这些操作包括装配、机器人焊接、成型、铣削等。

在物理方面,现在可以收集更多关于物理产品特征的信息,可以从自动质量控制工位获取所有类型的物理测量数据,比如三坐标测量仪,也可以从对物理零部件实际操作的机器上收集数据,以便更加精确地理解各个操作流程,比如所使用的速度和力等。

数字孪生模型不是一种全新的技术,它具有现有的虚拟制造、数字样机等技术的特征,并以这些技术为基础发展而来。虚拟制造技术(Virtual Manufacturing Technology,VMT)是以虚拟现实和仿真技术为基础的,对产品的设计、生产过程统一建模,在计算机上实现产品从设计、加工和装配、检验、使用及回收整个生命周期的模拟和仿真,从而无需进行样品制造,在产品的设计阶段就可模拟出产品及其性能和制造流程,以此来优化产品的设计质量和制造流程,优化生产管理和资源规划,达到产品开发周期和成本的最小化、产品设计质量的最优化和生产效率最高化,从而形成企业的市场竞争优势。如波音777,其整机设计、零部件测试、整机装配以及各种环境下的试飞均是在计算机上完成的,其开发周期从过去的8年缩短到5年;Chrycler公司与IBM合作在虚拟制造环境中进行新型车的研制,并在样车生产之前,就发现了其定位系统和其他许多设计有缺陷,从而缩短了研制周期。由此可见,虚拟制造的应用将会对未来制造业的发展产生深远的影响。

数字样机是指在计算机上表达的产品整机或子系统的数字化模型,它与真实物理产品之间具有1:1的比例和精确尺寸表达,其作用是用数字样机验证物理样机的功能和性能。它可分为几何样机、功能样机和性能样机。数字样机对产品整机或具有独立功能的子系统进行数字化描述,这种描述不仅反映了产品对象的几何属性,至少在某一领域还反映了产品对象的功能和性能。产品的数字样机形成于产品设计阶段,可应用于产品的全生命周期,具体包括工程设计、制造、装配、检验、销售、使用、售后、回收等环节。数字样机在功能上可实现产品干涉检查、运动分析、性能模拟、加工制造模拟、培训宣传和维修规划等。

现有的数字样机建立的目的就是描述产品设计者对这一产品的理想定义,用于指导产品的制造、功能性能/分析(理想状态下的),而真实产品在制造中由于加工、装配误差和使用、维护、修理等因素,并不能与数字样机保持完全一致。虚拟制造主要强调的是模拟仿真技术,因而将数字样机应用于虚拟制造中,然而在这些数字化模型上进行仿真分析,并不能反映真实产品系统的准确情况,其有效性受到了明显的限制。

虚拟产品和物理产品的信息数量和质量均在快速进步,但真实空间和虚拟空间的双向沟通却是落后的。目前通用的方式是先构建一个全标记的3D模型,随后创建一个制造流程来实现这个模型,具体是通过一个工艺清单(Bill of Process,BOP)以及制造物料清单(Manufacturing Bill of Materials,MBOM)来实现。更加复杂和先进的制造商将对生产过程进行数字化仿真。但在,在这个阶段,只是简单地将BOP和MBOM传递给制造而不是虚拟模型。在目前大多数情形下,甚至淡化了模型的作用,仅仅只是使用模型生成制造现场的2D蓝图。

然而,数字孪生模型更加强调了物理世界和虚拟世界的连接作用,从而做到虚拟世界和真实世界的统一,实现生产和设计之间的闭环。如图3-2所示,可通过3D模型连接物理产品与虚拟产品,而不只是在屏幕上进行显示,3D模型中还包括从物理产品获得的实际尺寸,这些信息可以与虚拟产品重合并将不同点高亮,以便于人们观察、对比。

图 3-2 可进行虚拟产品与物理产品对比的 3D 模型

"工四 100 术语"对数字孪生模型的定义是:数字孪生模型是充分利用物理模型、传感器更新、运行历史等数据,集成多学科、多物理量、多尺度、多概率的仿真过程,在虚拟空间中完成映射,从而反映相对应的实体装备的全生命周期过程。数字孪生模型是一种超越现实的概念,可以被视为一个或多个重要的、彼此依赖的装备系统的数字映射系统。以飞行器为例,数字孪生模型可以包含机身、推进系统、能量存储系统、生命支持系统、航电系统以及热保护系统等。它将物理世界的参数重新反馈到数字世界,从而可以完成仿真验证和动态调整。数字孪生有时候也用来指对一个工厂的厂房及生产线,在其没有建造起来之前,就完成相应的数字化模型。从而在虚拟的赛博空间中对工厂进行仿真和模拟,并将真实参数传给实际的工厂建设,而在工房和生产线建成之后,在日常的运维中两者继续进行信息交互。因此,数字孪生模型更加强调模型在产品全生命周期使用过程中虚拟产品与物理产品之间的反馈、交互。

值得注意的是数字孪生与目前现有的一些技术又有一定的不同。首先,数字孪生不是构型管理的工具,构型管理是项目变更控制的一个重要工具,它涉及所有的技术和组织措施,包括构型项的确认、控制、记录和审计。数字孪生是一种分辨不同时点的系统配置的方法,它处理工作项或系统的物理特性、功能特征,并对这些特性和特征的任何变更实施控制,审计这些工作项和系统,证实其与需求相一致,以确保项目产品描述的正确和完整,它主要强调对产品制造流程的控制。其次,数字孪生模型不是产品的 3D 尺寸模型。仅针对数字孪生模型的 3D 表述来看,数字孪生模型不仅包含尺寸信息,还含有特性、功能等信息。同时,数字孪生模型也不是产品的 MBD 定义。MBD 是一种产品数字化定义的方法，它是指产品定义的各类信息按照模型的方式组织，其核心组成是产品的几何模型，所有相关的工艺描述信息、属性信息、管理信息等都附着在产品的三维模型中，一般情况下不再有二维工程图纸。MBD 改变了传统的由三维实体模型来描述几何信息，而用二维工程图纸来定义尺寸、公差和工艺信息的产品数字化定义方法。同时，MBD 使三维数模作为生产制造过程中的唯一数据来源，改变了传统以二维工程图纸为主、以三维实体模型为辅的制造方法。可以看到 MBD 包含了制造信息和设计信息，它的信息流动是从模型到产品，但数字孪生模型除了包含各类信息之外，还具有模型与产品之间信息双向流动的特性。因此，可以看出数字孪生模型是各种技术的综合体。

3.1.2 数字孪生模型在制造中的作用

1. 预见设计质量和制造过程

传统模式下，在产品设计完成后必须先制造出实体零部件，才能对设计方案的质量和可制造性进行评估，这不仅导致成本增加，并且也加长了产品研发周期，而通过建立数字孪生模型，任何零部件在被实际制造出来之前，都可以预测其成品质量，判断其是否存在设计缺陷，比如零部件之间的干扰、设计是否符合规范等。通过分析工具找到产生设计缺陷的原因，并直接在数字孪生模型中修改相应的设计，再重新进行质量预测，直到问题得以解决。

在实际制造系统中，只有当全部流程都无差错时，生产才能得以顺利开展。通常在试用之前要将生产设备配置好，以实现流程验证，判断设备是否正常运转。然而，在这个时候才发现问题可能会引起生产延误，并且这时解决问题所需要的费用将远远高于流程早期。

当前自动化技术应用广泛，最具颠覆性意义的是用机器人来替代工作人员的部分工作，投入机器人的企业必须评估机器人能否在生产过程中准确地执行人的工作，机器人的大小和工作范围是否会对周围的设备产生干涉，以及它会不会伤害到附近的操作员。机器人的投入成本较大，因此十分有必要在初期便对这些问题进行验证。

较为高效的途径是建立与制造流程对应的数字孪生模型，其具备所有制造过程细节，并可在虚拟世界中对制造过程进行验证。当验证过程中出现问题时，只需要在模型中进行修正即可，比如机器人发生干涉时，可以通过调整工作台的高度、反转装配台、输送带的位置等来更改模型，然后再次进行仿真，确保机器人能正确达到任务目标。

通过使用数字孪生模型，在设计阶段便能预测产品性能，并能根据预测结果加以改进、优化，而且在制造流程初期就能够了解详细信息，进而展开预见，确保全部细节均无差错，这有极大的意义，因为越早知道如何制造出色的产品，就能越快地向市场推出优质的产品，抢占先机。

2. 推进设计和制造高效协同

随着现代产品功能复杂性的增加，其制造过程也逐渐复杂，对制造所涉及的所有过程均有必要进行完善的规划。一般情况下，过程规划是设计人员和制造人员基于不同的系统而独立开展工作。设计人员将产品创意传达给制造部门，再由他们去考虑应该如何合理地制造。这样容易导致产品的信息流失，使得制造人员很难看到实际状况，出错的概率增大。一旦设计发生变更，制造过程将会出现一定的滞后，数据无法及时更新。

在数字孪生模型中，对需要制造的产品、制造的方式、资源以及地点等各个方面可以进行系统的规划，将各方面关联起来，实现设计人员和制造人员的协同。一旦发生设计变更，可以在数字孪生模型中方便地更新制造过程，包括更新面向制造的物料清单，创建新的工序，为工序分配新的操作人员，并在此基础上进一步将完成各项任务所需的时间以及所有不同的工序整合在一起，进行分析和规划，直到产生满意的制造过程方案。

除了过程规划之外，生产布局也是复杂的制造系统中的重要工作。一般的生产布局图是用来设置生产设备和生产系统的二维原理图和纸质平面图，设计这些布局图通常需要大量的时间精力。由于现今竞争日益激烈，企业需要不断地向产品中加入更好的功能，并以更快的速度向市场推出更多的产品，这意味着制造系统需要持续扩展和更新，但静态的二维布局图缺乏智能关联性，修改起来又会耗费大量时间，制造人员难以获得有关生产环境的最新信息，因而难以制定明确的决策和及时采取行动。

然而，借助数字孪生模型可以设计出包含所有细节信息的生产布局图，包括机械、自动化设备、工具、资源甚至是操作人员等各种详细信息，并将之与产品设计进行无缝关联。比如在一个新的产品制造方案中，所引入的机器人干涉了一条传送带，布局工程师需要对传送带进行调整并发出变更申请，当发生变更时，同步执行影响分析来了解生产线设备供应商中，哪些会受到影响，以及对生产调度会产生怎么样的影响，这样在设置新的生产系统时，就能在需要的时间内获得正确的设备。

基于数字孪生模型，设计人员和制造人员实现协同，设计方案和生产布局实现同步，这些都大大提高了制造业务的敏捷度和效率，帮助企业应对更加复杂的产品制造挑战。

3. 确保设计和制造准确执行

如果制造系统中的所有流程都准确无误，生产便可以顺利开展，但万一生产进展不顺利，由于整个过程非常复杂，制造环节出现问题并影响产出的时候，很难迅速找出问题所在。最简单的方法是在生产系统中尝试用一种全新的生产策略，但是面对众多不同的材料和设备选择，清楚地知道哪些选择将带来最佳效果又是一个难题。

针对这种情况，可以在数字孪生模型中对不同的生产策略进行模拟仿真和评估，结合大数据分析和统计学技术，快速找出有空档时间的工序。调整策略后再模拟仿真整个生产系统的绩效，进一步优化实现所有资源利用率的最大化，确保所有工序上的所有人都尽其所能，实现盈利能力的最大化。

为了实现卓越的制造，必须清楚了解生产规划以及执行情况。企业通常难以确保规划和执行都准确无误，并满足所有设计需求，这是因为如何在规划与执行之间实现关联，如何将从生产环节收集到的有效信息反馈至产品设计环节，是一个很大的挑战。

利用数字孪生模型可以搭建规划和执行的闭合环路，将虚拟生产世界和现实生产世界结合起来，具体而言，就是集成 PLM 系统、制造运营管理系统以及生产设备。过程计划发布至制造执行系统之后，利用数字孪生模型生成详细的作业指导书，并与生产设计全过程进行关联，这样一来，如果发生任何变更，整个过程都会进行相应的更新，甚至还能从生产环境中收集有关生产执行情况的信息。

此外还可以使用大数据技术直接从生产设备中收集实时的质量数据，将这些信息覆盖在数字孪生模型上，对设计和实际制造结果进行比对，检查两者是否存在差异，找出产生差异的原因和解决方法，确保生产能完全按照规划来执行。

3.1.3 数字孪生模型的应用和进展

实现数字孪生模型的许多关键技术都已经开发出来，比如多物理尺度和多物理量建模、结构化的健康管理、高性能计算等，但实现数字孪生模型需要集成和融合这些跨领域、跨专业的多项技术，从而对装备的健康状况进行有效评估，这与单个技术发展的愿景有着显著的区别。

美国空军研究实验室（AFRL）2013 年发布的 Spiral 1 计划就是其中重要的一

步，该实验室已与通用电气（GE）和诺思罗谱·格鲁曼公司签订了2000万美元的商业合同以开展此项工作。此计划以现有美国空军装备F15为测试台，集成现有最先进的技术，与当前具有的实际能力为测试基准，从而标识出虚拟实体还存在的差距。GE将其作为工业互联网的一个重要概念，力图通过大数据的分析，完整地透视物理世界中机器实际运行的情况；而激进的PLM厂商PTC公司，则将其作为主推的"智能互联产品"的关键性环节——智能产品的每一个动作都会重新返回给设计师，从而实现实时的反馈与革命性的优化策略。

数字孪生模型存在的重要意义在于实现了现实世界的物理系统与虚拟空间数字化系统之间的交互与反馈，从而达到在产品的全生命周期内物理世界和虚拟世界之间的协调统一，再通过基于数字孪生模型而进行的仿真、分析、决策、数据收集、存储、挖掘以及人工智能的应用，确保它与物理系统的适用性。智能系统的智能首先是指能感知、建模，然后才是分析推理与预测。只有具有数字孪生模型对现实生产系统的准确模型化描述，智能制造系统才能在此基础上进一步落实，这就是数字孪生模型对智能制造的意义所在。

3.2 基于模型的企业

应用基于模型的技术将数字孪生模型应用于企业，建立基于模型的企业（Model Based Enterprise，MBE）是满足工业4.0时代多样化、个性化需求的最有效的制造新模式。

MBE是基于模型的定义（Model Based Definition，MBD）在整个企业以及上下游的供应商之间建立一个集成和协作的环境的方法，各业务环节均在全三维产品定义的基础上开展工作，这有效地缩短了整个产品研制周期，改善了生产现场的工作环境，提高了产品质量和生产效率。在MBD/MBE技术实施过程中，产品设计、生产、管理各环节所使用的数据或信息全部"附着"在三维模型上，使产品工程数据的结构特征越来越弱，数字化程度越来越高，而在围绕模型的整个生命周期中，包括需求、分析、设计、实施等环节会产生大量的文档、视频等多种类型的数据，同时这些数据的生成速度会随时间推移、产品型号增加等因素的影响不断提高，逐步呈现大数据态。可见用MBE技术可实现数字孪生模型的构建，将企业现有业务流程与数字化模型对接、整合。

MBE拥有建立在全三维产品定义上的集成和协同环境，并在整个企业内共享，能够保证从概念设计到产品实现的快速性、准确性和经济可承受性。MBE是一种可使下游用户在MBD模型基础上再现或添加3D产品定义数据，以保证模型重用的过程，该模型以标注和信息组织的方式定义产品需要的所有信息，可以被非 CAD 用户查阅或自动提取信息，从而可取代传统的图样。

企业将其在产品全生命周期中和各种过程中所需要的数据、信息和知识进行整理，结合信息系统，建立便于系统集成和应用的产品模型和过程模型，通过模型进行多学科、跨部门、跨企业的产品协同设计、制造和管理，通过模型支持技术创新、大批量定制和绿色制造。基于模型，整个企业表现出高度的智慧、快速的反应能力、优良的人机友好性和知识共享性。

3.2.1 技术标准与规范

1. ASME Y14.41 简介

ASME Y14.41—2003"数字产品定义数据实践"标准的开发最初是于 1997 年 1 月份在堪萨斯州由波音公司主办的一个会议上提出的，并在随后的 1997 年 ASME 春季会议上组成了项目成员，然后开始了该标准的起草定义。

该标准为基于三维的数字化产品定义设置了基本准则，为三维数据贯穿设计、制造和检测的全方位应用奠定了基础。该标准于 2003 年 7 月被批准为美国国家标准，开始推广执行。

ASME Y14.41—2003 标准包含以下 10 部分：

- 通用描述
- 数据集的标识与控制
- 数据集要求
- 设计模型要求
- 产品定义数据通用要求
- 注释与特殊符号
- 模型值与尺寸
- 正负公差
- 基准的应用
- 几何公差

ASME Y14.41—2003 标准既适用于纯三维产品研发模式，也适用于三维和二维混合的模式。

ASME Y14.41—2003 对完整定义产品的数据进行了描述，除了模型数据、修订历史之外，还包括材料、工艺、分析数据、测试要求等相关数据。针对纯三维模式，可以不需要图纸，其模型数据包括：设计模型、注释、属性。其中注释是无需进行查询等操作即可见的各种尺寸、公差、文本、符号等；而属性则是为了完整地定义产品模型所需的尺寸、公差、文本等，这些内容在图形上是不可见的，但可通过查询模型获取。模型数据的管理需要数据管理系统来提供数据集的控制和跟踪信息，包括对数据工作状态、评审状态、发布状态的控制，以及对数据的存储、数据版本历史的记录等。

2. ISO 16792 简介

国际标准化组织采用 ASME Y14.41—2003 标准，并于 2006 年 12 月将其列为 ISO 标准，发布了 ISO 16792 "技术产品文件——数字产品定义数据实践"。

ISO 16792 标准包括以下 11 个部分：
- 范围
- 标准引用
- 术语与定义
- 数据集的标识与控制
- 数据集要求
- 设计模型要求
- 产品定义数据通用要求
- 注释与特殊符号
- 模型数值与尺寸
- 基准的应用
- 几何公差

ISO 16792 标准的内容与 ASME Y14.41—2003 的内容基本一致。

3. GBT 24734—2009 简介

我国技术产品文件标准化技术委员会（SAC/TC 146）于 2009 年根据 ISO 16792 标准，发布了 GBT 24734—2009 "技术产品文件——数字化产品定义数据通则" 标准。

GBT 24734—2009 标准包括以下 11 个部分：
- 术语和定义
- 数据集识别与控制
- 数据集要求
- 设计模型要求
- 产品定义数据通用要求
- 几何建模特征规范
- 注释要求

□ 模型数值与尺寸要求

□ 基准的应用

□ 几何公差

□ 模型几何细节层级

GBT 24734—2009 标准中除了几何建模特征规范和模型几何细节层级两部分内容外，其余与 ISO 16792 标准的内容一致。GBT 24734—2009 标准的几何建模特征规范部分给出了三维 CAD 应用中几何建模特征的术语、定义、分类等方面的规范化要求。它将几何建模特征分为基本建模特征、附加建模特征和编辑特征等几类，如图 3-3 所示。

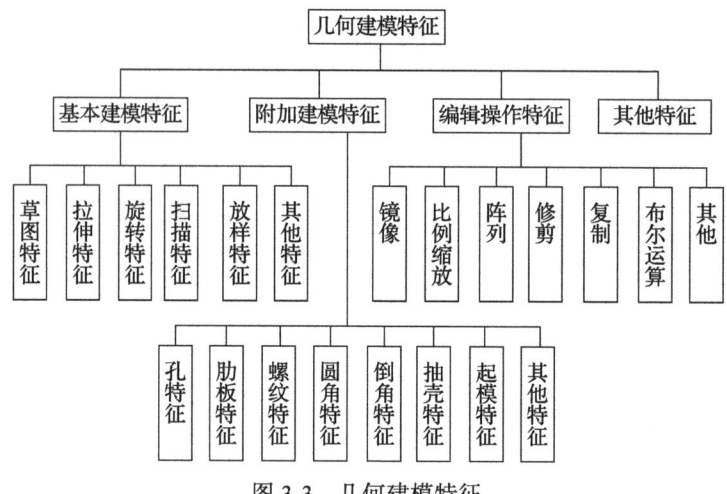

图 3-3　几何建模特征

GBT 24734—2009 标准的模型几何细节层级部分规定了产品数字化定义过程中三维模型的标准级表示、简化级表示和扩展级表示，以及螺纹、孔、埋头孔、倒角、沟槽、齿轮、轴承和螺纹弹簧等的各级表示要求，如图 3-4 所示。

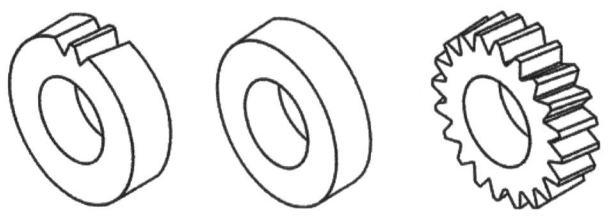

图 3-4　标准级表示、简化级表示和扩展级表示的齿轮

□ 标准级表示。在标准级表示中，对识别功能目的所需的几何形状和设计细节进行建模或显示。除非有特别说明，小于最大长度 0.5% 以及表达功能目

的所不需要的元素可不建模或不显示。
- 简化级表示。在简化级表示中,只有零部件的各部分、零部件或装配体的基本形状需要建模或显示。倒角、沟槽、刻痕等元素以及内部细节不需要建模或显示。
- 扩展级表示。在扩展级表示中,所有的零部件、总成或模型特征的建模或显示都应能表现其完整的细节。在满足功能需要的前提下,建模或显示的精度可以低于零部件或模型特征的实际形式。除非有特别说明,小于最大长度 0.1% 的元素可不建模或不显示。有限体积的内部细节只有在必要时方予显示。

3.2.2 从 MBD 到 MBE

当前,国内外大型装备制造企业的数字化技术发展迅速,三维数字化设计技术得到了广泛的应用,基于模型定义(MBD)的数字化设计与制造技术已经成为制造业信息化的发展趋势。MBD 是产品数字化定义的先进方法,它是指产品定义的各类信息按照模型的方式组织,其核心内容是产品的几何模型,包括所有的几何参数。同时,产品的三维模型还囊括所有相关的工艺描述信息、属性信息、管理信息等,一般情况下不再有二维工程图纸。MBD 改变了传统的由三维实体模型来描述几何信息,而用二维工程图纸来定义尺寸、公差和工艺信息的产品数字化定义方法。同时,MBD 使三维数模作为生产制造过程中的唯一参照对象,改变了传统以二维工程图纸为主,以三维实体模型为辅的制造方法。

目前,国外 MBD 技术的应用已经比较成熟,如波音公司在以波音 787 为代表的新型客机研制过程中,全面采用了 MBD 技术,将三维产品的三维设计信息、制造工艺信息以及管理信息共同定义到产品的三维模型中,不再使用二维图样,而将 MBD 模型作为制造的唯一依据,开创了飞机数字化设计制造的崭新模式。近年来,国内大型装备制造企业已认识到 MBD 技术的优势,并逐步开始应用 MBD 技术进行产品设计,并将 MBD 模型作为制造的唯一依据,但仅仅使用 MBD 还无法完全实现最初提出的提高大型复杂系统的设计质量,减少制造交货时间,以及减少工程变更,减少产品缺陷,提高首次质量等目标。为了更好地使 MBD 数据在产品的整个生命周期内能够有效充分地进行利用,很多大型装备提供商、供应商通过不同的型号项目开始研究、验证和应用 MBE 方法,就是要基于 MBD 在整个企业和供应链范围内建立一个集成和协同化的环境,各业务环节充分利用已有的 MBD 单一数据源开展工作,从而有效地缩短整个产品研制周期,改善生产现场的工作环境,提高产品质量和生产效率。MBE 也得到了美国国防部、美国陆军研究实验室等代表客户方单位的大力支持，并在某些大型项目中提供相关的帮助，不仅对 MBD/MBE 进行了系统的阐述和研究，同时也通过国家项目进行资助和验证。

美国"下一代制造技术计划（The Next Generation Manufacturing Technologies Initiative，NGMTI）"是美国军方和重要制造企业合作发展制造技术的计划，旨在加速制造技术突破性发展，以加强国防工业的基础和改善美国制造企业在全球经济竞争中的地位。该计划于 2005 年提出，于 2016 年部分完成。NGMTI 计划定义的美国下一代制造技术共有 6 个目标，其中第一个就是"基于模型的企业（Model-Based Enterprise，MBE）"，其发展历程如图 3-5 所示。

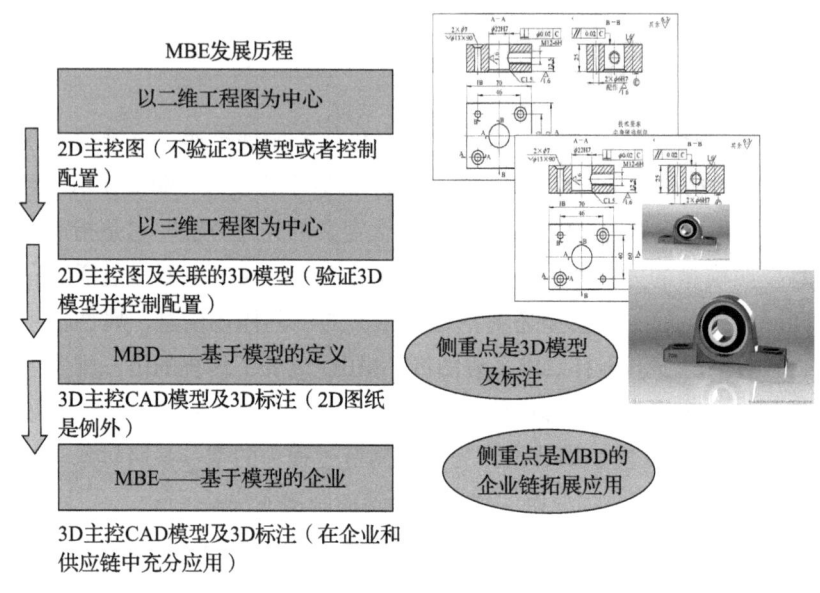

图 3-5　MBE 发展历程

NGMTI 提出的"MBE"是一种制造实体，它采用建模与仿真技术对设计、制造、产品支持的所有技术和业务的流程进行彻底的改进、无缝的集成以及战略的管理；利用产品和过程模型来定义、执行、控制和管理企业的所有过程；并采用科学的模拟与分析工具，在产品生命周期的每一阶段做出最佳决策，从根本上减少产品创新、开发、制造和支持的时间与成本。

MBD 已成为这种先进制造方法的具体体现，它的进展代表了数字化制造的未来。这个被美国国防部提出的词语和内涵慢慢地被很多商业公司所采纳。美国国防部、美国国家标准和技术研究所在 2009 年 12 月举行了"基于模型的企业"首脑会议和数据包（MBE/TDP）技术研讨会。这次研讨会汇集了超过 75 个专业课题方向的专家，针对美国国防部及其供应商如何有效处理技术数据提出了更改建议。

未来的变化都需要支持美国国防部过渡到基于数字模型而不是二维图纸的全生命周期管理。在这次研讨会中又重申了 MBE 的核心内涵：MBD 是核心；MBD 数据创建一次并能被后续各业务环节直接使用；MBD 模型作为配置的基础，并在此基础上对 MBE 的外延进行了扩展和说明，其中，基于模型的系统工程（Model Based Systems Engineering，MBSE）和基于模型的维护是未来 MBE 的应用与实践方向。

如图 3-6 所示，MBE 的相关组成主要分为三大部分：基于模型的工程（Model-Based Engineering，MBe）、基于模型的数字化制造（Model Based Manufacturing，MBm）、基于模型的维护（Model Based Sustainment，MBs）。其中基于模型的工程是整个 MBE 实施的基础，特别是大家比较熟悉的 MBD 也是基于模型工程中的重要组成。

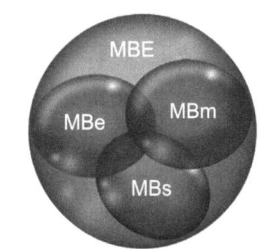

图 3-6　MBE 的三大组成：MBe、MBm、MBs

作为一种数字化制造的实体，MBE 在统一的基于模型的系统工程指导下，通过创建贯穿企业产品整个生命周期的产品模型、流程管理模型、企业（或协作企业间的）产品管理标准规范与决策模型，并在此基础上开展与之相对应的 MBe、MBm 和 MBs 的实施部署。

MBe 是 MBE 的重要指导思想。随着产品系统的规模和复杂程度的不断提高，基于文档的系统工程面临的困难越来越突出，如信息表示不准确、容易产生歧义、难以从海量文档中查找所需信息、无法与软件、机械、电子等其他工程领域的设计对接。而 MBSE 具有直观、无歧义、模块化、可重用等优点，它为基于模型的工程、基于模型的制造、基于模型的维护等 MBE 的关键活动提供了统一的协调接口，成为 MBE 研究和应用实践中的重要组成部分。

MBe、MBm 和 MBs 作为单一数据源的数字化企业系统模型中的三个主要组成部分，涵盖了从产品设计、制造到服务的完整的产品全生命周期业务，以 MBD 主模型为核心在企业各业务环节顺畅流通和直接使用，从虚拟的工程设计到现实的制造工厂，再到产品的上市流通直至产品的回收，基于 MBD 的产品模型始终服务于产品生命周期的每个阶段。

MBE 的能力在强调 MBD 模型数据、技术数据包、更改与配置管理、企业内外的制造数据交互、质量需求规划与检测数据、扩展企业的协同与数据交换 6 个方面的同时，更加强调扩展企业跨供应链的产品全生命周期的 MBD 业务模型、相关数据在企业内外顺畅流通和直接重用。

构建完整的 MBE 能力体系是企业的一项长期战略，在充分评估企业能力条件的基础上，统一行动，以 MBD 模型为统一的"工程语言"，在基于模型的系统工程方法论指导下，全面梳理企业内外、产品全生命周期的业务流程、标准规范，采用先进的信息技术，形成一套崭新的完整的产品研制能力体系。

1. MBe

MBe 是将模型作为技术基线的不可或缺的一部分，包括产品全生命周期内需求、分析、设计、实施和验证的能力，丰富了以前仅以 MBD 作为 MBe 的一个独立部分，且也将 MBSE 作为 MBe 的一个完善的和未来的发展方向之一。

系统工程国际理事会（INCOSE）出版了系统工程 2020 年远景规划，提出了从过去以文档为中心的方法向未来基于模型的方法的发展方向。INCOSE MBSE 制定了一个路线图，重点标出为实现 2020 年的远景规划，将 MBSE 的标准制定作为努力的关键领域。MBSE 是正式的建模应用程序，用以支持开始于概念设计阶段的系统需求、设计、分析、验证和确认活动。可以说系统工程（System Engineering，SE）是跨整个产品的开发、部署和处置阶段的设计决策的协调，MBSE 是一个接口，可以被认为是"将东西粘合在一起"的一个系统化的方式。最近系统建模标准开始对 MBSE 的应用和使用产生重大影响。对象管理集团（OMG）的系统建模语言（SysML ™）是一种通用的，用于特定的设计、分析和验证复杂系统的图形化建模语言，在 2006 年由 OMG 采纳，现已被广泛实施在 MBSE 支持工具中。SysML ™是一个更广泛的家族，是包括 XML 元数据交换（XMI）在内的由对象管理集团正在开发的标准的一部分。本标准规定了建模工具与 XML 格式文件之间的信息交互手段。ISO 10303—233 应用协议系统工程（AP233）是一种数据交换的标准协议，以支持许多不同的 SE 工具之间的工程数据交换。事实上，AP233 和 SysML ™的要求已在很大程度上由 OMG 和 ISO 团队一起保持一致，并与 INCOSE 模型驱动的系统设计工作组密切合作。模型和数据交换在推进 MBSE 实践以实现不同建模领域的一体化水平中是必不可少的。图 3-7 是基于 MBD 的 MBE 生命周期示意。

基于三维模型定义的核心是将产品三维模型打造为传递到下游生产活动所需详细信息的最恰当的载体，企业全部部门和团队都使用三维模型来传递信息。MBD 数字模型的价值与产品的复杂水平成正比。如果用二维图纸描述复杂产品，则需要很多时间来培训使用者，以使其理解复杂的结构与组织。有了三维 MBD 数据集，对使用者专门技能的要求可以适当降低，使用者通过对模型进行平移、旋转和缩放，就能够很容易地理解产品的几何特征和相应的尺寸、公差。MBD 数据集还可以表示隐含的信息，进行剖切或特定的测量。在传统的三维模型加二维图纸的定义模式下，三维模型上并没有检验要求的描述，有关的产品检验信息标注在二维图纸上，而应用 MBD 方法，可大大简化检验过程，应用基于三维模型的检验软件，可直接读取三维模型上的尺寸和公差数据，在编制检验程序时，使用者的输入可达到最小。利用便携式的坐标测量装置，可使检验深入到更多的制造环节中，以及时发现制造缺陷和不合格产品，并在后续加工之前就将废品淘汰，避免进一步的时间与费用损失。基于 MBD 的产品研制方法将质量保证部门纳入到 MBD 技术体系中，这将使得产品设计制造形成具有反馈的封闭环，缩短新产品研制周期，降低研制成本。

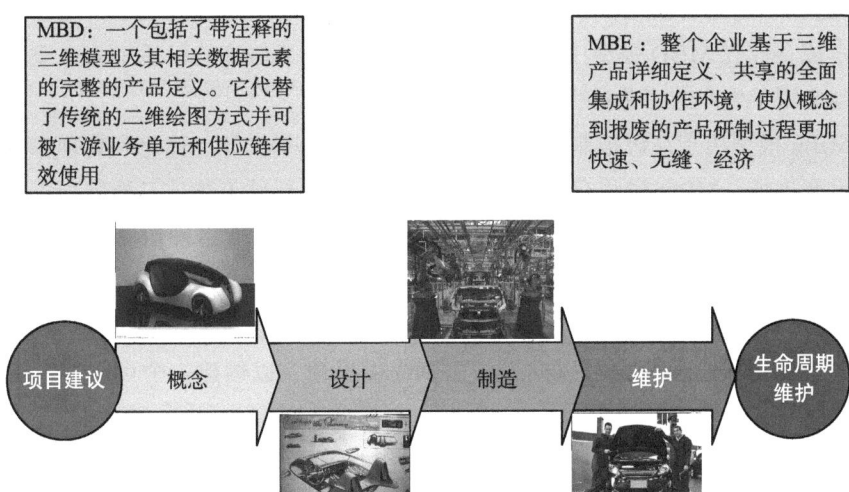

图 3-7　基于 MBD 的 MBE 生命周期

针对 MBD 数字模型的表达，美国机械工程师协会在 1997 年 1 月发起了关于三维模型标注标准的起草工作，以解决图纸与信息系统传输之间的矛盾。此标准于 2003 年 7 月被美国机械工程师协会接纳为新标准（ASME Y14.41）。随后，Siemens、PTC、Dassault 等公司将该标准应用于各自的 CAD 系统中，对三维标注进行支持。作为该项技术的发起者之一，波音公司在 787 项目中开始推广使用该项技术，从设计开始，波音公司作为上游企业，全面地在合作伙伴中推行 MBD 技术。波音公司采用 MBD 技术后，在管理和效率上取得了本质的飞跃。

通过应用 MBD 技术可以为企业带来如下好处：
- 当制造工程师用三维模型时，将大大减少物理样机的制造。
- 应用三维工具将缩短 30% ~ 50% 的产品开发周期。
- 在总成装配上应用标准件库将缩短大量时间。
- 三维模型的使用将降低 30% ~ 40% 的模型不一致，而这 30% ~ 40% 的模型不一致是由二维图纸的不准确造成的。

正是鉴于MBD技术的效益和国外先进装备企业采用MBD技术后取得的巨大成功，国内的大型装备制造企业逐渐开始学习MBD技术，并逐步地将MBD应用于现实生产中，但国内大型装备制造企业对于MBD技术的学习与应用起步比较晚，现实生产中的应用并不成熟，需要深入研究和逐步推广。

2. MBm

MBE是由许多相关的过程组成的，MBm是其中关键的过程之一，MBm使用MBD过程中创建的模型，不仅重用MBD中所包含的产品几何表示，还重用很多的文本或存储在MBD模型中的"元数据"。这消除了传统的以手工方式重建数据从而创建用于生产的工艺过程定义的过程。

MBm模型用于在虚拟制造环境内部进行工艺规划设计、优化和管理，直至提供给生产现场。MBm过程交付物成果含有：三维零部件工艺、三维装配工艺、数控程序、三维电子作业指导书、传统的作业指导书、离散事件仿真等。所有这些活动或工作都可以在某些情况下开始并有可能在完成设计之前完成。事实上，如果使用得当，MBm允许在加工任何实物之前都能进行制造和装配过程仿真，反过来说，这使得制造工程师可以向设计团队提供反馈，以创建一个可制造性更好的设计。

作为MBm重要组成部分的基于模型的作业指导书（Model Based Instruction，MBI）是连接虚拟和生产现场的关键环节。MBI是在MBM制造过程系统中生成和管理的，并基于三维设计模型生成的车间工作指导书。MBI在车间现场消除了纸质的二维作业文档，直接使用MBD的相关三维数据和基于三维的工艺信息。MBI和现场的制造执行系统（MES）集成在一起，在MBI的主屏幕上设置人机交互功能，可以采集及时发生的问题，并将其加入到数字模型中以进行未来的改进和版本管理。

通过使用MBm，可以解决以下的问题：

❑ 缩短转换产品定义到可用的工艺过程定义所需的时间。
❑ 通过限制或消除重建模型的需求以减少出错的可能。
❑ 允许在产品正式生产制造前进行制造工艺过程的虚拟验证。
❑ 允许早期制造数据向设计的反馈。

3. MBs

对于国防行业，随着维持武器系统运行的时间比原来设计的越来越长，以及在未来越来越少的预算，迫切需要采取类似于MBs的维持技术以提高运行维护效率，降低生命周期成本。同时，随着 MBE 在各类装备制造业中的实践和实施，未来基于模型的技术应用必然会扩展到产品生命周期的维修阶段。在产品和工艺开发过程中创建的模型和模拟仿真结果可以直接在整个产品生命周期的维护保障阶段使用，给用户和维护支持人员提供不断向下游传递的三维模型和相关数据。企业价值链成员将使用真实世界的效果和维护/维修/故障数据来评估产品和工艺的集成作业环境，并将结果反馈给产品设计，进行产品设计的改进。

目前大型装备维护领域还是由基于纸质及其他的非智能化数字化过程为主导，这也是为什么在维护保障领域基于模型的维护具有节约成本的最大提升空间。今天这些过程都因为缺乏高品质的贯穿整个供应链的集成系统工程数据而只能实现部分有限的优化：

- 系统修改和升级。
- 定点维护、维修和大修。
- 现场维修和保养。
- 有竞争力的采购零部件。
- DMSMS（Diminishing Manufacturing Sources and Material Shortage）制造源萎缩、材料短缺管理和报废管理。
- 预测和状态检修。

一个 MBE 的实施成功，模型必须成为企业流程中各环节协作的核心数据，该模型必须包括一个完整的产品定义，这个模型在应用上来说必须是中性的数据。MBE 的宗旨是：数据只需创建一次，并能直接被各阶段的数据使用者重复使用。该模型应该被视为系统记录和配置控制的基础。

下游业务过程中的模型使用者应该使用模型参与产品开发周期的早期工作，如制造、成本和产品维护支持都可以基于模型来做。因此，模型不应该仅仅只包含几何模型信息，还必须包含制造信息，比如公差配合、注释和功能参数，以用户帮助了解设计意图。该模型必须是一个完整的技术数据包，它必需包含或关联相关的材料数据、过程规范、产品支持信息、测试和分析数据和其他文件，同时，另外一个关键因素是如何在组成企业的各个工程和业务部门之间有效地地传递和使用。

如何判断一个企业正处于什么样的 MBE 阶段，可以从表 3-1 中的一些指标得到基本判断。该表是美国国家标准与技术研究院从超过 10 家的大型企业及其供应商的现场评估，参照 MBE 的定义得到的一个能力指数定义。该指数表提供了一套详细的标准来定义 MBE 的能力，可以帮助企业判断当前的状态并制定 MBE 的发展路线。

表 3-1 MBE 发展路线

Level 0	功能应用：以图纸为中心的设计和制造 主要交付物：二维图
Level 1	功能应用：基于模型的制造 主要交付物：二维图和中性 CAD 模型
Level 2	功能应用：基于源 CAD 模型的制造 主要交付物：二维图和源 CAD 模型
Level 3	功能应用：MBD 主要交付物：三维图注释模型和轻量化可视化模型
Level 4	功能应用：基于模型的定义与数据管理 主要交付物：通过 PLM 管理的三维图释模型与轻量化可视化模型
Level 5	功能应用：基于模型的定义和自动生成的技术数据包（TDP） 主要交付物：数字化产品定义包与 TDP
Level 6	功能应用：自动生成的 TDP 与基于需求的企业数据访问 主要交付物：基于 WEB 访问的数字化产品定义包与技术数据包

Level 0：企业这个阶段的能力水平是其他各级建立的基础。它的特点是主要以传统的二维图纸为主，很少使用三维模型。另外的特点是大多数（如果不是所有）下游数据使用者必须通过一种或多种方式来重新生成产品定义数据，以有效利用上游数据。这一级别具有如下特点：

❑ 二维工程图为主。

❑ 没有或有少量三维模型。

❑ 比较少地重用上游产品定义数据。

❑ 手动创建技术数据包（Technical data package，TDP）。

❑ 有很少或没有与扩展企业连接。

❑ 很少使用产品生命周期管理工具。

Level1：这个级别是开始有效使用三维模型的开始。虽然仍是以二维工程图为主，但是已经与三维模型关联在一起进行管理。这一级也是第一次开始重用三维 CAD 模型数据的阶段，尽管都是通过输出中间格式文件来实现的。这个级别也由于开始重用数据而能够降低错误率和缩短交付时间。这一级别具有如下特点：

❑ 以二维工程图为主。

❑ 三维模型与二维工程图关联。

❑ 初始三维模型数据重用，通过输出中性格式文件（如 STEP 和 IGES）。

❑ 手动创建 TDP。

❑ 有很少或没有与扩展企业连接。

❑ 很少使用产品生命周期管理工具。

Level2：除了使用的不再是中性文件，而是重用原始的 CAD 数据文件外，本级的能力水平本质上与Level1是一样的。在有特别请求的情况下，原始CAD数据也可以被下游单位或者企业获得。当企业内部或下游企业使用相同的产品套件并且不需要数据转换就能充分使用三维模型时，对这些模型的访问将变得尤为重要。这进一步降低了出现错误的可能，缩短了任务交付时间。这一级别具有如下特点：

❏ 以二维工程图为主。

❏ 三维模型与二维工程图关联。

❏ 初始三维模型数据重用，通过原始三维模型数据格式。

❏ 手动创建的TDP。

❏ 有很少或没有与扩展企业连接。

Level3：这个能力级别是第一次综合考虑三维模型与二维工程图，并将它们的结合作为产品定义的主要来源，在这个级别，模型是几何定义的，二维工程图作为特例并且是包含了相关产品制造信息（Product Manufacturing Information，PMI）模型的输出。这个级别采用产品生命周期管理工具和轻量化的三维可视化文件作为交付使用，这个可视化文件是一个CAD的中性文件，可为整个企业提供完整的产品定义，它们可以取代图纸。这个级别由于减少了图纸上的依赖，从而大大减少了错误和交付时间。这一级别具有如下特点：

❏ 以三维模型与受控的二维工程图为主。

❏ 二维工程图仅仅在特殊情况下创建。

❏ 模型被用于整个生命周期。

❏ 手动创建的TDP。

❏ 有很少或没有与扩展企业连接。

❏ 内部使用产品生命周期管理工具。

Level4：这个能力级别是建立在Level3基础上的。在这个级别，模型是唯一的产品定义，它也开始进一步将制造工具套件融入整个环境中，不仅仅是模型的重用，还包括各类元数据信息的直接重用。这也是进一步使用产品生命周期管理工具的结果，质量方面也是如此，最终使得在整个扩展企业中产品定义的交付实现了自动化。这一级别具有如下特点：

❏ 以三维模型为主。

❏ 二维工程图创建属于例外。

❏ 模型和元数据都集成并应用到了制造和质量领域。

❏ 产品定义交付实现自动化。

❏ 有很少或没有与扩展企业连接。

❏ 内部使用产品生命周期管理工具。

Level5：有这个级别的能力的企业是真正意义上的MBE，这个级别同样是建立在前面几个层级的基础上，但是增加了企业的连接。这样做可以使企业的所有人都可以访问到实时的、最新的产品定义，并可以全自动配置 TDP。这一级别具有如下特点：

- 以三维模型为主。
- 二维工程图创建属于例外。
- 模型和元数据现在可以被整个扩展企业所访问、使用。
- 自动化的 TDP 配置。
- 在扩展企业之间有完全的连接。
- 内部和外部使用产品生命周期管理工具。

Level6：这是迄今为止 MBE 能力定义的最高水平。本级建立在 Level5 级基础之上，但是增加了大量的自动化处理，使得自动化的 TDP 正式交付成为可能。它也消除了所有使用二维图纸的情况（也没有例外）。应当指出，Level6 被认为是一个远期目标，目前也不知道有哪些组织已经达到了这个水平，但并不是说技术上不可用来实现它。这一级别具有如下特点：

- 三维模型。
- 不允许存在二维工程图。
- 模型和元数据现在可以被整个扩展企业所访问、使用。
- 完全自动化的 TDP。
- 有完全连接的扩展企业。
- 内部和外部使用产品生命周期管理工具。

MBE 的效益在 MBD 创建并在整个企业应用时就已经开始产生了，对于大型装备的原始制造商和供应商来说，在方案、设计、验证、制造、维护的各个环节都会带来实实在在的效益：

- 缩短新订/经修订的产品的交付时间，并降低了工程设计的返工周期。
- 整合并精简设计和制造流程，降低成本。
- 生产规划时间减少，减少生产延误的风险。
- 提高生产过程的设计质量，减少制造交货时间。
- 减少工程变更，减少产品缺陷，提高首次质量。
- 改善与利益相关者的合作、协同，缩减在产品的开发管理生命周期中所有要素的周期和整体项目的成本。
- 提高备件的采购效率。
- 改进作业指导书和技术出版物的质量。
- 在维修活动中提供互动的能力，以减少时间和维护产品。

3.3 MBE 的体系建设

MBE 已成为当代先进制造体系的具体体现，它的进展代表了数字化制造的未来。美国陆军研究院指出"如果恰当地构建企业 MBE 的能力体系，则能够减少 50%～70% 的非重复成本，缩短 50% 的上市时间"。基于此，美国国防部办公厅明确指出，将在其所有供应链内的各企业中推行 MBE 体系，开展 MBE 的能力等级认证。全世界众多装备制造企业也逐步加入 MBE 企业能力建设的大军中。

MBE 主要由基于模型的工程、基于模型的制造、基于模型的维护三大部分组成，并且在统一的系统工程的指导下形成有机整体。MBE 不仅仅局限在 MBD 模型的定义，它涵盖产品设计、制造和服务的完整的产品全生命周期业务，以 MBD 模型为核心，在各业务环节实现 MBD 模型的顺畅流通和直接使用。再仔细分析 MBE 的能力等级评价指标，包括 MBD 模型数据、技术数据包、更改与配置管理、企业内外的制造数据交互、质量需求规划与检测数据、扩展企业的协同与数据交换 6 个方面，其更加强调的是扩展企业跨供应链的产品全生命周期业务的 MBD 模型以及相关数据在企业内外能够顺畅流通、可直接重用。

总之，完整的 MBE 能力体系构建就是以 MBD 模型为统一的"工程语言"，按系统工程方法的指导，全面梳理企业内外、产品全生命周期业务流程、标准，采用先进的信息化技术，形成一套崭新的完整的产品研制能力体系。企业需要一个面向 MBE 的信息化环境，以实现 MBD 模型以及相关数据在企业内外的顺畅流通、可直接重用。对于每一个制造企业，跨企业内外的产品全生命周期业务是非常复杂的，基于现有各自独立的信息化技术和工具，不可避免地需要处理大量的系统集成和数据转换，才能勉强保障 MBD 模型以及相关数据的流通或可利用，这将是致力于成为 MBE 企业直接面临的最大问题。

众多制造企业可能会问：是否存在一家公司，有能力提供一整套完整的面向 MBE 的解决方案与服务，帮助企业形成完备的 MBE 能力体系，减少繁重的集成与数据转换工作，能实现最大限度的数据畅通与可直接重用？答案是：西门子工业软件公司提供完整的 MBE 解决之道！西门子工业软件不仅具备专项 MBE 能力与工具，更能聚合整个西门子的优势，为制造企业提供完整的 MBE 解决方案，支撑企业实现跨供应链的产品全生命周期的 MBE 业务。

3.3.1 西门子 MBE 解决之道

西门子工业自动化事业部可支持行业内客户的整条价值链——从产品设计到生产、服务，将自动化技术、产业控制技术和工业软件无与伦比地结合在一起。

运用先进的全集成的软硬件解决方案，实现产品与生产生命周期的集成，即打造数字化企业（工厂），实现虚拟世界与物理世界的无缝联通，帮助企业降低产品研发成本，缩短新产品上市时间，如图 3-8 所示。

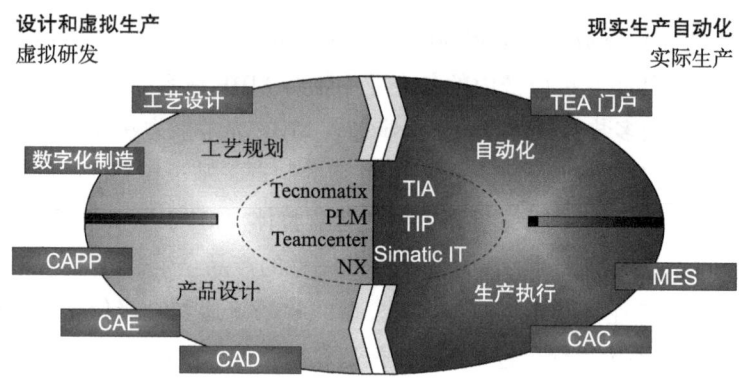

图 3-8　产品和生产全生命周期的集成

西门子工业软件公司是西门子工业自动化事业部旗下机构、全球领先的产品生命周期管理软件及服务提供商。在全球拥有 77000 个客户，近 900 万装机量。其计算机辅助设计与工程（NX）、协同产品开发管理（Teamcenter）、数字化制造（Tecnomatix）等每个方面都在全球一直保持行业领导地位。根据《CIMdata 中国 PLM 研究报告（2013）》，西门子工业软件公司被评为 2012 年中国 PLM 市场的"中国最佳 PLM 解决方案供应商"并荣膺 2012 年中国 PLM 市场七项"第一"：

- 2012 年中国总收入排名第一的 PLM 解决方案供应商。
- 2012 年中国渠道商营业额排名第一的 PLM 解决方案供应商。
- 2012 年中国实施服务收入排名第一的 PLM 解决方案供应商。
- 2012 年中国汽车市场排名第一的 PLM 解决方案供应商。
- 2012 年中国工业装备行业市场排名第一的 PLM 解决方案供应商。
- 2012 年中国计算机辅助设计（MCAD-MD）领域排名第一的 PLM 解决方案供应商。
- 2012 年中国数字化制造（Digital Manufacturing）领域排名第一的 PLM 解决方案供应商。

多年来，西门子工业软件公司不断在内部 PLM 研发方面进行大量的投资，以完善其 PLM 相关的产品和解决方案，同时花费巨额资金，通过收购策略，扩充其解决方案，增加新的功能，帮助客户应对新的挑战，如图 3-9 所示。例如，2011 年完成对 Vistagy 公司的收购，实现向复合材料设计与制造的深入；2013 年完成对 LMS 公司的收购，实现向系统级仿真、专业试验等领域的拓展。

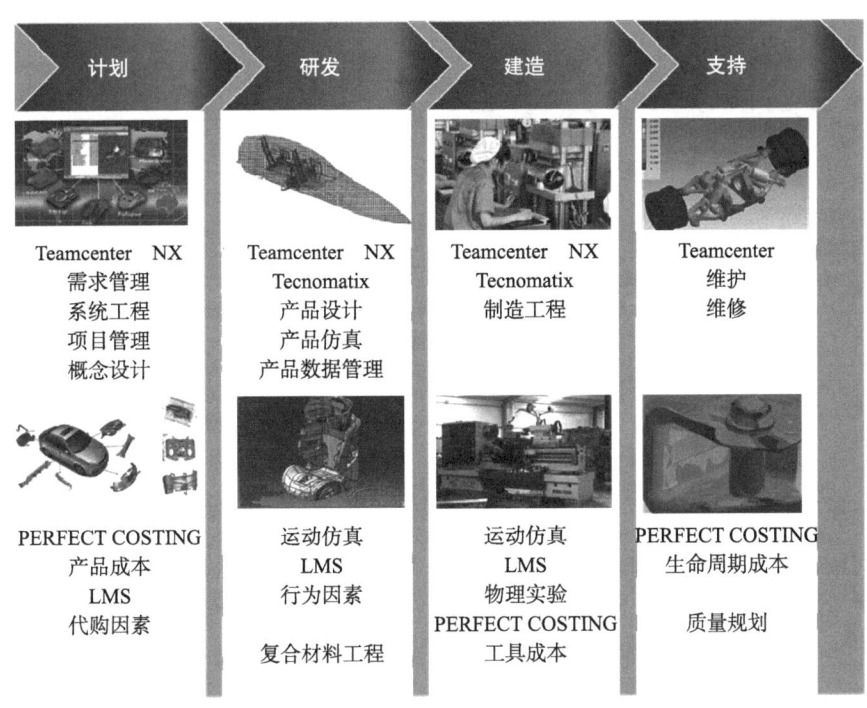

图 3-9 用收购策略扩充全生命周期解决方案的深度和广度

凭借西门子在工业自动化领域的强大的软硬件全面集成的技术能力,以及完整的产品生命周期管理(PLM)解决方案的能力,西门子工业软件公司从一开始就积极参与 MBD 定义的技术开发、标准制定,以及美国国防部与波音公司的诸多验证性项目的实践。经过多年的实践应用完善,形成了以 NX 为 MBD 定义工具、通过 Tecnomatix 直接基于 MBD 进行数字化制造、通过 LMS 进行仿真和试验、以 Teamcenter 为 MBE 提供全生命周期业务管理/数据重用/供应链协同的统一管理平台的全面 MBE 解决方案,帮助制造企业打造完整的 MBE 能力体系,实现 MBD 模型横跨产品全生命周期的应用(见图 3-10):

- NX、MBD 定义工具:NX 作为 CAD/CAE/CAM 一体化工具,涵盖了概念设计、数字化产品定义、数字化仿真分析、评审分析、验证、多学科优化仿真分析等。它提供完整的 MBD 模型定义(三维产品模型加产品制造信息 PMI)、浏览、交互的能力。
- Tecnomatix:基于 MBD 的数字化制造解决方案,包括工艺 BOM 管理、工艺分工、零部件工艺规划、装配工艺规划、机械运动仿真、公差仿真、人机仿真、装配仿真、工厂规划仿真优化、生产路线仿真优化、MES 集成化管理等。通过各种技术最大化地利用 MBD 模型,开展数字化制造工作。

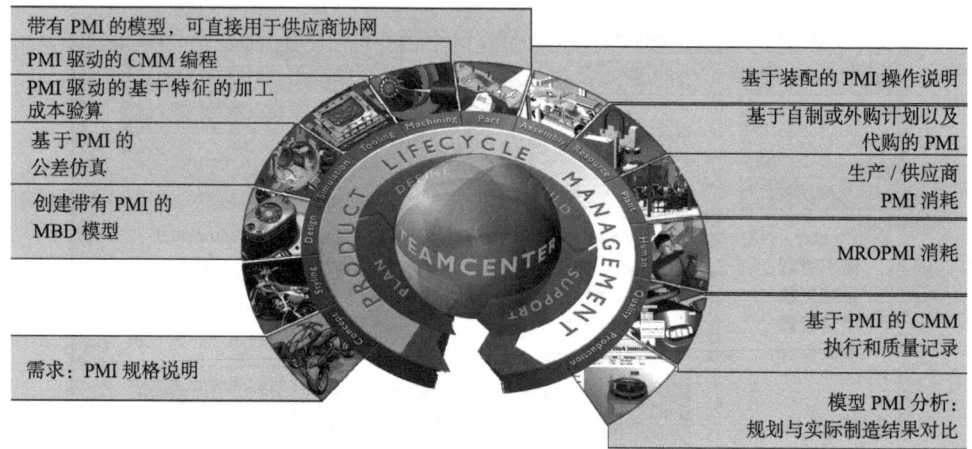

图 3-10　MBD 模型（包含 PMI 产品制造信息）在产品全生命周期中的应用

- Teamcenter：MBE 的全生命周期管理平台，具体包括智能决策、投资组合、多项目组合管理、需求管理、系统工程、多 CAD 管理、多学科优化仿真分析管理、数字样机、可视化协同、异地协同、BOM 生命周期管理、维护保障管理、企业知识管理等。保障 MBD 模型以及相关数据能够被有效地配置管理，在 MBE 企业内部以及供应链之间流通。

- LMS：仿真和试验解决方案。将三维功能仿真、试验系统、智能一维仿真系统、工程咨询服务有机地结合在一起，专注于系统动力学、声音品质、舒适性、耐久性、安全性、能量管理、燃油经济性和排放、流体系统、机电系统仿真等关键性能的开发和研究。

西门子完整的 MBE 解决方案以系统工程思想为指导，贯穿从产品需求开始，经过产品设计、产品制造直至产品服务的完整产品全生命周期的过程，各个阶段的各种信息能够被准确地定义到以 MBD 模型为核心的技术数据包中，并始终保持上游的技术数据包能够被下游直接重用，一直拓展到生产现场或服务现场。西门子 MBE 解决方案是通过综合利用以 NX 为基础的 MBD 定义工具、Tecnomatix，支持 MBD 模式的数字化制造解决方案、

Teamcenter 支撑 MBE 产品全生命周期管理平台，LMS 支持仿真和试验，从而有机形成了从设计、工艺、制造、试验到服务和维护的全面的 MBE 解决方案体系，包括：基于模型的系统工程、基于模型的产品设计、基于模型的分析应用、基于模型的机电一体化系统工程、基于模型的全生命周期质量管理、基于模型的工装设计、基于模型的零部件工艺、基于模型的装配工艺、基于模型的质量检测、基于模型的作业指导书、基于模型的制造执行、基于模型的实物样机测试——集

成的振动噪声、基于模型的 MBE 供应链管理、基于模型的 MBE 数字化服务管理、复杂产品的构型管理、基于 MBD 的标准和规范等。通过这些专业的 MBE 能力的灵活应用与组合，可帮助制造企业分阶段、分步骤实现 MBE 企业能力体系构建。

MBE 的构建是漫长之路，尤其是达到 Level 6 的真正 MBE，还需要在许多方面进行突破与完善。西门子工业软件公司将以西门子中央研究院——新技术孵化中心为引导，进行 MBE 能力技术的突破，通过西门子众多行业企业的实践应用进行完善，持续努力打造一套完整的 MBE 解决方案，始终保持领先一步的优势，引领制造企业迈向 MBE 企业的最高等级。

3.3.2 西门子 MBE 解决方案的价值定位

凭借西门子在工业自动化领域强大的软硬件全面集成的技术能力，以及完整的产品生命周期管理解决方案的能力，西门子工业软件公司在为各制造企业提供 MBE 的专业技术能力同时，也提供一套完整的 MBE 解决方案，并将以领先一步的方式帮助制造企业打造 MBE 能力体系。西门子提供的 MBE 解决方案与服务如下：

- 为制造企业提供包括 MBD 模型定义、基于模型的工程、基于模型的制造和基于模型的服务等世界领先的各种 MBE 专业能力，使其能够在某些具备条件的专业业务领域内快速具备 MBE 的能力，获得 MBE 的收益。
- 为制造企业提供构建 MBE 完整能力体系的整体解决方案，引领企业逐步平滑地走上 MBE 的最高等级，减少中间过程中繁重的系统集成与数据转换的非增值活动，并以最小成本保障 MBE 的能力体系能够得以持续的升级优化。
- 通过数字化技术与自动化技术的融合，使制造企业在迈向 MBE 的同时，逐步走向真正的数字化企业（工厂），通过 MBE 能力与数字化工厂能力的融合，更大程度地降低产品的研发成本，缩短新产品上市时间。
- 以西门子中央研究院进行 MBE 能力技术的突破，通过西门子众多行业企业的实践应用，始终保持领先一步的优势，引领制造企业迈向 MBE 的最高境界。

第 4 章 Chapter4

数字孪生模型的组成

一般而言,企业必须先获取实体零部件,然后才能对质量和建造过程进行检查,而这意味着成本和风险将有所增加。

针对这一问题,我们的愿景是利用数字孪生模型和大数据技术,在任何零部件被实际建造出来之前,预测设计的成品质量。数字孪生模型主要包括:产品设计（Product Design）、过程规划（Process Planning）、生产布局（Layout）、过程仿真（Process Simulate）、产量优化（Throughput Optimization）等。

4.1 产品设计

4.1.1 MBD 模型定义的挑战[一]

MBD 技术的核心思想是:全三维基于特征的表述方法,基于三维主模型的过程驱动,融入知识工程和产品标准规范等。它用一个集成的三维实体模型来完整地表达产品定义信息,将制造信息和设计信息（三维尺寸标注、各种制造信息和产品结构信息）共同定义到产品的三维数字化模型中,从而取消二维工程图纸,保证设计和制造流程中数据的唯一性。

MBD 技术不是简单地在三维模型上进行三维标注,它不仅描述设计的几何信息而且定义了三维产品的制造信息和非几何的管理信息（产品结构、PMI、BOM 等）,它通过一系列规范的方法更好地表达设计思想,具有更强的表现力,同时打

一 可参考《工业 4.0 实战:装备制造业数字化之道》中的 4.1 节,ISBN978-7-111-51535-7,该书已由机械工业出版社出版。

破了设计制造的壁垒,其设计、制造特征方便地被计算机和工程人员解读,而不像传统的定义方法那样只能被工程人员解读,这就有效地解决了设计/制造一体化的问题。

MBD 模型的建立,不仅仅是设计部门的任务,工艺、检验都要参与到设计的过程中,由此形成的 MBD 模型才能用于指导工艺制造与检验。MBD 技术中融入了知识工程、过程模拟和产品标准规范等,将抽象、分散的知识集中在易于管理的三维模型中,设计、制造过程能有效地进行知识积累和技术创新,从而成为企业知识固化和优化的最佳载体。

MBD 模型定义的挑战主要包括:

- MBD 模型数据的完整表现。MBD 模型数据(见图 4-1)包括:设计模型、注释、属性。设计模型包含模型几何和辅助几何这两种几何元素,注释是直接在模型上就能体现出的各种尺寸、公差、文本、符号等,属性则是为了完整地定义产品模型所需的尺寸、公差、文本等,这些内容在图形上是不可见的,但可通过查询模型获取。为了在三维空间中很好地表达 MBD 模型数据,需要有效的工具来进行描述,并按照一定的标准规范组织和管理这些数据,以便于 MBD 模型数据的应用(详见 ASME 14.41 和 ISO 16792 的描述)。

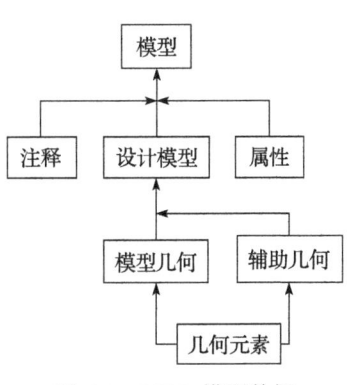

图 4-1 MBD 模型数据

- 面向制造的设计。由于 MBD 模型是设计制造过程中的唯一依据,因此必须确保 MBD 模型数据的正确性。MBD 模型数据的正确性反映在两个方面:首先,MBD 模型应满足客户对产品物理和功能上的需求;其次,MBD 模型应具有可制造性,即创建的 MBD 模型能满足制造应用的需求,符合制造工艺水平要求,在后续的应用中可直接应用。

- 数字化协同设计与工艺制造的协同。MBD 的重要特点之一是设计信息和工艺信息的融合与一体化,这就需要在产品设计和工艺设计之间进行及时的交流和沟通,构建协同的环境及相应的机制。

- MBD 模型的共享(见图 4-2)。通过 MBD 模型一次构建多次多点应用,实现数据重用的最大化。

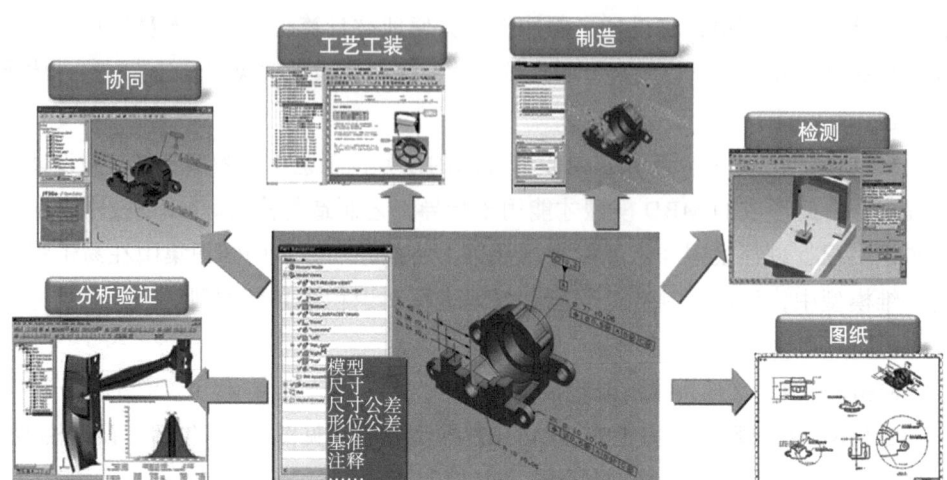

图 4-2　MBD 模型的共享

4.1.2　MBD 模型定义的解决方案⊖

针对 MBD 模型的定义，西门子工业软件公司提供了基于 Teamcenter+NX 集成一体化平台的解决方案，利用 NX 软件在 MBD 相关标准的规范下完成产品三维数字化数据定义，利用 Teamcenter 实现 MBD 数据的共享控制。

作为 ASME Y14.41 委员会的成员，以及 ISO 16792 标准的技术咨询组副主席，西门子工业软件公司提供的解决方案可帮助用户创建全面符合标准的 MBD 数据并实现共享。

西门子工业软件公司在其三维设计软件 NX 中内置了知识工程引擎，帮助企业获取、转化、构建、保存和重用工程知识，实现基于知识工程的产品研发：NX 提供重用库的功能，帮助企业管理和重用大量的工程数据，从而既可提高产品研制的效率，又可极大地降低成本，例如，直接基于已有的某产品型号数据，通过局部修改（部分零部件的替换或部分零部件的修改等）来完成新型号的设计；直接选用标准件数据（包括国标件和企标件等）；直接基于已有的典型形状，在新产品的零部件设计中进行模型的快速创建等。

NX 的 Check-Mate（一致性质量检查工具）通过可视化方式，对 MBD 模型数据的合规性和可制造性进行自动验证，确保 MBD 模型数据的正确性。

NX 软件中的产品与制造信息（PMI）功能模块使用户能够根据 MBD 标准在产品的三维几何模型基础上完成产品制造信息（尺寸标注、文字注释、几何形位

⊖　可参考《工业 4.0 实战：装备制造业数字化之道》中的 4.2 节，ISBN978-7-111-51535-7，该书已由机械工业出版社出版。

公差等）的定义，从而实现数字化产品的完整定义。PMI 用于三维 CAD 及协同产品开发系统，旨在传递关于产品零部件的制造信息，尤其是形位公差、三维注释（文本）、表面精度以及材料规格方面的信息。NX PMI 完整的三维注释环境不仅可以捕捉制造需求，在这些需求与三维模型之间建立关联，而且还允许下游应用软件重用数字化数据，这是因为数据不仅与产品零部件共存，而且还由产品零部件驱动。不仅如此，由于支持 ASME Y14.41 和 ISO 16792 定义的所有主要概念和要求，所以 NX PMI 内完整的功能清单提供了目前 CAD 产品中最完整的工具组合。

Teamcenter 工程协同管理环境提供了对 MBD 模型数据及其创建过程的有效管理，包括 MBD 模型中的部分属性数据的控制，例如 MBD 数据的版本控制、审批发放记录等，这些数据虽然最终是在 MBD 模型数据中表现，但其输入需要在 Teamcenter 环境中完成和控制。

1. 基于知识工程的产品快速设计

三维设计软件 NX 中内置了知识工程引擎，可帮助企业获取、转化、构建、保存和重用工程知识，实现基于知识工程的产品研发。知识是企业宝贵的智力资产，其内容包含：

- 标准与规范。产品研发中需遵循的约定和要求，例如国家标准、行业标准、企业标准等，其表现形式通常为文档资料。
- 典型流程和产品模板。针对典型产品研发的过程进行总结，它集中体现了产品研发过程中的实际经验，是多年、反复的经验总结，典型流程是以指导书的形式供产品研发人员参阅，而产品模板则以可重用的典型产品数据的方式呈现。
- 过程向导。针对产品研发中的特定工作而开发的专用工具，该专用工具集成了企业产品开发的实际经验。在进行新产品开发时，该工具将一步一步地引导产品研发人员完成相应工作，获得需要的设计结果，从而使不具备丰富经验的研发人员也能开发出具有专业水准的产品，而对于具有丰富经验的人员可使他们更快地完成其工作。
- 重用库。可重用的特征库和零部件库等，为产品的模块化、系列化研发提供了技术保障。

基于 NX 知识工程的产品研发应用场景如图 4-3 所示。

设计人员利用知识工程完成产品开发的过程如下：

- 设计人员接受设计任务。
- 从产品知识库中寻找最近完成的类似产品（即典型案例库），并以该产品为基础进行新产品的设计。

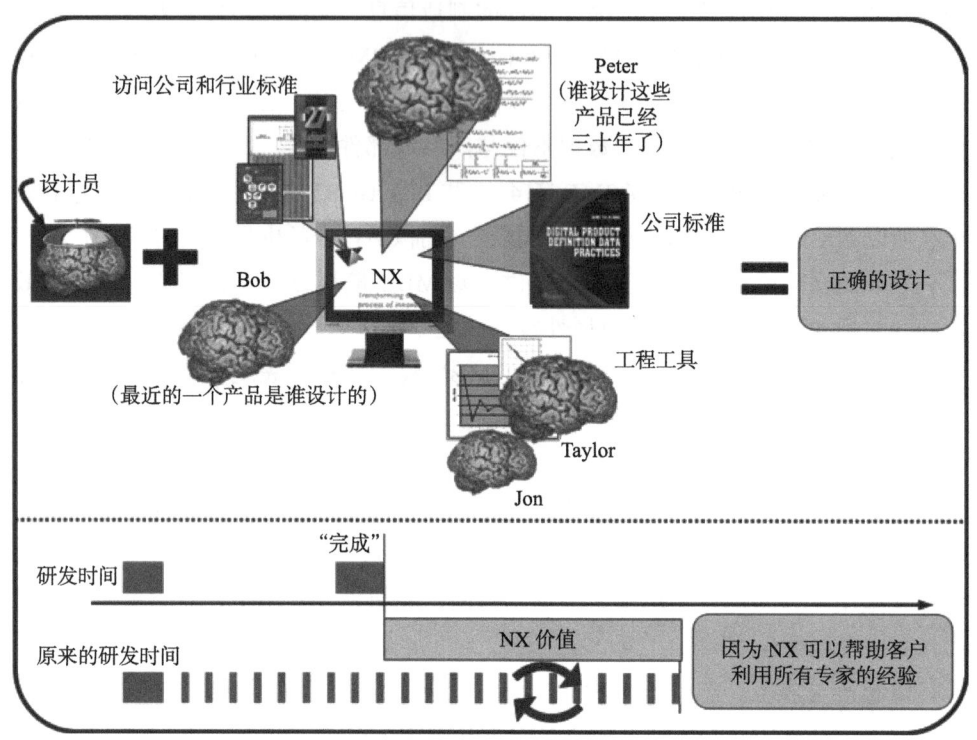

图 4-3 基于知识工程的产品开发

- 在产品设计过程中，设计人员将利用知识库，快速访问公司和行业标准（即标准和规范库）以及零部件等各种库（重用库），实现数据的重用，减少风险，使新设计的产品能符合公司和行业的规范。
- 针对一些典型零部件的设计，可以充分利用专家的知识和经验，例如，利用以专家知识为基础开发的专业工具（即过程向导库）来快速、高质量地完成设计任务。
- 对完成的设计任务可以利用企业的检查工具对设计的结果进行质量检查，以确保设计的结果满足标准的要求。
- 在设计完成后，还可利用专家的建议，对设计的结果进行优化。

知识工程的应用，将改变设计人员的传统工作模式，使设计人员的工作效率和质量产生质的飞跃。从上述内容可以看出，设计人员在完成设计任务时，并不是个人在独立完成设计任务，实际上他也在利用其他人的头脑帮助他共同完成任务，从而使得设计过程从串行过渡到并行，再到知识重用的驱动方式，保证了产品研发的正确性和周期要求。

2. 产品的重用库——提高效率

为了便于管理企业大量的可重用数据，NX 软件系统提供了 NX 重用库的功能。NX 重用库能将各种标准件库、用户自定义特征库、符号库等无缝地集成在 NX 界面中，具有很好的开放性和可维护性，便于用户使用和维护，最终形成企业的各种重用库，如图 4-4 所示。

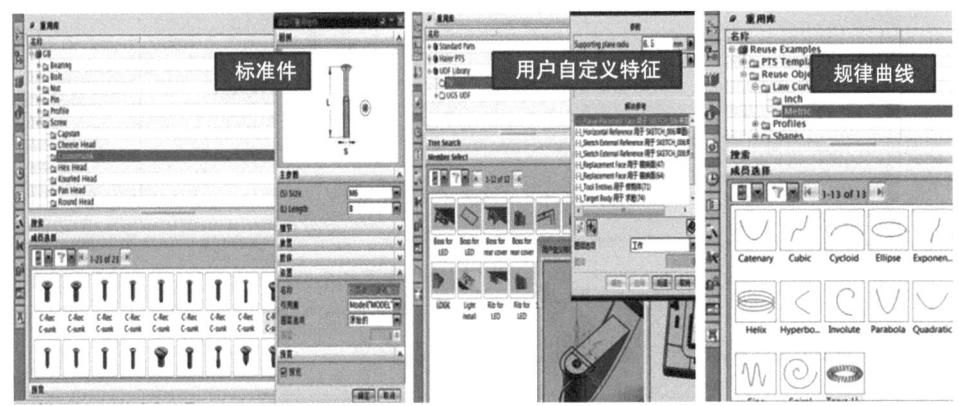

图 4-4 NX 重用库

NX 重用库支持的对象包括：
- 行业标准零部件和零部件族。NX 提供了轴承、螺栓、螺母、螺钉、销钉、垫片、结构件等 280 多类国标件，并可在后续根据产品设计部门的需求继续扩充。设计师也可自行创建需要的标准件并添加到库中进行管理。
- 通过 PTS（Product Template Studio）定义的典型结构模板零部件。
- 管线布置组件。管理和重用管材和标准件，例如各类管接头等。
- 用户定义特征。在创建模型时，经常会遇到多个零部件具有类似形状，但往往这些特征绘制起来比较复杂，需花费大量时间的情况，NX 可将这些形状做成用户自定义特征，并添加到重用库中，后续可直接由重用库快速创建这些特征。
- 规律曲线、形状和轮廓。针对以方程表达的规律曲线，以及典型的形状（例如塑料件的卡扣、安装柱等），形成相应的库对象并实现数据重用。
- 二维截面。NX 提供了一系列的二维截面库，供设计师重用，这些截面均为全约束，设计师可轻松地调整尺寸及重定位。
- 制图定制符号。针对工程制图需要，定义和使用常用的特定符号。

在产品设计中需要应用重用库内的对象时，可通过拖曳的方式实现。如图 4-5 所示，在重用库中选取所需的对象（例如螺钉），将其拖曳到 NX 软件的图形区，此时系统会自动弹出针对该系列螺钉的对话框，只要选取需要的规格参数，系统就能创建出所需要的对象。

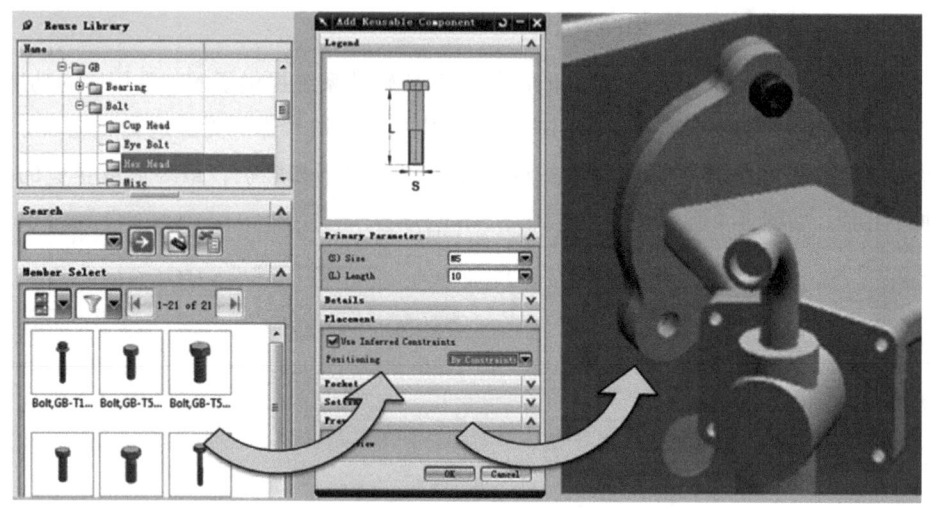

图 4-5　NX 重用库调用

3. 产品的设计模板——促进数据重用并提高效率

对于相似产品或者产品零部件的建模，设计师可修改已有的零部件来完成产品设计，这将大幅度提升设计效率。但由于每个人的设计习惯不同以及庞大的模型特征树结构会导致修改者难以理解设计意图，所以需花费大量时间在模型的修改上。NX 创新的产品模板工作室（PTS）通过提供一个不需编程的、可视化的界面让用户理解设计者的意图，并包装出一个特定的界面，从而实现典型零部件的快速重用，大幅减少零部件修改所需的时间，提高三维设计效率。图 4-6 是一个典型的夹具结构模型，只要在其界面中给定零部件的参数，就能得到需要的对象。

4. 过程向导工具——实现知识的积累和重用

过程向导是将产品开发中的专家知识进行总结，然后以相应的工具进行表达，形成专用的工具，供技术人员使用。在使用过程中，系统将逐步提示技术人员完成相应的操作，以得到最终所需的结果。利用过程向导过程，不具备专家经验的技术人员也能获得具有专家水准的操作结果，并能做到操作和结果的标准化，便于交流和数据的重用。

关于过程向导的知识管理实现技术途径如下：

❑ 对典型流程进行总结和评审。
❑ 确定过程向导开发的工具。
❑ 创建过程向导的开发说明书。
❑ 进行过程向导的开发。

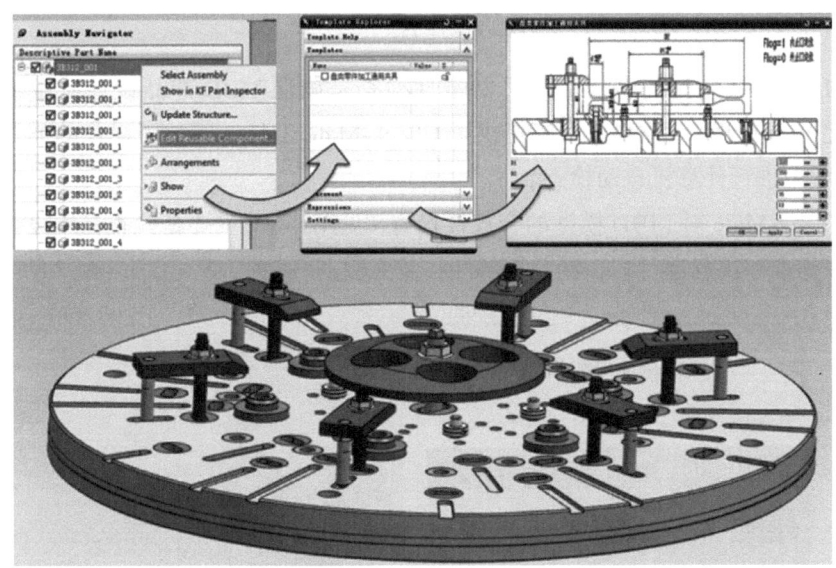

图 4-6 夹具结构模型

❏ 进行过程向导的测试。

❏ 准备培训资料。

图 4-7 为一个过程向导的样例,在使用时,系统会根据操作的进程自动提示技术人员完成适当的操作,例如定义气道要求、截面形状等,然后自动创建所需的结果。

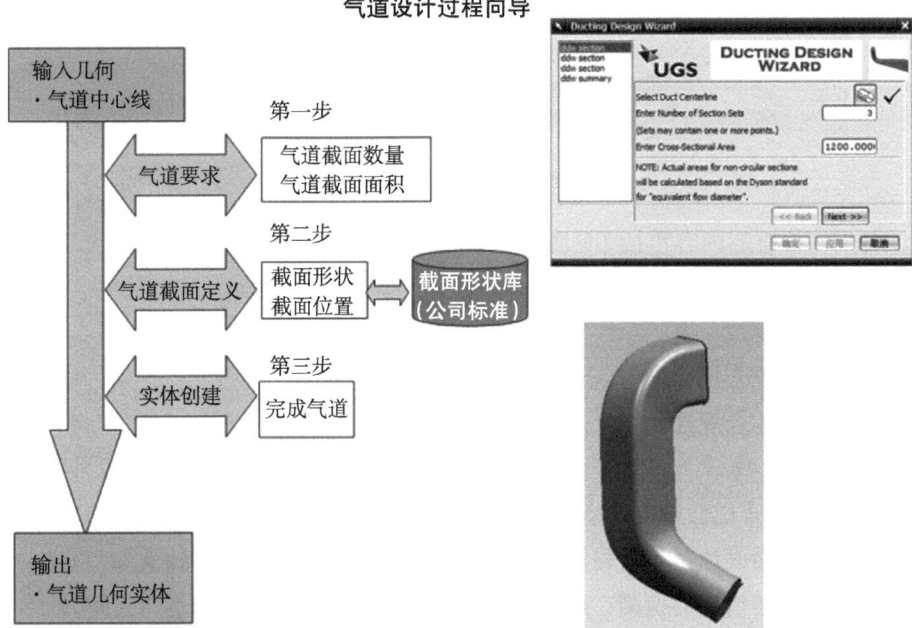

图 4-7 过程向导样例

5. 基于 Check-Mate 的一致性质量检查

MBD 模型数据的合规性和可制造性检查是确保 MBD 产品设计质量的关键环节之一，为此，NX 软件系统提供了 Check-Mate 工具，通过可视化的方式，对 MBD 模型进行计算机自动检查。

Check-Mate 对 MBD 模型的合规性检查（见图 4-8）主要是检查三维设计是否是按照标准和规范进行的，涵盖零部件和装配检查。

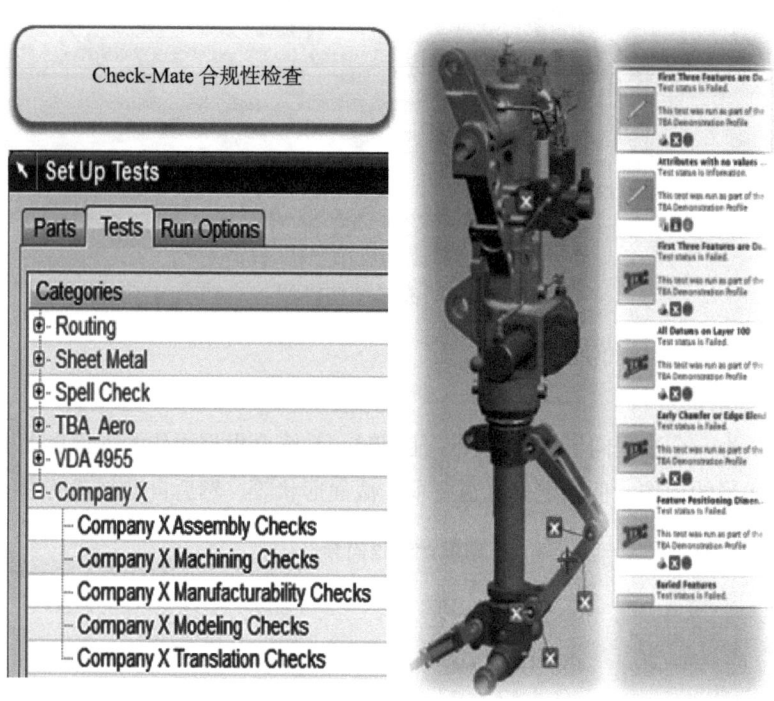

图 4-8　合规性检查

合规性检查的内容包括（见图 4-9）：

❑ 建模合规性。

❑ 装配合规性。

❑ 几何对象合规性。

❑ 文件结构合规性。

……

MBD 模型合规性检查的意义如下：

❑ 确保产品设计遵循公司标准，由此促进整个产品开发的一致性。

❑ 通过早期错误的检测，避免在下游开发中修正所消耗的成本与时间。

❑ 减少有关工程更改单、保证修补和产品召回的成本。

针对 MBD 模型的可制造性检查，可采用集成于 NX Check-Mate 的 DFMPro 来进行。DFMPro 是集成于 NX 系统的面向可制造性设计的计算机辅助工具，由 Geometric 公司研发。DFMPro 能够辅助设计师在产品设计阶段就考虑设计的可制造性，通过对设计模型的可制造性检查和校验（见图 4-10 和图 4-11），避免后期制造阶段中不必要的设计修改，提升设计质量，降低设计成本，加快产品研制的速度。

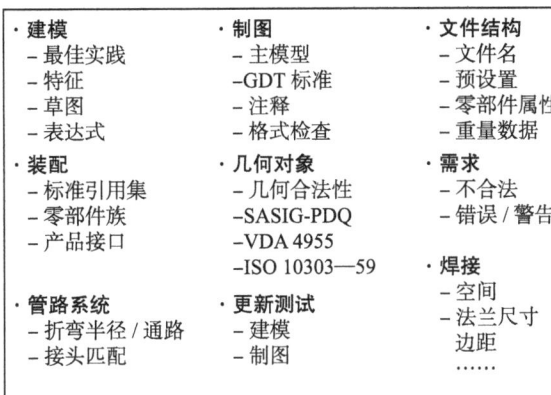

图 4-9　合规性检查的内容　　　　图 4-10　DFMPro 可制造性检查

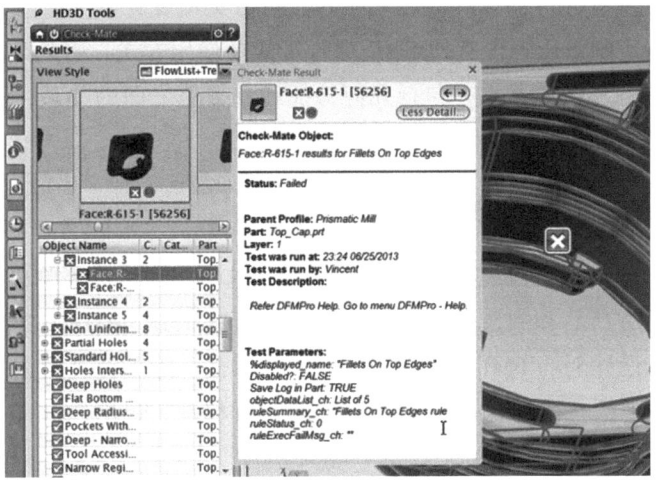

图 4-11　DFMPro 可制造性检查样例

DFMPro 的主要功能包括：

❑ 机加工类产品设计。DFMPro 支持对常见的机加工类产品设计的可制造性指导，支持经济和快速地辅助机加工类产品设计，同时确保产品设计的质量。DFMPro 提供的规则知识库支持铣削、车削、钻孔等常见的机加工产品设计，在机加工类产品设计过程中可有效地避免像小直径深孔、平底盲孔、不利于刀具路径的特征等设计约束问题。

- 钣金类产品设计。DFMPro 提供对钣金类产品的设计指导，通过在早期识别设计的缺陷，减少后续的返工，降低设计成本。DFMPro 支持常见的钣金的设计准则，如孔与孔之间的最小距离，切口、槽、孔之间的有效距离，在同一方向的多个折弯，最小弯曲半径，最小尺寸开槽等。
- 注塑类产品设计。DFMPro 提供对注塑类产品的设计指导，用户可通过 DFMPro 验证型腔表面形状、模具厚度、拔模角度、加强筋设置等注塑模具和产品的特征设计。
- 产品装配设计。DFMPro 为系统装配设计提供自动化的装配信息检查能力，将设计师从烦琐耗时的人工检查工作中解放出来，显著提升装配设计的效率和质量，包括装配定位孔检查、间隙尺寸有效性检查、零部件干涉批量检查等。
- 知识规则定制扩展。DFMPro 为用户提供了知识获取的框架，用户可定制自己的企业知识以及工程师的产品设计最佳实践经验，实现知识共享。基于知识工程的先进知识获取框架，工程师可方便地定制自己的规则知识。依据企业现有的产品设计规范和实践，可分类配置并建立企业知识库。规则知识的定制不影响现有的 CAD 软件配置及使用方式。用户可定制产品设计过程的各种条件关系，包括几何特征和参数值之间的关系、设计分析输出与外部工具的关系、模型属性之间的关系。

6. NX PMI 完整三维注释环境

NX PMI 把三维标注的功能集中在一个菜单选项下面，该菜单选项提供了使三维模型成为所有产品和制造数据知识库必需的所有工具。PMI 工具栏为创建、编辑和查询实体设计上的 PMI 提供了一个统一的界面。除了促进创建三维产品定义外，该工具还将检查模型是否符合 ASME 和 ISO 标准，让用户自行选择严格或宽松的符合性水平（见图 4-12）。

通过在三维注释与几何体的相应部分之间建立关联关系，设计人员可以把三维注释直接附在模型上，以表明设计意图。创建注释的平面处于用户控制之下，用于定义阅读方向，以便于放置注释。模型视图（Model View）（相当于 ASME Y14.41 里面的 Saved View）可用于管理模型上的注释，并将其组织到模型的一个特定取向或该模型的一种特定用途相关的信息集中。NX 零部件导航器（NX Part Navigator）可以把 PMI 注释组织到一个方便的位置，以便查看并调查其与模型几何体之间的关联性（见图 4-13）。

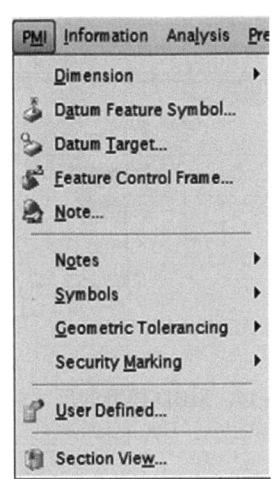
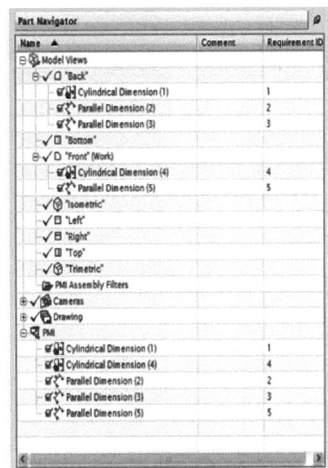

图 4-12　NX 中的 PMI 模块启动、PMI 下拉菜单和 PMI 视图关联管理

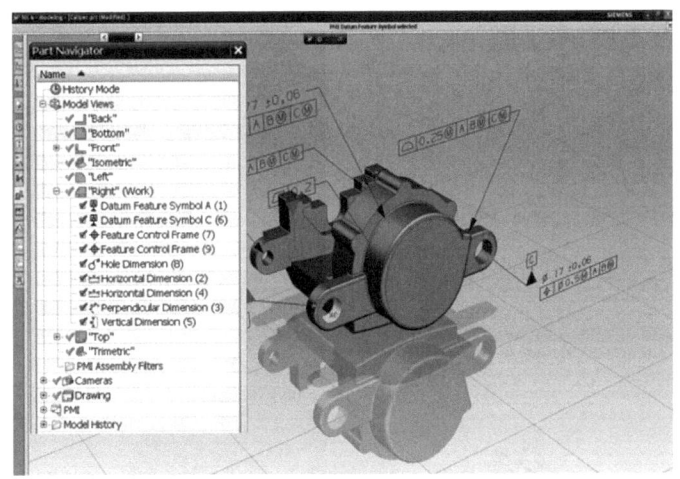

图 4-13　MBD 模型数据的管理和组织

NX 零部件导航器提供了管理和组织 PMI 的工具：
- 在模型视图节点中可观察 PMI 对象。
- PMI 节点显示关联的对象。
- 选取盒子图标，显示或隐藏 PMI 对象。
- 改变视图依存关系的选项，或使 PMI 在其他选取视图中显示的选项。
- PMI 装配过滤器用于控制哪些零部件的 PMI 对象在装配中可见。

NX PMI 提供了全面的工具套件，用于实现三维标注创建的全过程（见图 4-14）。

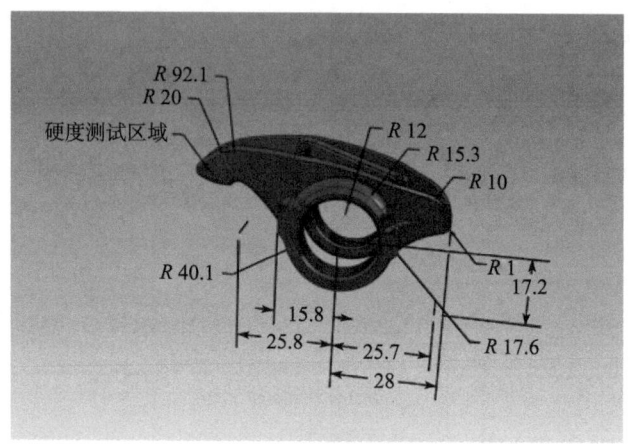

图 4-14　MBD 模型的尺寸标注

（1）尺寸标注
- 在模型视图上的任意方位创建尺寸标注。
- 类似于二维工程制图中的尺寸标注，PMI 尺寸标按三维空间计算，放置在（或平行于）注释平面。
- PMI 尺寸是三维的，可以具有第二延伸线。
- 三维尺寸可以有或没有公差：有公差、没有公差、单面公差。
- 名义尺寸，参考尺寸。

（2）常用注释（见图 4-15）

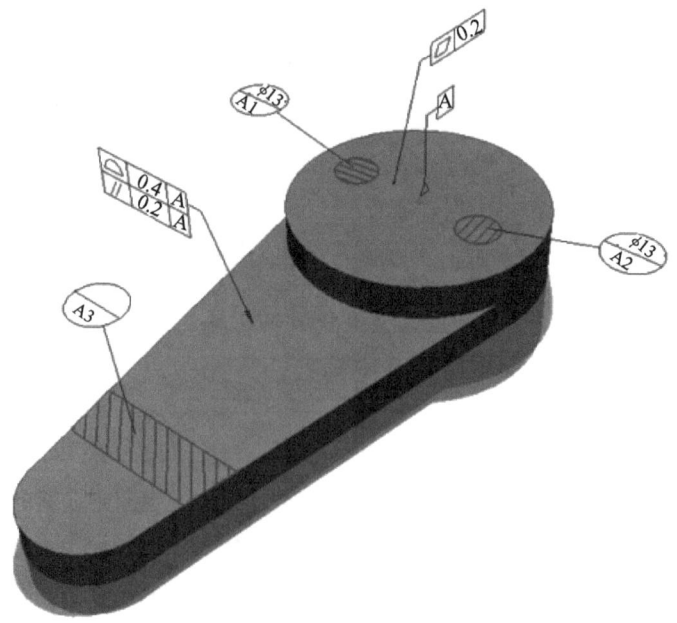

图 4-15　MBD 模型的补充几何注释

第4章 数字孪生模型的组成

PMI 标注的不同类型，允许指定重要的制造需求：
- 文本注释。
- 基准特征。
- 基准目标。
- 表面粗糙度。
- 焊接。
- 标号。
- 客户化符号。
- 补充几何（区域）。
- 剖切。

（3）专门类型（见图 4-16）

允许创建不同类型的 PMI 节点并将其赋予零部件，以用于信息沟通：
- 坐标、通用和专用文本。
- 企业编码。
- 材料特性。
- 零部件编码。
- 流程说明。
- URL 文本。
- 用户自定义。
- 字串、实数、整数注释。

（4）安全标记（见图 4-17）

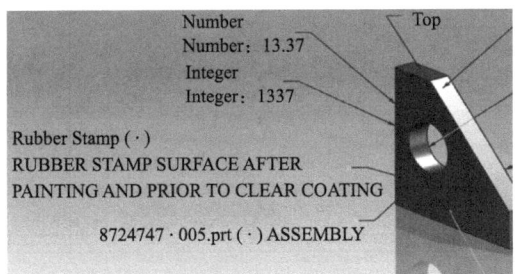

图 4-16　MBD 模型的专门类型注释

图 4-17　MBD 模型的安全标记

当打开零部件文件时，安全标记将被应用，并显示在一个信息窗口中。

用户必须单击接受按钮，表明他们已阅读并接受了上述规定，之后零部件才能被装载。

- 管理安全信息。

❏ 公司所有权信息。

❏ 导出控制。

（5）信息和报表（见图 4-18）

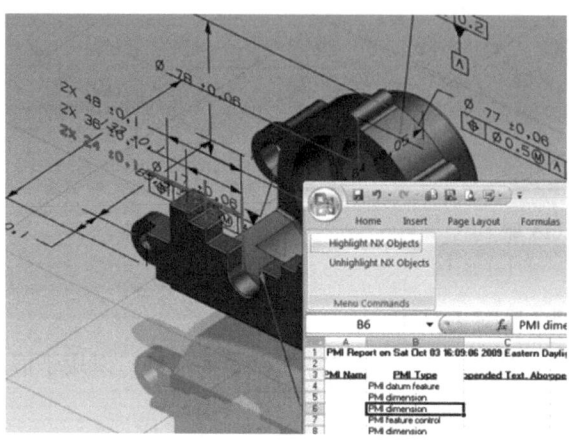

图 4-18　MBD 模型的报表输出

PMI 报表输出选项将基于工作零部件中的所有 PMI 对象或选取的 PMI 对象，创建一个电子表格报表。

查找几何关联 PMI，确定与选取几何关联的 PMI 对象。

（6）集成的 PMI 愿景（见图 4-19）

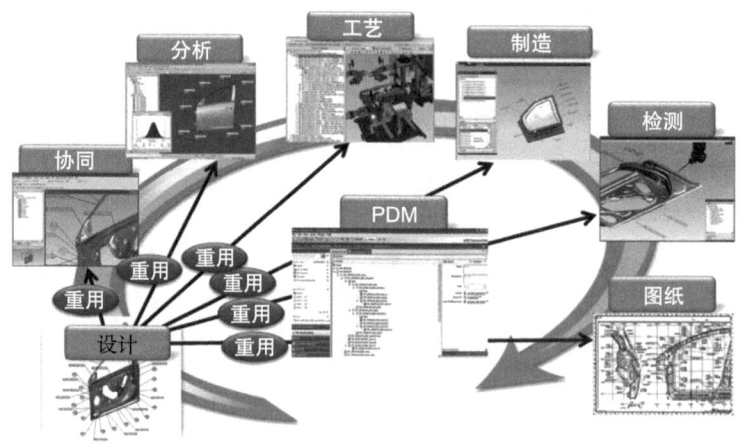

图 4-19　PMI 的集成愿景

在 MBD 模型定义过程中，随着工程师与设计人员在 NX 中不断地向实体模型添加 PMI 信息，这些主模型变得越来越"智能化"，远远超出了几何表示，明确嵌入设计意图，并且避免了因依赖人为推理产生的风险（因为这些模型将在所有下游过程中使用）。事实上，这是 PMI 的主要愿景：一次创建，随处使用。

在集成的 PMI 愿景中，可以将产品的 PMI 信息，例如组件之间的安装与配合要求、子系统之间的接口关系等转换为系统能识别的需求检测项，与最终的设计结果相关联，确保设计输出满足需求。如图 4-20 所示，将两子系统之间的接口定义为 Teamcenter 中管理的需求，并将其与产品关联。在 NX 中进行产品的细节设计时，该关联的需求将转换为产品数据的检测项，用于确保设计的结果满足要求，如果不满足，则不能通过相关检测，从而实现基于需求驱动的产品研发，满足面向制造的设计要求。

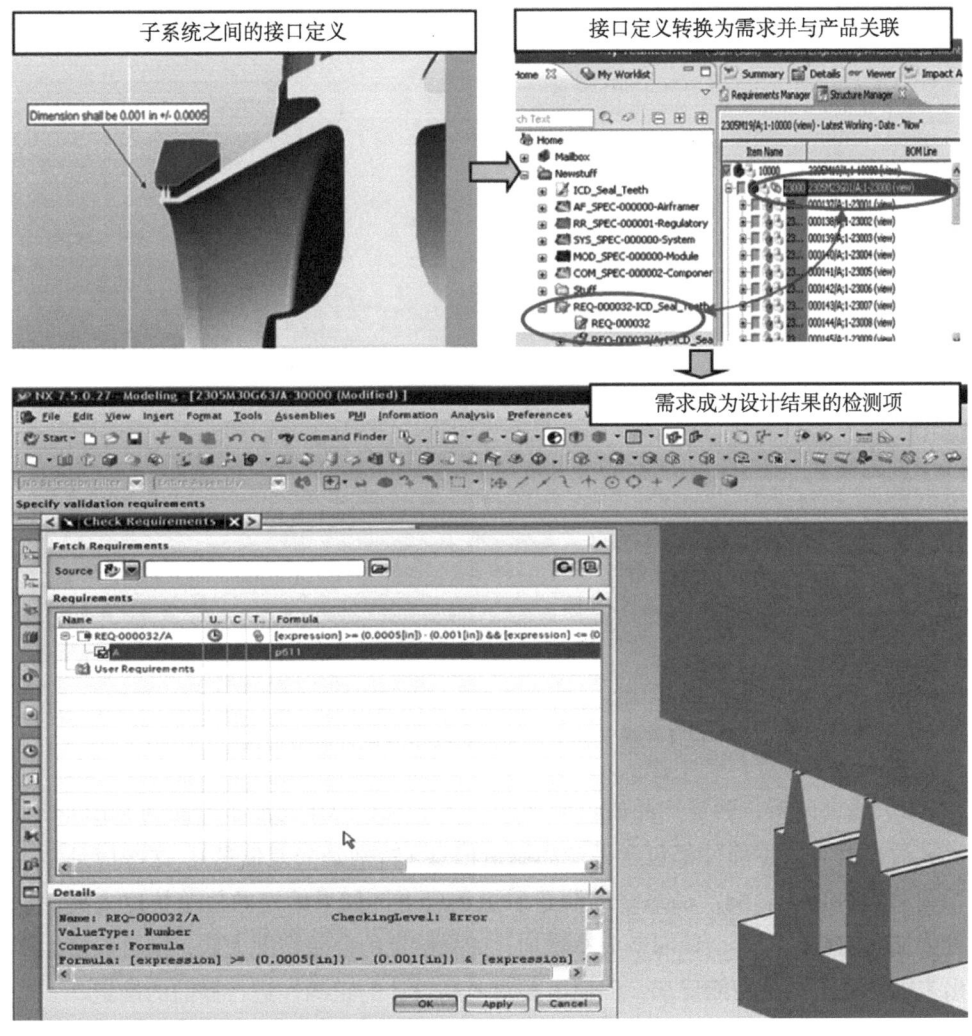

图 4-20　基于需求驱动的产品研发

（7）MBD 数据重用

NX PMI 的完整三维注释环境不仅可以捕捉制造需求，在这些需求与三维模型之间建立关联关系，而且还允许下游应用软件重用数字化数据，实现产品研发的并行协同，这是因为数据不仅与产品零部件共存，而且还由产品零部件驱动。

1）通过协同，共享设计和制造信息。支持从 NX 中提取 PMI 信息到中性的 JT 文件，通过使用西门子工业软件公司的 Teamcenter® Visualization、Xpress-Review 或 JT2GO 等直观的查看应用软件，使制造企业能以一种低成本、高效率、低风险的方式，实现与其整个供应链的协同（见图 4-21）。

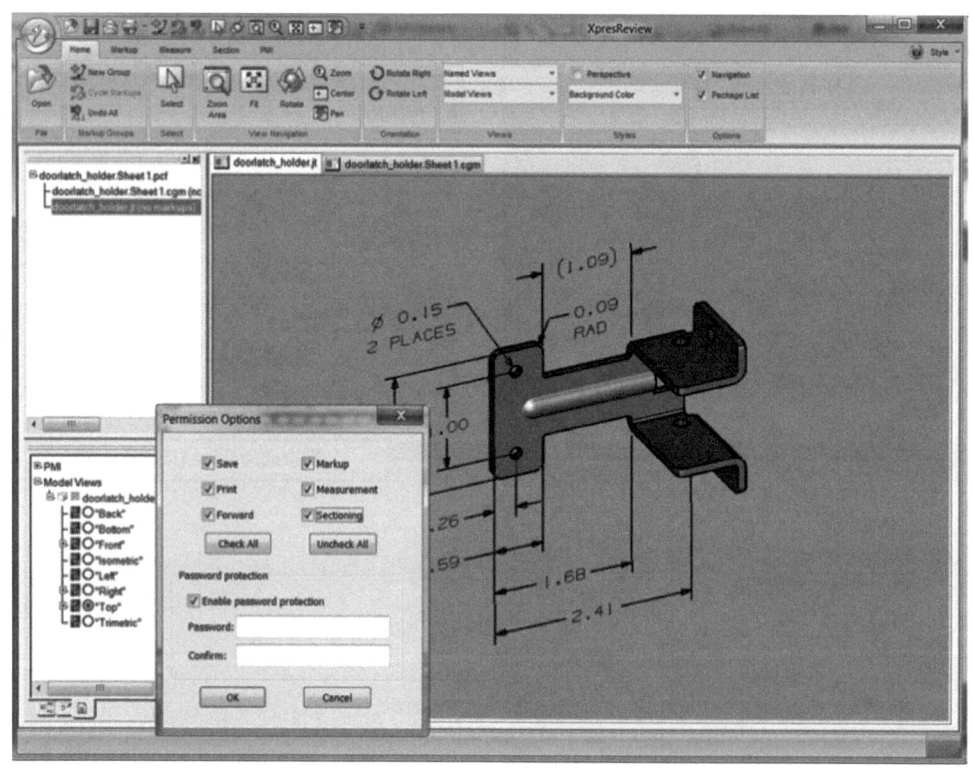

图 4-21　基于含 PMI 的 JT 数据的设计制造协同

2）通过分析，验证产品的可制造性。基于 NX PMI 完成了产品的 MBD 模型定义后，所有的零部件都包含了产品制造信息（特别是公差信息），这些信息是否正确给定将直接影响产品最终的制造质量和成本。如果给定的公差精度太高，则可能加大制造的困难，使制造成本增加；如果给定的公差精度太低，则可能使生产出来的产品不满足功能要求，因而需要对产品设计的正确性进行提前的确定。

为了对设计的结果进行分析，西门子工业软件公司的设计验证模块（VSA）可以直接读取从 NX 中提取了 PMI 信息的中性 JT 文件，并基于蒙特卡罗原理进行产品的验证分析（见图 4-22），分析的结果包括：模拟最差状态分析、估算全部变化范围、鉴别影响因素。

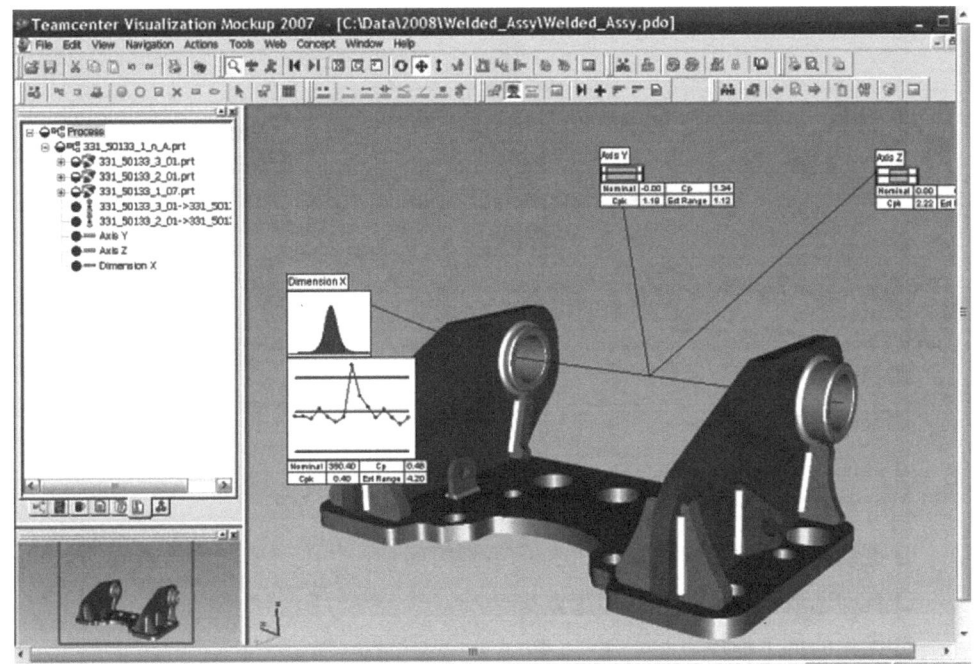

图 4-22　公差验证分析

通过验证分析，可以在产品设计的早期就识别潜在的问题，改进产品质量，实现面向制造的设计，其效益体现在以下几个方面：

❑ 测试尺寸公差和几何形位公差应用的正确性；
❑ 通过最差装配的模拟及影响因素的鉴别，明确地指示产品的设计是否满足生产要求；
❑ 提供在产品设计早期就消除可能的潜在问题的方法；
❑ 鉴别放松公差精度等级的机会，从而降低制造成本；
❑ 减少工程更改，确保一次性正确制造。

3）基于 PMI 驱动的数控加工编程。基于 PMI 驱动的数控加工编程过程如图 4-23 所示，它直接读取 MBD 模型的几何特征和产品制造信息，然后根据特征和产品制造信息自动选取适合的加工工艺，创建相应的加工刀具轨迹。

系统识别的 PMI 信息包括：

❑ 尺寸公差；

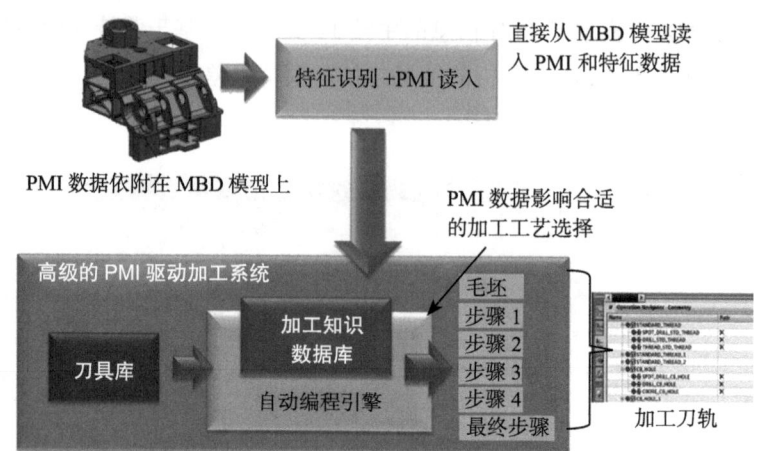

图 4-23 基于 PMI 驱动的数控加工编程过程

- 表面粗糙度；
- 表面属性；
- 特征颜色等。

利用基于 PMI 驱动的数控加工编程，可以实现：

- 更快速的 NC 编程，减少 20% 的编程时间；
- 自动选取正确、优化的加工方法；
- 优化的加工输出。

4）基于 PMI 的数控测量编程。基于 MBD 的数控检测的编程工作流程（见图 4-24）如下：

- 根据 MBD 模型数据定义检测需求；
- 确定检测规划，创建检测路径；
- 模拟检测路径，避免干涉碰撞；
- 检测程序后置输出（按 DMIS 格式）；
- 在测量机上运行检测程序，获得测量结果；
- 对测量结果进行分析，并将测量结果和分析报告用于指导上游工作。

在进行数控检测编程时，通过"Link to PMI"功能，系统将自动识别三维模型上的特征和产品制造信息，如图 4-25 所示，将把模型上的面、孔、凸台等特征对应到检测的特征，把 PMI 三维标注信息对应到检测的公差。

系统得到检测特征和公差信息后，将基于内置的检测规则自动创建所需要的测量路径，从而极大地提高数控测量编程的效率和质量。

（8）NX 与标准规范的结合

在 MBD 模型定义过程中，采用 Teamcenter+NX 集成一体化平台的解决方案，利用 NX 在 MBD 相关标准的规范下完成产品制造信息定义时，需要考虑：

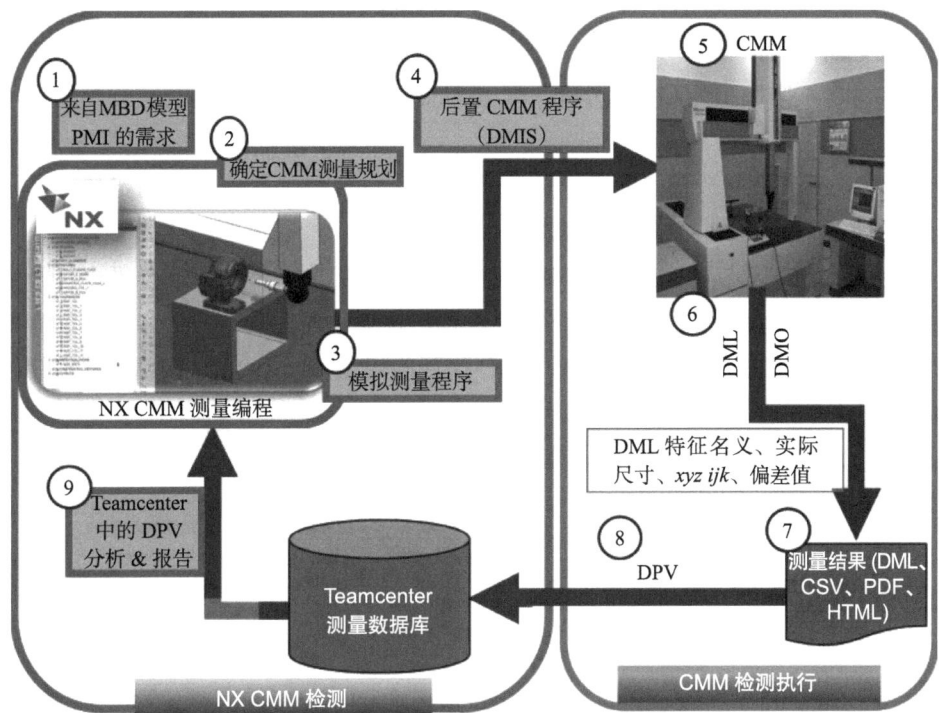

图 4-24　基于 MBD 的数控检测的工作流程

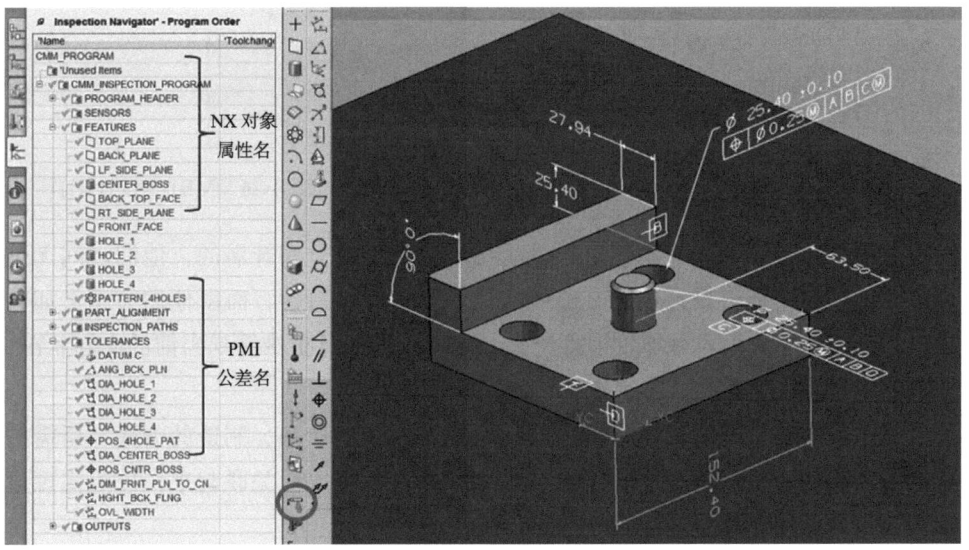

图 4-25　基于 PMI 的数控测量编程

1）产品设计标准、准则如何集成到 MBD 中，例如尺寸公差、形位公差、技术要求、材料处理等标准数据。

2）对于产品制造信息如何规范定义，例如沉头孔、埋头孔等，有一整套的标注规范，如何确保不同工程技术人员都能标注一致，产品制造信息通过 PMI 标注定义，由于不同模型的尺寸大小不一，所以需要定义 PMI 标注的尺寸与模型大小匹配。

3）对于产品制造信息，如何方便快捷地标注产品制造信息到确定的标注平面，例如 PMI 标注在 XC-YC 平面。

为了实现 NX 与标准规范的有机结合，可以基于 Teamcenter+NX 平台进行定制开发，通过定制国标化、规范化、流程化、自动化的工具，帮助客户在已有的 PMI 技术基础上，方便快捷地完成 MBD 模型的定义。图 4-26 所示为经过定制的 MBDS 设计工具，该工具的特点如下：

①内嵌了 MBD 标准规范，创建的标注符合相关标准；

②集成了企业常用的设计数据，通过图形化界面查询选用；

③采用对象组与模型视图复合结构组织管理三维产品制造信息；

④具有支持查询、统计、汇总三维产品制造信息的功能。

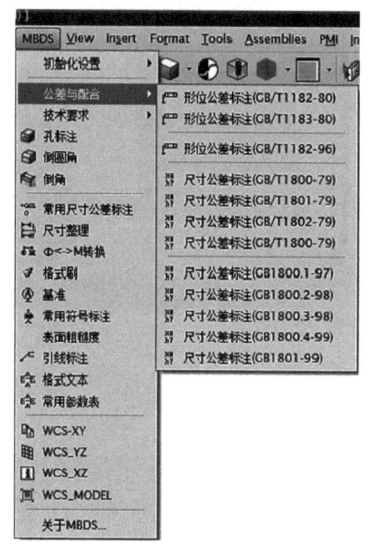

图 4-26　MBDS 设计工具

4.2　过程规划

产品的实际制造过程有时可能极其复杂，生产中所发生的一切都离不开完善的规划。一般的规划过程通常是设计人员和制造人员采用不同的系统分别开展的，他们之间无过多沟通，设计人员将设计创意交给制造商，不考虑制造性，而由他们去思考如何制造。但是这样做很容易导致信息流失，使得工作人员很难看到当前的实际状况，进而增加出错的概率。

西门子的愿景是利用数字孪生模型对需要制造的产品、制造的方式、所需的资源以及制造的地点等各个方面进行规划，并将各个方面关联起来，进而实现设计人员和制造人员的协同。

Process Designer 是一个数字化制造解决方案，用于在三维环境中进行制造过程规划。制造商通过使用 Process Designer 在集成化的环境里实施一体化的产品和制造过程设计,利用数字化的产品开发手段实现更快上市和更高的产品/生产质量。

对于 Process Designer 的价值,大部分制造商优先考虑的是如何把创新的产品尽快投放到市场并满足客户需求。在传统意义上,产品设计和制造过程是分开的两个截然不同的区域。随着产品生命周期的缩短以及终端用户定制化程度的不断提高,这种相互隔离的做法不再可行。一个从 PLM 角度出发的解决方案就是桥接产品设计和制造过程设计,以便制造商不仅尽早开始工艺研发工作,缩短技术准备周期,进而快速满足市场需求,而且还提供关于产品可制造性的反馈给设计部门,以保证更高的产品质量。

Process Designer 促进了从概念设计到详细设计并一直到生产规划的完整制造过程的设计和验证。利用 Process Designer,制造商能够开发、捕捉和选择满足特定业务需求的最佳制造战略。在一个三维虚拟环境之中,Process Designer 是一个协同平台,以供分散的企业团队评估过程规划和替代方案,优化和评估产出与成本,规划变型和变更并协调生产资源。

通过促进产品设计和过程设计之间的并行工程,作为一个主要业务动力,开发能够在整个企业中被重新使用的最佳制造实践和工作流程,Process Designer 直接影响产品的上市速度。

(1)用于制造过程规划的功能强大的虚拟环境

通过利用二维/三维数据、捕捉和维护制造过程知识,Process Designer 为制造商提供了在一个三维虚拟环境中开发和验证最佳制造战略的企业级应用平台。

(2)生产线设计、制造过程建模和生产线平衡

Process Designer 提高了全面的生产线设计和制造过程建模功能。Process Designer 能够基于从分类库中捕捉的制造资源对过程进行建模。只需把合用的资源对象拖拽到规划树中,并根据实际产出目标调整各制造环节的顺序,检查过程瓶颈。另外,在该三维环境之中还可以进行生产线平衡,通过将工序和工步分配到生产线上的各工作站,实现最佳生产规划。

(3)变更管理和规划方案甄别

可以无缝地引入工程变更,并对工程变更实施的结果进行判别,进而采取相应措施,而且,在集成的环境里,用户能够根据企业的业务目标和制造资源约束,比较不同的规划方案,以期识别和采用最佳制造实践。

(4)利用前期的成本估计来支持业务

Process Designer 把成本信息、资源信息以及制造过程信息结合在一起,能够在前期对过程规划进行经济性分析。供应商可以利用该解决方案的前期成本估计

功能,对制造合同投标做出更加准确、更加合理的报价。对于OEM制造商而言,利用该解决方案在过程规划中评估成本的功能,在必要时能够采用更经济的替代规划方案。

(5)支持客户和行业工作流程

Process Designer 支持根据行业特定需求开发独特的客户工作流程,比如汽车车身工程、总装、供应商报价以及航空航天与国防的装配规划。

(6)捕捉并重新使用最佳实践

Process Designer 是一个开发平台,也是捕捉并重新使用过程规划的最佳实践。在引进一个新项目时,可以重新使用最佳实践知识库,从而使工程师能够利用结构化知识来加速生产投放。

4.3 生产布局

生产布局指的是用来设置生产设备、生产系统的二维原理图和纸质平面图。设计这些布局图需要大量的精力和广泛的协调。但不管什么时候,生产系统一旦设置完成,就会立马发生变故。此外,布局图由于欠维护,很容易过时作废。电子产品领域的竞争日益加剧,这促使企业不断引入更好的特征,并以更快的速度向市场推出更多的产品。这就意味着制造系统需要持续地扩展和更新,但静态的二维布局图由于缺乏智能关联性,无法为制造工程师提供有关生产环境的最新信息,无法帮助他们制定明智的决策和及时采取行动。

西门子的愿景是设计出包含所有细节信息的生产布局、生产系统,包括机械、自动化、工具、资源甚至操作员等各种详细信息,并将之与制造生态系统中的产品设计进行无缝关联。将生产布局放在NX生产线工具(Line Designer)中,通过Teamcenter进行管理。

生产线设计工具是一款先进的应用软件,专门用于在NXTM软件里面设计和可视化生产线的布局。通过集成式Siemens PLM Software平台,用户可以轻易地在设计布局与生产计划之间建立关联关系。

由于计划和设备设计密切集成,所以用户能高效管理整个生产过程。通过规定每个生产步骤,甚至管理每个生产资源(比如机械手、夹具等),用户可以轻易优化过程。

通过使用与生产计划关联的参数化资源,用户可以执行准确的影响分析,促进高效的变更管理。

拥有一个与生产计划集成的、完整的生产线设计解决方案,对于定义、优化生产流程而言至关重要。

1. 特征

- 用参数化功能来创建生产布局。
- 用灵活的数字方式来表示生产设备，用户可以在一个系统中，在多重二维和三维表示之间轻易切换。
- 用 4GD、JT 等先进技术来高效处理大量复杂数据。
- 通过 NX 可视报告（NX Visual Reporting）直接访问零部件属性。
- 用 Tecnomatix 过程仿真（Process Simulate）和工厂仿真（Plant Simulation）来验证设计好的布局。
- 支持多 CAD 操作。

2. 在 NX 里面进行生产概念布局

通过 NX 里面的参数化引擎，用户可以高效处理生产设备，轻易实施任何变更。在调整零部件尺寸或者改动布局时，从属零部件会自动更新（见图 4-27）。

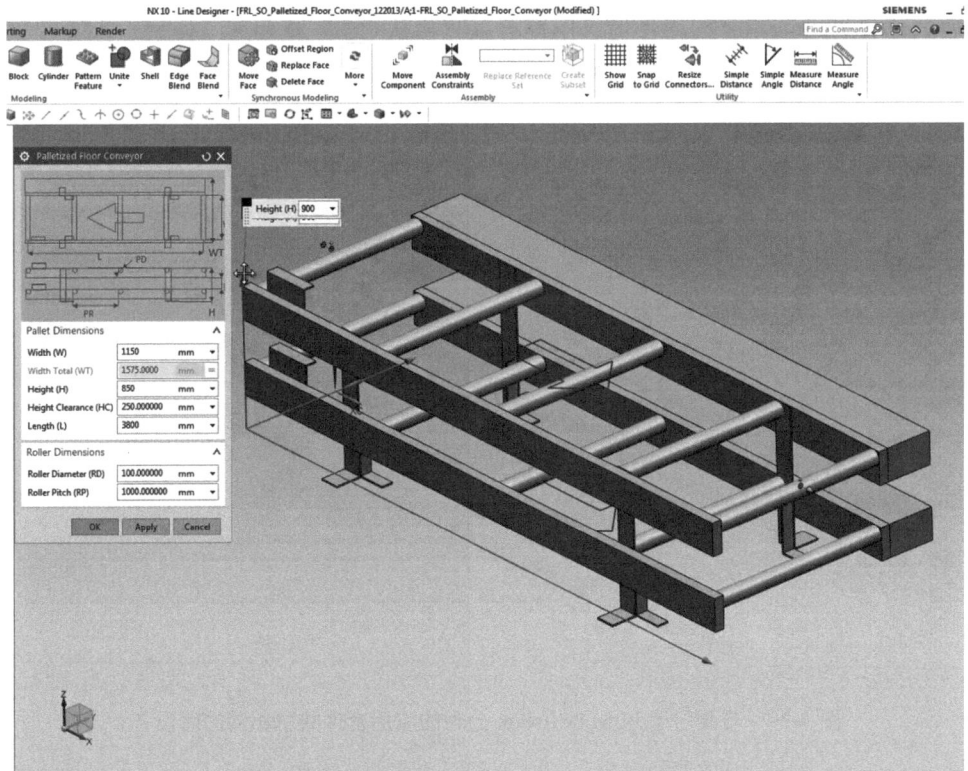

图 4-27　用 NX 参数化建模来定义智能零部件

在布局设计的每个阶段,用户都可以使用生产设备零部件的正确数字表示(见图 4-28)。

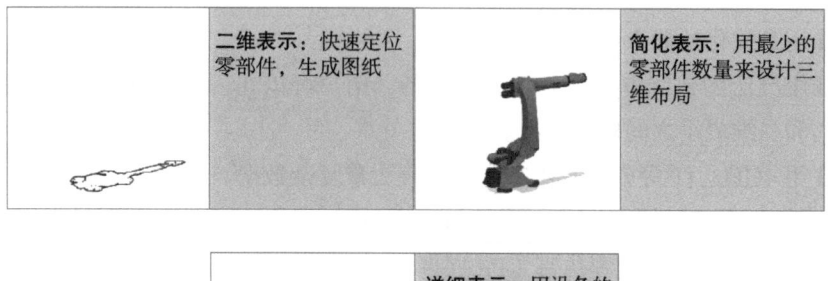

图 4-28　布局设计

全面分类的设备库用完整的数字与过程管理系统 Teamcenter® 软件进行管理,通过连接 Teamcenter 的库环境,用户可以直接从"NX 重用库"搜索、查看和检索全面分类的设备库(见图 4-29)。

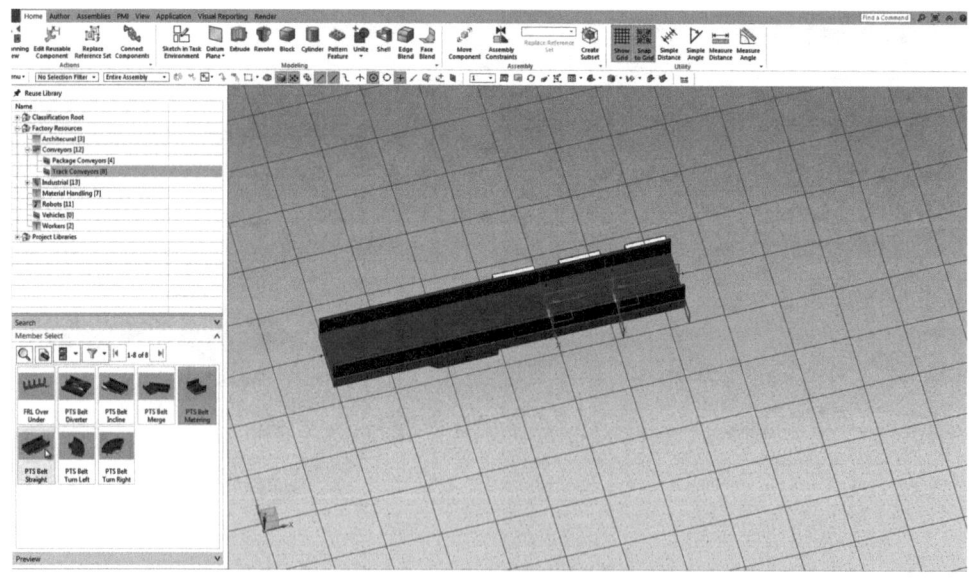

图 4-29　与西门子 PLM Software 公司的应用套件共享相同的库设备

为了高效处理大量复杂数据,NX 提供了第四代设计(4GD)、JTTM 数据格式等先进技术。基于零部件的 4GD 方法允许在多重配置中进行并行设计，可以扩展到含有大量零部件的布局。JT 是一项轻量数据技术，具有高性能可视化和协同功能。

用"生产线设计工具"设计的布局可用于验证生产过程（用数字制造软件 Tecnomatix®）。通过使用过程仿真应用软件，用户可以验证广泛的机械手应用，仿真完整的生产系统，包括验证生产单元、优化机械手放置操作等。通过仿真生产过程，用户可以定义最优的生产过程（见图 4-30）。

图 4-30　用过程仿真验证设计好的生产线

通过 Tecnomatix 虚拟试车解决方案，用户可以在真实设备上使用可编程逻辑控制器（PLC）编码之前，在虚拟环境中对控制程序进行纠正。通过在虚拟环境中仿真和验证自动化设备，可以确保自动化设备正常运行，并且大幅减少系统启动时间。

通过使用西门子 PLM Software 公司的统一平台，可以高效地管理变更，直接访问一个共享的生产资产库。可重用的最佳实践可以在整个解决方案中同步。此外，用户还可以进一步扩展解决方案，以便与供应商和系统集成商高效协作。

3. 可视化报告与文件

用户可以通过"生产线设计工具"直接访问 Teamcenter 里面的布局 PLM 信息。生产线设计工具可以显示每个零部件的相关信息，包括类型、设计变更、供应商、投资成本、生产日期等。

通过高清晰三维（HD3D）NX 虚拟报告（NX Visual Reporting）功能，用户可以在一个交互导航器里面浏览 PLM 数据，查看详细资料。用户可以用数值和属性来配置可视化报告，显示关于生产设备模型的彩色编码信息，从而可以快速、直观地可视化自制或外购零部件，识别前置时间较长的零部件或者整个设备线的所有供应商。

4.4 过程仿真

过程仿真是一个利用三维环境进行制造过程验证的数字化制造解决方案。制造商可以利用过程仿真在早期对制造方法和手段进行虚拟验证。该解决方案对产品和资源的三维数据的利用能力极大地简化了复杂制造过程的验证、优化和试运行等工程任务,从而保证更高质量的产品被更快地投入市场。

越来越复杂的产品和制造过程给世界级制造商提出了"尽快上市"和制造资源优化等挑战。制造工程团队被要求依据成本、质量和投产目标投放无瑕疵的新产品。为了应对这些挑战,业界领先的制造商利用其结构化的知识积累以及可重用的产品和资源三维模型,在制造过程早期虚拟验证产品的制造过程,利用最新技术,能够高效而且几乎自动地进行数千个验证试验,以确保生产以最优化的方式得以进行。工程人员可以在过程仿真三维动态环境中进行制造过程的设计和验证。过程仿真与制造中枢全面集成,从而使制造工程师能够设计、验证以及重用制造过程数据和信息。过程仿真提供了先进的三维环境,能够模仿制造过程的真实行为,并优化生产节拍时间和过程顺序。它能够对装配过程、人工操作以及工具、设备和机器人的应用进行仿真。还可扩展其应用范围,为各种工程领域提供数据和工具包,以检查详细的工艺过程,并在不同阶段从不同角度对其进行验证。

利用过程仿真能够对制造过程进行分步验证。通过在同一环境中模拟装配过程、人工操作、焊接、激光焊、粘合和其他机器人过程,对虚拟生产区进行仿真。仿真模仿了真实的人工行为、机器人控制器和 PLC 逻辑。

利用装配过程仿真(Process Simulate Assembly),用户能够验证装配过程的灵活性。它使制造工程师能够决定最高效的装配顺序,满足冲突间隙并识别最短的周期时间。通过搜索一个经过分类的工具库,进行虚拟伸展测试和冲突干涉分析,并仿真产品以及工具的全部装配过程,装配过程仿真提供了选择最适合过程的工具的功能。

利用人员过程仿真(Process Simulate Human),用户能够验证工作站的设计,确保操作人员能够到达、装配和维护产品零部件。人员过程仿真提供了强大的功能,用以分析和优化人工操作的人机工程,从而确保根据行业标准实现人机工程的安全过程。使用人工仿真工具,用户能够进行真实的人工工作仿真,并根据行业标准的人机工程库来优化过程周期时间。

利用 Process Simulate Spot Weld,从早期规划阶段到详细工程阶段以及离线编程,用户能够在一个三维图形的仿真环境中设计和验证电弧过程。Process Simulate Spot Weld 简化了制造工程任务,比如焊点在工作站的分布,以满足几何和周期时间约束,并从一个经过分类的库中选择最适合的焊枪,以便重新使用已有的焊枪和工具。

利用机器人过程仿真(Process Simulate Robotics),用户能够设计和仿真高度复杂的机器人工作区域。利用过程仿真工具,比如循环事件求值程序和经过模仿的特定机械手控制器,能够简化原本非常复杂的多机械手区同步化过程。该机器人仿真工具提供了这样一种功能——为所有机械手设计一个无冲突路径,并优化其周期时间。

利用试运行过程仿真(Process Simulate Commissioning),用户能够简化已有的从概念设计一直到车间所有阶段的制造和工程数据。试运行过程仿真提供了一个通用的集成平台,以供各种学科参与到生产区/单元(机械的和电子的)的实际试运行之中。利用试运行过程仿真,用户能够仿真实际的 PLC 代码,使用 OPC 的实际硬件以及实际的机器人程序,从而确保最真实的虚拟试运行环境。

4.5 产量优化

利用产量仿真来优化决定生产系统产能的参数。通过将厂房布局与事件驱动型仿真结合在一起,促进这种优化的实现。这样可以快速开发和分析多个生产方案,从而消除瓶颈、提高效率并增加产量。

工厂仿真是关于生产、物流和工程的仿真软件(见图 4-31)。它是面向对象的、图形化的、集成的建模、仿真工具,系统结构和实施都满足面向对象的要求。

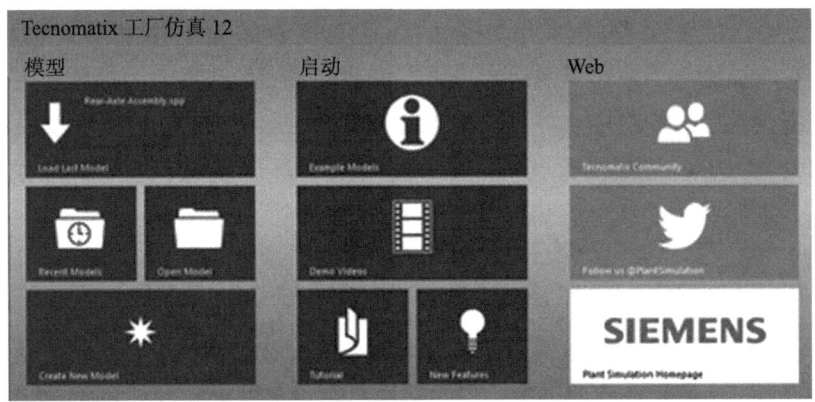

图 4-31　生产和物流系统仿真功能组件

工厂仿真可以对各种规模的生产系统和物流系统，包括生产线进行建模、仿真；也可以对各种生产系统，包括工艺路径、生产计划和管理，进行优化和分析；还可以优化生产布局、资源利用率、产能和效率、物流和供需链，考虑不同大小的订单与混合产品的生产。

用工厂仿真可以为生产线中的各种生产设备、生产线、生产过程建立结构层次清晰的模型。这种模型可以包括供应链、输送系统、储存系统、生产资源、控制策略、生产过程、管理过程等。用户通过各种分析工具、统计数据和图表来评估不同的解决方案并在生产计划的早期阶段做出迅速而可靠的决策。

1. 实现生产线、生产物流的仿真模拟

整个生产过程包括各种自制的生产设备和输送设备，也包括特定的工艺过程、生产控制和生产计划。针对这样一种特殊的、较复杂的、大型的生产线的仿真，要求仿真软件必须首先具有较复杂的生产系统和控制策略仿真的能力；也要求仿真软件具有良好的灵活性和扩展性，以满足各种特殊的情况。Plant Simulation 完全具备上述的技术能力。工厂仿真的面向对象的技术、层次化的结构、对象的继承性和灵活的控制方法保证了对大型的、较复杂的生产系统的仿真。

2. 面向对象的技术

工厂仿真是用 C++ 实现的关于生产、物流和工程的仿真软件，是面向对象的、图形化的、集成的建模、仿真工具，系统结构和实施都满足面向对象的要求，并内置了建模语言 SimTalk。

工厂仿真提供基本对象库（Basic Object）。对象有自己的属性，对象之间可以用方法来关联，也可以自定义，可以根据特殊的要求进行扩展，还可以根据需要自定义自己的属性。任何应用都能够通过图形化和交互式方法操作对象来完成。因此，它能够提高用户建模的效率，提高模型的灵活性和模型的重复使用性。工厂仿真提供友好的图形用户界面、集成的环境，在运行的时候，具有实时的数据交换能力（DDE），还提供了与 SQL、ODBC 的接口，能够读入 Oracle 数据并进行仿真。

3. 层次化的结构

工厂仿真里面的层次结构，可以逼真地表现一个完整的工厂、一个复杂的配送中心或者一个国家的铁路网络，包括交通枢纽。在图 4-32 所示的配送中心全视图中，用户可以单击对象的图像，通过不同的层次找到一个特定区域中一个特定传送线的速度属性,这样就能保证每一个人(从高层管理人员到规划工程师和车间操作者)都能最好地理解仿真模型。

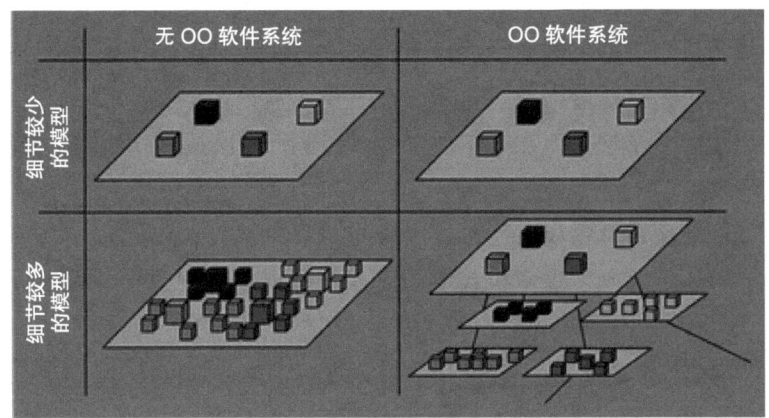

图 4-32　生产和物流系统层次化的结构

在工厂仿真中可以自上向下逐步建立仿真模型,在建模过程中能够随时添加其他层次结构。每一个模型都是一个模板,模板可以对输入输出进行不同的组合,因此,在一个大的系统中,不同的用户能够并行地工作。在工厂仿真中,模型层次的个数是没有限制的,因此,在系统的设计中,用户通过附加层次,可以将设计细划到所需要的任何程度。同时,在仿真过程中,不同层次上的模型能够同时仿真,因此用户可以观察系统在不同层次上的活动。所产生的层次可以被删除,在模型的规划中,也能够将复杂的模型简化。这种层次化的表示方法使工厂仿真具有渐进式建模能力,用户不需要预先规划,就能动态地建立系统的模型结构。

在上下文关联的情况下也能显示另外一个细节等级(层次等级)。通过工厂仿真,用户能够对模型层次进行自由排列。当一个对象被集成到另一个对象中或者被删除时,模型层次可以急剧扩大或收缩。这样,可以实现对工厂仿真模型的细化或简化处理(增量建模)。刚开始的时候不必确定层次化结构,用户可以自行决定结构以及该结构将如何演变。因此,工厂仿真能够支持自上而下或者自下而上的建模方法,而且模型的层次数量不受限制。

4. 继承性

继承性是面向对象的一个主要特性,它是有效建模的决定因素。一个对象继承了类的所有特性和结构,只要类的属性发生变化,它的所有对象也随之改变。继承性提高了模型的可维护性,便于大型模型进行更改。

可以在工厂仿真的个别对象属性级别对继承进行控制。通过使用继承,可以很快地对仿真模型或模型版本进行修改，并且不会产生错误。与副本（副本不"知道"其源于哪个对象，并且当原始对象发生变化时，副本不会随之变化）不同的是，继承的"子对象"会一直保持与"父对象"的连接。想象一下这样的场景：配送中心的提货区有 100 个输送段，每个输送段的输送速度都需要改变，在没有继承的系统中，这就意味着需要进行 100 次改变，因此需要投入大量的时间，并且还可能会出现很多错误，而在工厂仿真中只需进行一次改变，然后所有输送段都会继承这一改变。

继承的高效率、低错误率还可以用另外一个例子来证明，即让生产线实现准时（Just-In-Time）控制。很多机器上的录入缓冲器都需要拆掉，在工厂仿真中，"父机器"的录入缓冲器被删除之后，该"父机器"的所有"子机器"都会立即随之改动。使用通过继承连接的对象有三大优点：

- 调整速度更快。
- 非模态改变，不易出错。
- 建模过程更有趣。

5. 模块概念

工厂仿真的模块化概念是独一无二的：用户可以基于图形和交互方式，用一套完整的基本工厂仿真对象来创建特定的用户对象。

工厂仿真能够根据具体应用提供资料库以及基本的用户自定义模块，实现结构化建模，效率非常高。可以用具体行业的对象以及通用对象和参考模型来创建高精度的应用或模型。因此，使用工厂仿真能够把创建仿真模型的成本降到最低限度，这符合很多用户的期望。

6. 自动创建模型

有了工厂仿真，用户可以以图形、交互作用形式创建模型（图 4-33）。不仅如此，由于集成了"SimTalk"语言，所以工厂仿真集还能够根据输入用户对话框中的参数自动创建仿真模型。因此，通过在客户面前输入一些系统参数，销售人员可以轻松地创建一个特定的模型。当然，该程序不仅能够创建完整系统，而且还能够创建系统的各个部分。

7. 模型变更和维护

在设计一个系统时，该系统的仿真通常是与设计并行开发的。这就意味着往往无法得到需要的信息和数据，或者随着设计不断演进，需要更改这些信息和数据。因此，在实践中，轻易、快速地修改和维护模型的能力就变得极为重要。

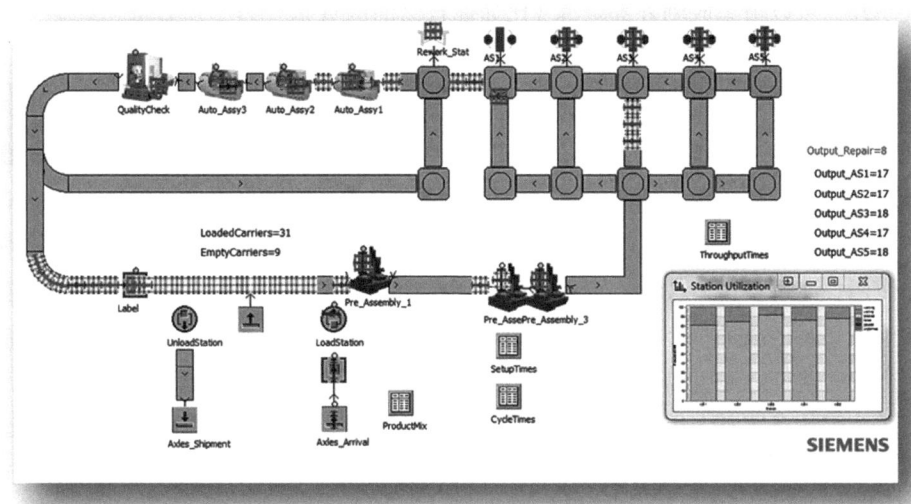

图 4-33 生产和物流系统组件模块图

在传统软件中,即使出现小变更,也经常需要重新实施整个模型。在任何情况下,调整的成本都是非常高的。对于这种软件而言,这可能意味着使用仿真并不能节约成本,而那些本来应该从这种技术中受益的企业也就不怎么重视它了。有了工厂仿真,就很容易对模型进行增量调整。

8. 对话框

工厂仿真里面有一个工具,该工具可以用来快速创建简单的用户自定义对话框,而即使是一个非专业人士也能使用这一仿真创建工具。在一个对话框中,只能使用"公共"参数。有了对话框的帮助,在运行、评估仿真时就不会因为疏忽而改动模型。

9. 多语言概念

工厂仿真中集成了多种语言设置,对话框中的文字会自动以用户选定的语言显示。用户自定义对话框的语言变化通过一个中央查询表得到简化。

10. HTML 界面

工厂仿真中集成了一个 HTML 浏览器界面,可以直接把用户的模型文件化。这个界面对对象和功能的描述很简单,而且是结构化的,能够连接起来。图形与连接一样,可以被集成到外部资源(比如你自己的网页)。

11. 工厂仿真之三维可视化

利用自己的三维组件,工厂仿真提供了一个对全厂进行三维可视化处理的工具(见图4-34),三维表现与仿真模型紧密地集成在一起。系统状态(比如机器故障或堵塞等)会被自动显示出来。另外,通过键盘、鼠标或跟踪球,可以在运行时进行交互作用。通过多窗口技术,可以同时显示几个模型视图。比如,摄像机可以沿着一条预定义路径通过整个虚拟世界,或者可以把摄像机附着在一个产品上,让其跟踪生产线的路径。还可以用一个集成界面(比如AVI或MPEG视频)来保存三维可视化。工厂仿真还有一个很大的三维对象库,这些对象库是专门为生产和物料搬运仿真开发的。通过一致使用模型层次、OpenGL优化器图形库、图片着色(消除)、多处理器支持和纹理支持,可以对运行时行为进行优化处理。根据观察者对对象的举例,可以用不同的细节等级对对象进行着色,而细节等级可以自动保持和/或手动改动。虽然三维场景很复杂,但是仍然可以获得可以接受的帧速。

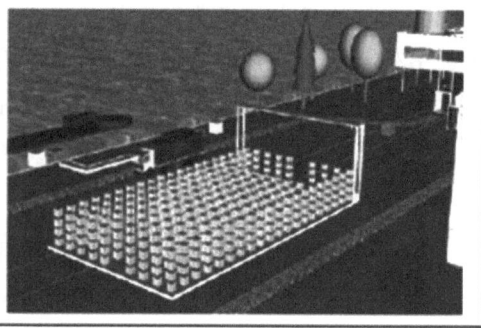

图4-34 工厂可视化

硬件可以支持大多数OpenGL图形卡,这就意味着不用牺牲性能也可以实现逼真的三维场景。通过工厂仿真三维,可以导入有纹理的三维对象并对其进行改动,还可以对对象进行定位、缩放,并且可以从用户界面改变对象的纹理特性。

12. 工厂仿真之SimTalk编程语言

在工厂仿真模型中,用于控制可移动对象的标准规则是通过处理控件来提供的。为了实现特定的控件,工厂仿真提供了一个集成式、功能强大、易用的控制语言,该语言叫作"SimTalk"。这就解释了为什么工厂仿真会有如此高的柔性,如此强大的功能,同时又保持如此好的易用性。

用户可以用集成文本编辑器和调试器创建单独的控件，强大的调试器能够辨认语法错误，还能够分析所有的仿真事件。通过 SimTalk 制语言，用户能够对任何真实系统（不管其复杂性如何）进行建模并生成仿真和相关业务结果。

13. 工厂仿真之应用对象库

为了提高创建模型的速度，工厂仿真提供了应用对象库以及多套行业领域内特定的用户定义的对象。工厂仿真应用对象库的一个特殊特征就是"用户柔性"，用户可以修改所提供的对象的结构和行为，因为它们本身是使用基本对象做成的。即使那些对象不能满足要求，它们也能作为个别应用对象库的基础或参考。工厂仿真可以使用下列应用对象库：

- 工厂仿真 AGVS：自动导向汽车系统。
- 工厂仿真装配[○]：装配过程。
- 工厂仿真输送机：稳定输送机。
- 工厂仿真 EOM：电动高空单轨。
- 工厂仿真 HBW：仓库/高空仓库。
- 工厂仿真车间[○]：车间控制和生产规划。

用户可以随意使用、复制每个基本对象和用户定义对象。需要说明的是，这并不是严格意义上的拷贝（拷贝是不知道原单元的），而是继承。实例（即"子"对象）与其类别（比如"父"对象）之间存在可以控制的关系。集成的优点在于生产力得到提高，而错误数量会减少。

通过模型对象之间的相互连接，目标层次的定义和工厂仿真的增量细化或简化模块可以动态地演进。这样，开发出来的模型今后在各个方面都会与被仿真的系统相对应。建模的顺序和过程取决于项目中信息可以使用的顺序。即使非常复杂的系统，也能用工厂仿真清楚地表现。

上述特性保证了工厂仿真对大型复杂项目的建模，用户可以对模型中的某一部分进行测试验证，轻松地把子模型拼装成一个完整的模型，还可以随时修改模型参数和属性。这为用户带来了下列好处：

- 不需要花费大量时间进行预定义。
- 可以对程序进行有效的跟踪。
- 过程之间的界线非常清楚。
- 可以构建多层次的模型，极大地方便了模型的更改和维护。
- 提高了构建带有高级控制机理的复杂模型的能力和效率。

○ 需要特殊的软件许可权。

- 便于在大型项目的建模中实现同步工作。
- 减少建模中可能存在的错误。

14. 工艺流程、生产过程及参数的仿真优化

工厂仿真完全可以按照工艺流程来建模，而且可以把各种对生产线有影响的因素都放进模型中，从而构建一个较精确的、符合实际物理情况的仿真模型。

在工厂仿真的仿真模型里可以分析在生产线上进行生产时生产计划的执行能力，如验证生产任务能否在规定的计划时间前完成；也可以优化生产的批量，特别在混线生产线上可以优化生产品种的投产顺序。

在工厂仿真的仿真模型里各种参数都可以随时更改，参数的更改不影响模型，特别在控制方法中的参数更改不需重新编译即可使用。你也可以设定参数的工作范围，由系统自动进行计算。

工厂仿真所具有的这种能力主要是来源于：

- 工厂仿真能够定义各种物料流的规则并检查这些规则对生产线性能的影响。从系统库中挑选出来的控制规则（Control Rule）可以被进一步的细化，以便应用于更复杂的控制模型。
- 用户使用工厂仿真试验管理器（Experiment Manager）可以定义试验，设置仿真运行的次数和时间，也可以在一次仿真中执行多次试验。用户可以结合数据文件，例如 Excel 格式的文件来配置仿真试验。
- 使用工厂仿真可以自动为复杂的生产线找到并评估经过优化的解决方案。在考虑到诸如产量、在制品（Inventory）、资源利用率、交货日期（Delivery Date）等多方面的限制条件时，可采用遗传算法（Genetic Algorithms）来优化系统参数。通过仿真手段来进一步评估这些解决方案，按照生产线的平衡和各种不同批量，找到优化的解决方案。
- 使用工厂仿真时，可以根据模型仿真的结果用甘特图（Gantt）来显示生产计划，包括生产计划的时间顺序、资源使用的时间序列，从而可以分析资源的占用情况，生产计划安排的合理性。
- 使用工厂仿真分析工具可以轻松地解释仿真结果。统计分析、图表可以显示缓存区、设备、劳动力（Personnel）的利用率。用户可以创建广泛的统计数据和图表来支持对生产线工作负荷、设备故障、空闲与维修时间、专用的关键性能等参数的动态分析；由工厂仿真可以生成生产计划的甘特图并对其进行交互修改。
- 工厂仿真提供了全面的分析工具，包括自动瓶颈分析仪、流量图和甘特图。

- 工厂仿真提供对模型仿真数据进行分析的各种工具，如直方图、饼图、曲线图、统计图等图形工具，可直接使用（见图 4-35）。

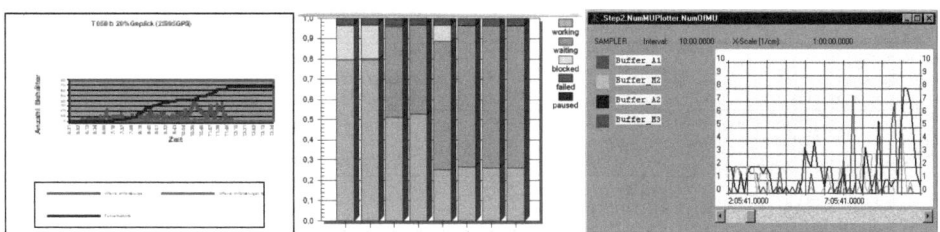

图 4-35　模型仿真数据分析工具

- 工厂仿真可以输出各种文档，如 Excel、Word、HTML 等。
- 工厂仿真提供了多种仿真优化的工具，包括遗传算法、实验管理器和神经网络（见图 4-36）。

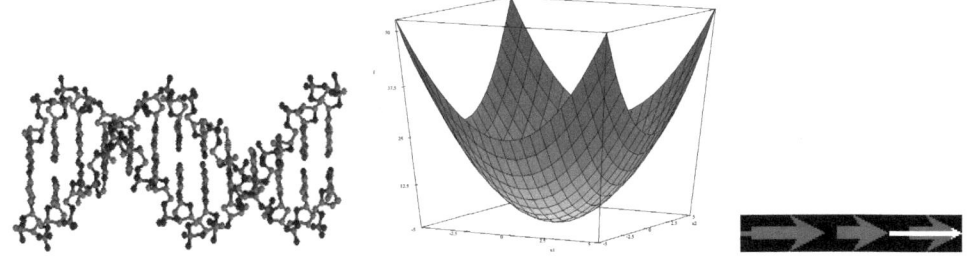

图 4-36　实验管理器和神经网络

- 工厂仿真提供甘特图显示功能，它可以用图形来表示一个生产计划并对它进行交互操作，在图形上更改计划。工厂仿真的仿真运行结果可以用甘特图表示，并且用户能够进行操作。它有两种不同的表示方法，一种表示资源的时间序列，另一种表示生产顺序的时间序列。
- 工厂仿真除了具有图形化和交互化建模能力外，工厂仿真提供了仿真控制语言 SimTalk。SimTalk 作为一种解释性的仿真语言能描述控制策略，解释模型的控制方法，控制模型的行为，它提供了一个便捷的编程环境，为程序提供跟踪、调试的功能，即 Debugger 功能。这个 Debugger 功能给编程带来了极大的方便性。
- 工厂仿真提供了统计数据的分析功能（见图 4-37）。利用该功能可对离散数据自动进行统计分析，找到数据的分布曲线和类型，得到分布曲线的各种参数，极大地方便了随机模型的构建。因此工厂仿真具有方便构建随机模型的能力。

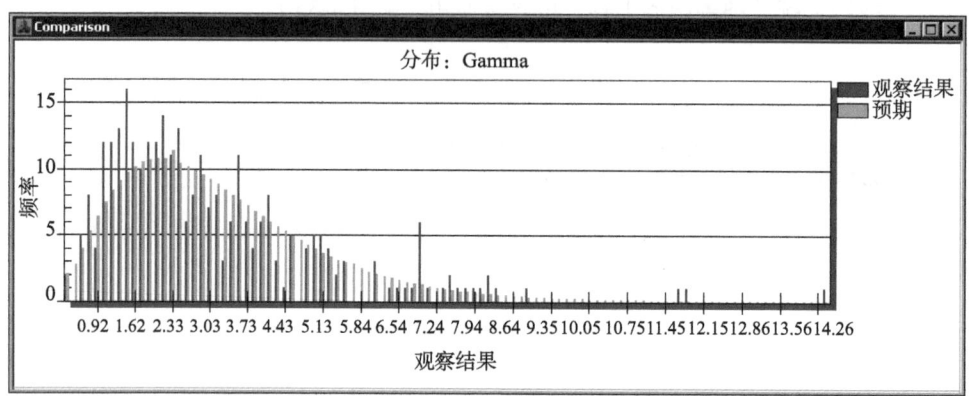

图 4-37　工厂仿真统计分析

❏ 工厂仿真提供了 3D 可视化的能力并与仿真模型紧密相关，仿真模型在多窗口下可同步显示。观察视角可以在虚拟的可视化场景（见图 4-38）中进行漫游，并制成 AVI 或 MPEG 文件。工厂仿真带有大量的三维对象库，并且外部的 3D 图形和图片可以输入系统与三维对象关联。

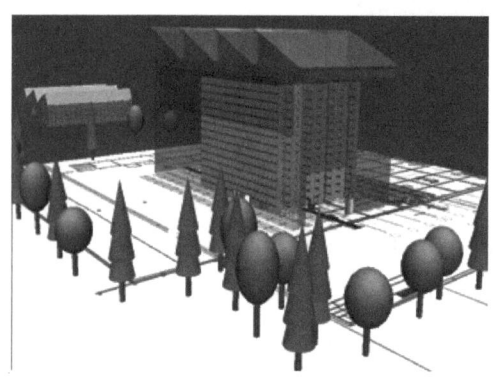
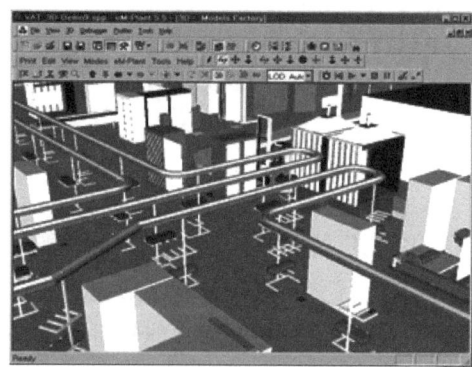

图 4-38　工厂仿真虚拟可视化场景

15. 工厂仿真的仿真模型的特点

（1）建模的特点

❏ 模型大小无限制。
❏ "自顶向下"和"自底向上"建模。
❏ 在参数级水平的继承性控制。
❏ 模型的结构层次无限制（取决于硬件的限制）。

- 各种建模的辅助工具：对象的自动连接、激活位置的显示、连接线的隐藏等。
- 建模过程中大量使用了鼠标的拖拽功能，操作方便。
- 最佳的统计分布数据的计算。

（2）建模使用的对象
- 物流的基本对象：仿真源、工作站点、生产线、缓冲、存储站、小车、零部件等。
- 信息流的基本对象：数据、列表、生成器、控制方法、时间表等。
- 其他基本对象：事件控制器、网络、连接器、打印。
- 随机分布参数：它支持常数分布、均匀分布、正态分布、对数正态分布、几何分布、指数分布、超几何分布、三角分布等。
- 用户能够定义每一个基本对象的属性。
- 用户能很方便地定义自己的对象，应用对象能够像基本对象那样方便地使用。
- 能够把应用对象封装起来放到应用对象库中，以便再利用。

每个对象都有自己的属性和后添加的属性，例如物流对象有体积、质量、物品、编号等。Plant Simulation 可方便地输入各种对象的属性。又例如，对于设备对象可以有生产能力、输送速度、启动时间、运行时间、运行周期、故障时间、空闲时间、维修时间等属性。

Plant Simulation 具有强大的对象封装能力，用户可以自定义各种对话界面。这种定义非常简单和快速，从而为定制化的工作带来了方便，提高了建模的适应性。

（3）建模中的图片和图形
- 图形编辑器能够定义和修改每一个对象的背景图片。
- 在事件驱动的动画中可以改变图片显示。
- 图片库包含各种对象的图标。
- 外部图片能够作为动画的背景。
- 在时间序列中可以输出几种模型参数。
- 显示单个参数的值。
- 对象之间连接器的宽度和颜色可以控制。
- 在仿真和表示仿真结果的时候能够动态表示模型参数。

（4）建模中的信息处理
- SimTalk：通过简单的命令和语言结构，建立面向对象的建模语言

- 通过SimTalk、信息流模块和50多个数学函数,信息处理和管理具有较强的柔性和功能。
- 在建模过程中控制的交互测试和校正。
- 对几个对象使用的全局和局部控制。
- 控制结构之间有接口。
- 物流和信息流能够单独建模。
- 物流的路径和顺序由标准的规则控制。
- 能够改变依赖时间的属性和参数。
- 对用于计算和评估的数据能够进行筛选。
- 最佳的数据分配计算。

(5) 仿真过程
- 在开始仿真时,可以进行任意的装载。
- 在仿真过程中可以存储模型状态。
- 在仿真过程中能够改变模型和参数。
- 仿真的速度可以任意设置。
- 在仿真中能够进行数据交换。
- 在仿真中或仿真完成后,能够对模型值进行图形表示和评估。
- 能够对任意时间的仿真结果进行统计。
- 用曲线分析仿真。

(6) 3D动画(见图4-39)
- 动画布局的自由定义。
- 外部图片可以作为动画背景。
- 动画图形能够交互和由事件驱动来改变。
- 任何时候通过打开对象可以查看它的层次结构。
- 动画漫游。
- 在仿真过程中可以打开或者关闭动画。
- 可以从其他系统和CAD系统输入三维的图形,作为三维对象的动画图形。

(7) 用户界面
- 面向对象的图形用户环境,具有窗口、菜单和鼠标功能。
- 图形化表示模型信息。
- 面向应用的对话窗口的数据输入。
- 用户定义对话窗口。
- 屏幕的布局控制。

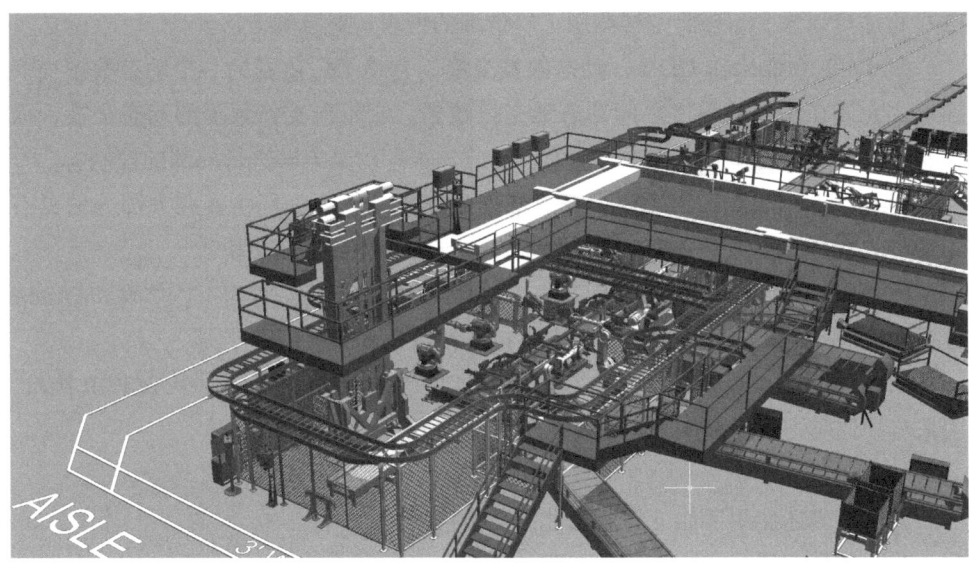

图 4-39 工厂的 3D 动画

- 集成的工作环境。
- 渐进式的建模方式。
- 在线帮助。

16. 工厂仿真的集成能力

（1）标准接口

一个仿真系统不仅要求能够单独运行,而且,需要将其集成到其他系统中,而这种集成并不是简单的数据交换。工厂仿真具有强大的集成能力和许多标准接口。工厂仿真提供了与其他程序相连的下列接口:

- ActiveX
- C 语言
- DDE（Dynamic Data Exchange）
- ODBC
- Oracle SQL
- Socket

Plant Simulation_ActiveX。它集成了 Microsoft_ActiveX 的组件。在 Windows 环境下 MS ActiveX 的控制界面能够嵌入工厂仿真的模型中,ActiveX 中的属性和方法可以由工厂仿真中的方法来访问。

Plant Simulation_C：C 程序接口。它为外部的 C 程序提供了一个接口,它使得 C 程序可以像 SimTalk 一样调用工厂仿真的列表、对象和方法。

Plant Simulation_DDE：**动态数据交换**。它是工厂仿真的一个动态数据交换接口，允许在不同的程序之间动态地交换数据。它不仅支持数据的动态交换，而且能够进行工厂仿真命令的动态转换，因此，工厂仿真能够进行外部的控制。

Plant Simulation_ODBC：**开放数据库连接**。它为工厂仿真和大部分的具有 ODBC 的数据库提供一个双向的通信接口，支持各种数据的交换。

Plant Simulation_Oracle SQL：Oracle **数据库连接**。它为工厂仿真和 Oracle 数据库提供一个双向的通信接口，它支持各种数据的交换。

Plant Simulation_Socket：TCP/IP **接口**。它是工厂仿真的一个 TCP/IP 接口，用来与其他应用通过 Socket 接口进行通信联系。

（2）转换标准

工厂仿真还使用了如下的标准数据交换格式：

❑ ASCII 文件

❑ HTML

❑ XML

（3）与其他软件的接口

❑ 工厂仿真可以直接使用 Autocad 的布局图作为模型的背景和图标。

❑ 工厂仿真可以与 Excel、Word 软件集成使用。

❑ 工厂仿真可以读取 CAD 系统的数据。

❑ 工厂仿真已经与 PDM 系统 Teamcenter 进行集成，可以双向传输数据。

❑ 工厂仿真已经与 MPM 系统进行集成，可以双向传输数据。

❑ 工厂仿真可以用 DCOM、OPC 与 MOM 进行集成。

❑ 西门子公司在系统的集成方面具有丰富的经验和大量成功的案例。

集成能力和环境可由图 4-40 说明。

总之，工厂仿真具有支持多种接口和集成的能力。

17. 工厂仿真技术的先进性

数十年来，西门子一直利用针对各个行业的制造专业知识来开发制造过程解决方案，改造全球领先的制造商。西门子提供的 Tecnomatix 解决方案是行业内最好的数字化制造应用程序和生产专业知识的组合，涵盖从制造工程一直到车间生产的全过程。这些解决方案相互联系在一起，并且通过一个开放式的制造中枢与历史系统、扩展企业连接在一起。Tecnomatix 是基于技术、市场份额、行业经验和世界级客户的行业领先的数字化制造解决方案。

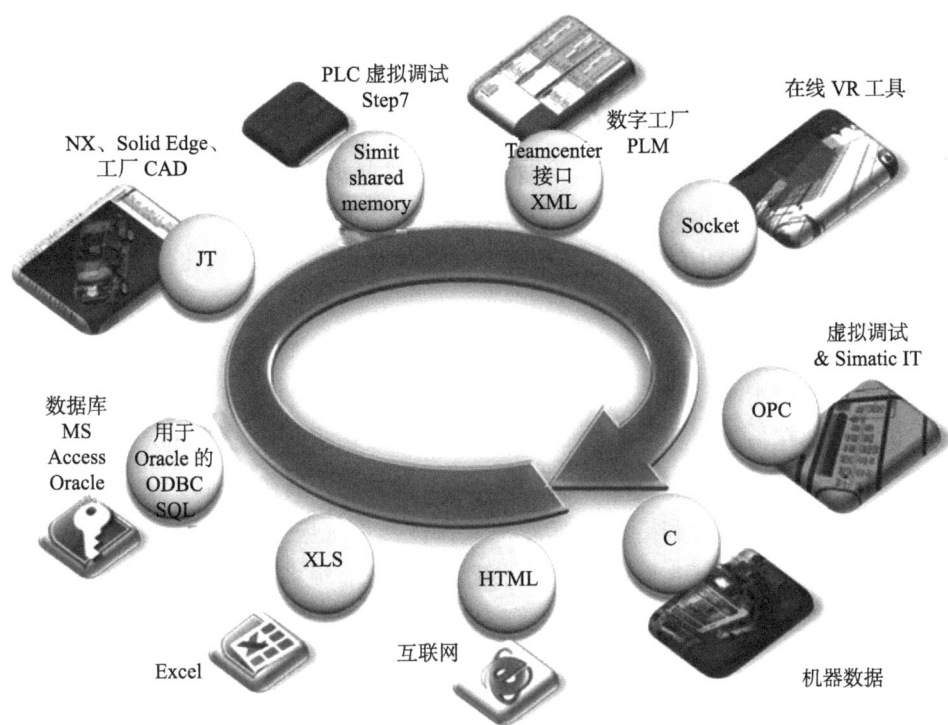

图 4-40 工厂仿真集成能力

生产得更多、销售得更多,并不一定能获得更多的利润。如果工厂布置和物流没有优化,要制造更多的产品,则必须花费更多的钱来获得所要的产出。即使收入增加,利润实际上却下降了。好的产品设计一定能增加收入,但是至于收入是否能够变成利润,则全部取决于工厂。

通过 Tecnomatix 工厂设计和优化(Plant Design&Optimization),能够对生产系统和过程进行建模与仿真,在开始生产前确保生产系统和过程的效率达到最高点。通过让工程师在虚拟工厂中看到计划产生的结果,企业能够避免把时间浪费在解决现实工厂中的问题上。

仿真是数字化制造的一项关键技术,预期年增长速度会超过20%(美国斯坦福研究院)。应用仿真技术能够带来巨大的经济利益(VDI 3633:投资增加 0.5%~1%,会节约成本 2%~4%;Fraunhofer 仿真:在德国,每年就能节省 92 亿欧元)。仿真技术在德国的渗透率还不到 10%,与渗透率将近 70% 的 CAD&PPS 相比,仿真技术目前的渗透率非常低,这主要是因为受过培训的专家人数比较少,且以前可用的软件存在诸多限制因素,包括缺乏易用性、功能不充分(根据英国沃里克郡管理咨询集团在英国贸易与工业部支持下进行的市场调研结果所得)。在美国，每一百万销售额的仿真投资额是欧洲的两倍。现在，仿真技术在亚洲的市场渗透率的增长速度比任何其他地区都快。

在美国，应用最广的仿真产品是使用编程语言的仿真器，这些仿真器已经投放市场超过 20 年了。由于美国高校的信息学教育起步较早、力度较大，所以这些仿真器主要是在美国市场销售。在欧洲，这些系统在工业环境中的应用相对而言很少。直到 20 世纪 80 年代晚期，随着带有图形处理功能的模块化仿真器的出现，人们才开始逐步接受仿真。

工厂仿真发源于 20 世纪 90 年代，采用了软件开发的最新成果，代表了当今仿真技术的最高水平。在工厂仿真软件开发期间，我们的目的是以创新方式克服已有仿真软件在易用性和功能方面的局限性。工厂仿真是由原 Tecnomatix 的子公司 AESOP 与斯图加特的 Fraunhofer(IPA) 合作开发的，最初命名为 SIMPLE++（用 C++ 编写的"生产物流和工程仿真"）。IPA 在仿真系统应用和开发方面有 20 多年的经验，而 Tecnomatix 在面向对象软件开发方面也有很多年的经验。在 2005 年 4 月，UGS 收购了 Tecnomatix 并把这一产品重新命名为"工厂仿真"。现在，工厂仿真已经成为面向对象图形和集成建模、仿真、动画制作和优化的标准软件，是集成制造工程环境的关键组成部分。该软件能够以一种非常逼真、准确的方式来表述多元化、非常复杂的系统和业务过程。面向对象、图形和集成化的工作环境已经提高了用户的接受度；工厂仿真在创建模型方面的出色功能以及改变和维持工厂仿真模型的能力，使它成为了通用的、生产力很强的应用程序。传统概念（比如模块、语言和清单）的各种优点都被集成到了工厂仿真里面。除此之外，该软件结束了对企业、战略、系统和过程仿真的不适当分离。有了工厂仿真，所有生产、物流和工程事宜都可以通过一个仿真系统来完成，通常不再需要几个不兼容的系统。

要高效地应用这些功能和优势的一个核心前提是，工厂仿真完全地面向对象，即图形用户界面、系统结构和实施是该面向对象的一部分。因此，用户可以使用层次、传输、多种表现形式等功能。

目前，工厂仿真软件的 12 版于 2015 年初推出。工厂仿真不同于其他传统的仿真软件，在软件结构（面向对象、层次结构和继承性而不是模块化）、图形化的界面、集成能力等方面的优越性以及高效的建模能力、简单和快速的模型比较与模型维护能力使其具有很强的适应性和灵活性，能够更符合实际，更精确地分析大型的复杂系统。

工厂仿真的通信和集成功能与面向对象一样重要。工厂仿真提供用于与其他软件工具进行实时通信的界面，比如 ODB 或 SQL 数据库和"生产规划"系统。这样,用户就能够把工厂仿真用作企业信息系统的一个集成仿真组件。

工厂仿真已应用在广泛的领域。多年来,在世界各国的汽车制造业、航空航天、电子、重型机械、造船等行业有一大批大型企业采用了工厂仿真技术,并取得了显著的成绩。另外它在机场的调度、客流的优化、商品运输和配送中心、医院管理、服务业、仓储与物流业都获得了广泛的应用。

4.6 维护保障管理

Teamcenter 维护保障管理(MRO)系统主要提供维护保障规划、维护 BOM 管理、维护保障执行、维护保障知识库管理,结合 Teamcenter 研制过程管理平台提供 FRACAS 管理、工程更改管理、返厂维修工艺管理、维护保障报告和分析。维护保障规划包括服务规划、服务手册管理、Quick Item 集成;维护 BOM 管理包括维护 BOM 初始化、维护 BOM 更新;维护保障执行包括服务请求、服务调度和执行、外场数据管理;维护保障知识库管理包括标准故障分类库、标准服务分类库、服务资源分类库等;FRACAS 管理包括故障报告和分析、纠正预防措施等。此外,Teamcenter 也可以提供独立的维护物料(资源)管理。

4.6.1 服务规划

支持对维护保障过程进行规范化的规划,可以捕捉/管理维护保障请求和要求,创建、管理和利用维护保障规划信息,支持旨在预防、基于条件或基于可靠性的维护模型,定义执行特定维护保障任务所需的资源,支持直观、高效的维护保障培训。利用 Teamcenter 的服务规划解决方案(见图 4-41),服务部门还能够:

- 捕捉并管理维护需求:对于实物资产,从个别资产到整个资产库,无所不包。Teamcenter 能够捕捉来自制造商维护计划规定的需求,来自防腐蚀及控制程序、结构和老化检查、资产改动计划及其他信息源的需求。
- 分析每个资产:分析每个资产的运行小时数、维护需求和利用的数据,然后自动为该资产的维护生成一个预测计划表。
- 定义资源:通过一个工作卡定义执行每项预测需求所需的资源,该工作卡描述执行特定维护任务所需的步骤、工具、材料和时间。
- 主动制订上门服务计划:消除重复的工作任务,生成物料清单,编制服务预测,让服务团队用来为即将进行的上门维修任务制定计划,评估近期的服务需求。

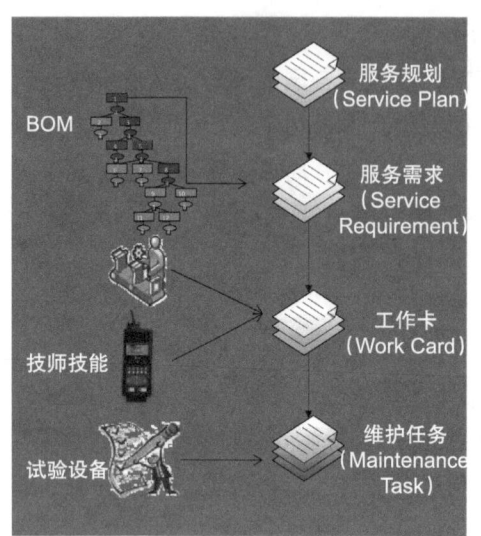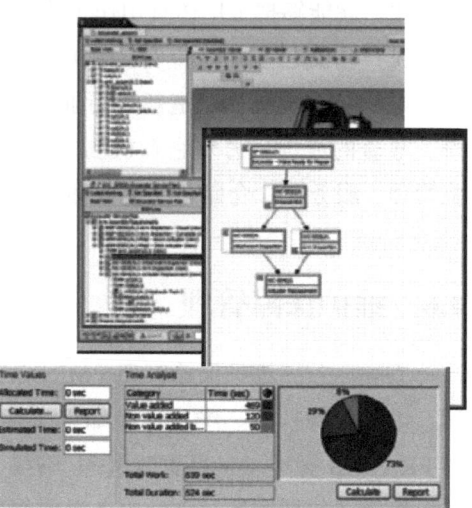

图 4-41　服务规划

- 合并维护需求：把个别资产的维护需求纳入运作中的维护计划里面，以便服务组织消除重复工作，合并服务事件，降低达到法规指令要求所需的成本。

4.6.2　服务手册管理

对所有维护手册的内容以及相关的属性进行统一管理，支持多人协同工作、版本管理和权限控制、自动化审批和发布，支持由更改单驱动维护手册更新，确保维护手册对外发布的准确性和有效性，方便数据检索、提高数据重用（见图 4-42），具体包括：

- 搭建以维护 BOM 为核心的数据管理体系：建立单一数据源管理系统，利用维护 BOM 组织和管理所有的维护手册。
- 由更改单驱动的维护手册更新：根据更改单驱动对维护 BOM 更改，最终自动更新维护手册以及更改通知单。
- 版本管理及生命周期管理：对维护主数据和 BOM 结构，实现版本和全生命周期的有效管理。保证电子维护手册的所有历史版本、历史更改记录等能被随时查阅和跟踪。
- 权限控制：提供基于用户和角色的文档访问控制，确保合适的人对合适的文档进行操作，实现多人协同作业。
- 自动化工作流程：包括手册编写、校对、审核、更改等业务过程，并保留工作流中的所有校对、审批、更改记录，以便将来查询。
- 数据重用：建立以维护 BOM 为核心的数据重用机制。

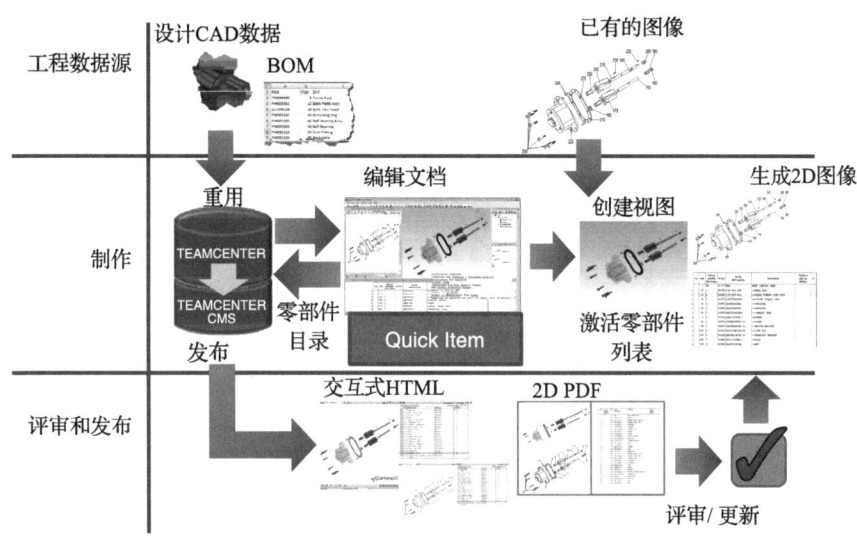

图 4-42　服务手册管理

- 有效性管理：通过流程来驱动数据有效性，确保对外发布数据的准确性。
- 检索：建立检索机制，使用户能够方便地获取和使用文档或装配图。

4.6.3　维护 BOM 管理

维护 BOM 用于捕捉和管理实物资产的实际维护 / 实际服务、实际设计和实际制造配置以及相关文件，将物理产品配置（如加入了系列化零部件和批量追踪的配置）与每笔资产按设计状态、规划状态、交付状态以及维护状态的物料清单配置（包括性能、状态和产品数据）连接在一起，能促进全面的产品和资产可见性，同时使服务部门了解和管理操作资产的合理配置，并且可以有效地收集服务活动，即时更新实物产品的状态（见图 4-43）。

维护 BOM 可以对下述各方面进行捕捉和管理：

- 实物配置信息：描述处于维护 / 运行状态的资本资产。
- 变化和事件历史记录：描述每个资产及其可追溯的零部件、组件和系统。
- 技术信息：对资产的每个已部署的零部件使用寿命进行一般性定义，并且定义其特定用途和位置。
- 符合标准和法规要求：每个运行资产必须对此予以满足。
- 质量水平：测量客户满意度，包括资产的可用性、服务周转以及可重复的系统事件。
- 赢利测量：监控服务组织的业绩，包括库存交易、资源使用以及服务计划等。

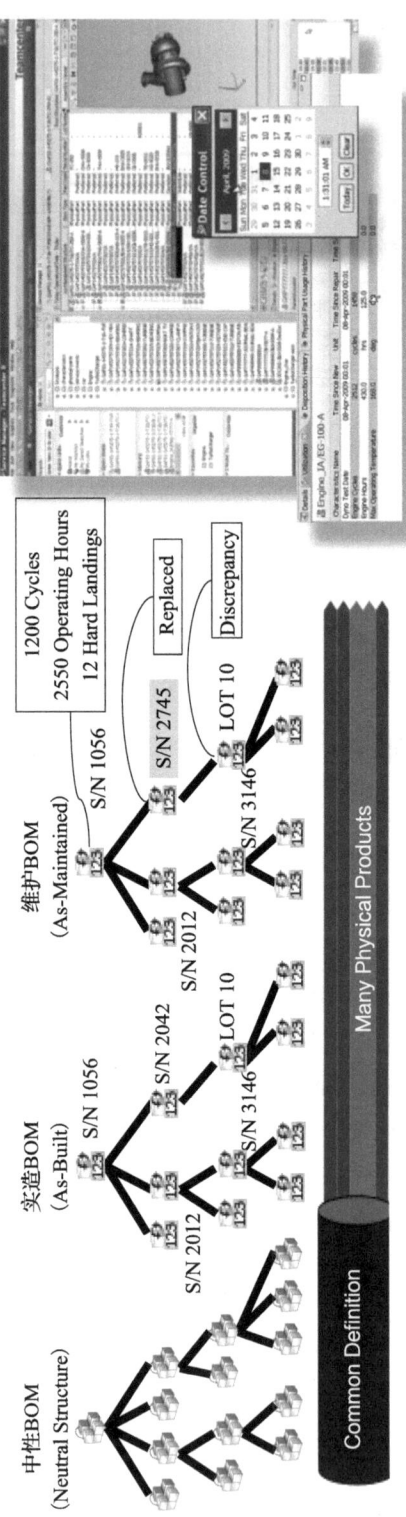

图 4-43 维护 BOM 管理

4.6.4 维护保障执行

有效地管理维护保障服务请求，通过创建服务请求，建立服务请求数据组织关系模型，并以不同的关系定义来关联实物零部件、解决的零部件。维护保障执行包括服务请求活动、服务执行活动等（见图 4-44）。

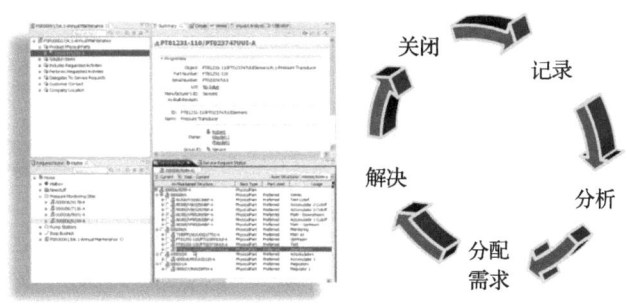

图 4-44　服务请求

服务请求的主要功能包括：
❑ 记录客户服务请求。
❑ 确定要求的工作范围。
❑ 管理标准服务目录。
❑ 工作流程和验收批准并完成请求的服务。
❑ 识别产品失败结果的工作。
❑ 跟踪估计的/实际的服务时间和成本。
❑ 闭环跟踪。
❑ 状态报告。

4.6.5 服务调度和执行

根据维护保障服务规划和请求，制定维护保障执行作业和任务计划，分配维护保障服务资源，估算服务工作量。基于实物资产的情况，可以标识出已经为该资产安排的并且到期了的工作，并能够定义一个工作范围来执行特定的需求。除了主动定义和执行维护活动之外，还能够捕捉历史的或者外部的维护活动和数据，从而跟踪从执行维护保障到完工确认的整个过程，记录完整的服务事件和数据（见图 4-45）。

服务调度和执行的主要功能包括：
❑ 创建计划工作包。

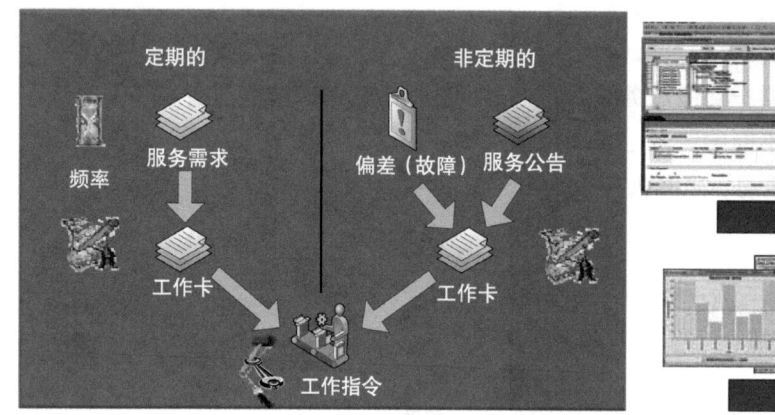
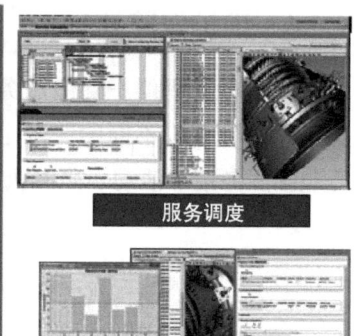

图 4-45 服务调度和执行

- 工作任务排序。
- 资源分配和负载。
- 成本和时间的估计值与实际值。
- 跟踪工作的执行。
- 获取技术知识。
- 故障跟踪/纠正措施。
- 根据每个任务备件事务的维护配置更新。
- 任务衡量和利用率跟踪。
- 维护历史。

如果是外场作业的话，需要事前将内部相关规划数据导出到终端设备，事后将外场作业数据导入内部系统，以实现外场数据管理（见图 4-46）。

图 4-46 外场数据管理

4.6.6 维护保障知识库管理

对维护保障的各种知识进行分类管理，建立标准故障分类库、标准服务分类库、服务资源分类库等，便于后期查询和使用，以及统计汇总（见图4-47）。

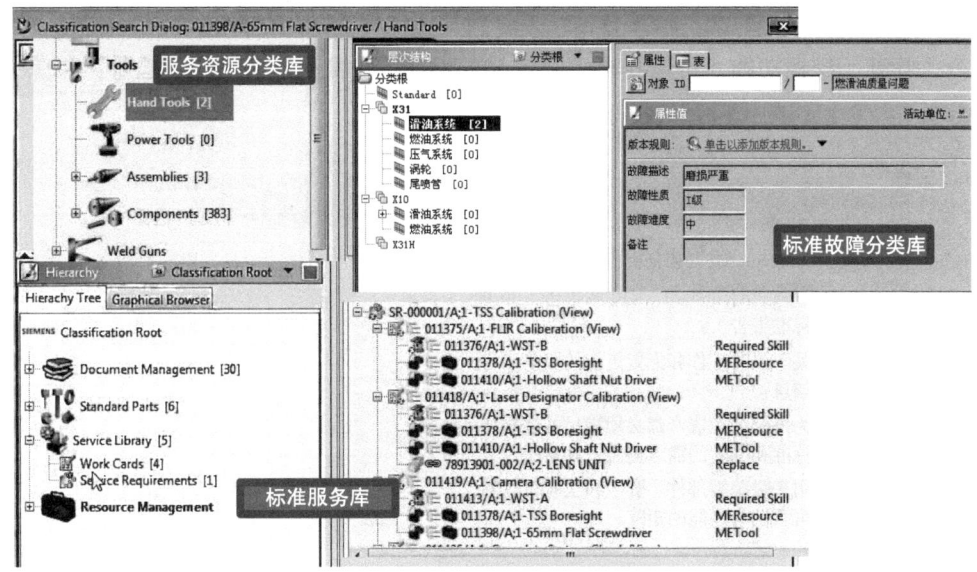

图 4-47　维护保障知识库管理

4.6.7　FRACAS 管理

FRACAS 管理流对生产、售后有关产品信息、问题故障、合作商质量信息等进行管理，流程贯穿研发试制、生产制造和交付后的售后服务等全过程，并能实现下列功能：

- 故障报告：对故障信息进行详细的描述，并进行初步分析和分类，将产品出现的各种问题、缺陷、故障、维修活动以及客户意见等形成故障信息报告。
- 故障分析：对故障信息报告进行分析，确定故障原因，提出纠正措施，形成故障分析报告。
- 故障纠正实施和闭环情况监督：确定纠正措施，并对纠正措施进行分析，确定纠正措施的实施计划、实施效果、遗留问题等，形成纠正措施实施报告，并对故障事件的进度和闭环情况进行监督和提醒。
- 故障信息收集与处理：将故障收集数据记入数据库，通过对数据库中的信息进行分析和整理，确定产品的可靠性指标，包括平均故障间隔时间、致命故障、严重故障数、故障率、平均首次故障时间、平均维修费用等内容，得出的数据具有共享性和可查询性。

4.6.8 维护保障报告和分析

提供一套完整的维护保障数据结果分析及评估工具，通过数据绘图、计算、分析、筛选、挖掘功能，可以找出实物产品的性能/可靠性方面的发展趋势，跟踪/分析资产和组织的关键绩效指标（KPI）(见图4-48)。

基于单一知识源，为服务事件提供快速的信息访问维修情况的历史数据

Teamcenter报告和分析可提供：
- 嵌入式dashboard、KPI和报告（30种标准报告）；
- 关于服务工作和配置更改的服务事件信息；
- 为每个运作资产都必须满足的法规依从标准和调整的需求提供审计索引；
- 用来跟踪零部件、资产和工艺可行性、可靠性与性能的矩阵

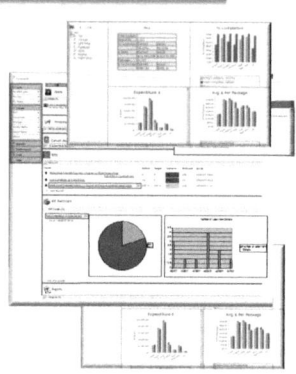

图4-48 维护保障报告和分析

4.6.9 维护物料管理

Teamcenter的维护物料解决方案对维护、修理及大修（MRO）所需的零部件、工具及设备，"从采购到报废"的全部过程，服务组织都可以进行全面的符合性追溯和控制。Teamcenter强大的配置管理功能把物料及其相关使用数据与现场运行的实际资产配置联系在一起。Teamcenter单一、集成化的网络数据来源有利于对物料进行综合管理，包括管理物料的申请、发放、订单、接收、换货及退货。服务团队利用这些数据来支持基于性能的后勤（PBL）合同（见图4-49）。

Teamcenter维护物料管理的主要功能包括：

☐ 管理供应商：通过跟踪质量评级、交付表现、二次采购、服务报价及零部件、工具和设备采购报价来实现。

☐ 分类物料：通过把受控零部件与现场相关的资产配置及其"设计时""建造时"和"维护时"的产品结构联系在一起来实现。

☐ 提高库存可见性：通过管理零部件的最低/最高库存水平、接收、存放位置及状况（包括检疫状态），为维修任务进行发放/预留、订单、延迟交货、损耗标记、交换、资源和成本来实现。

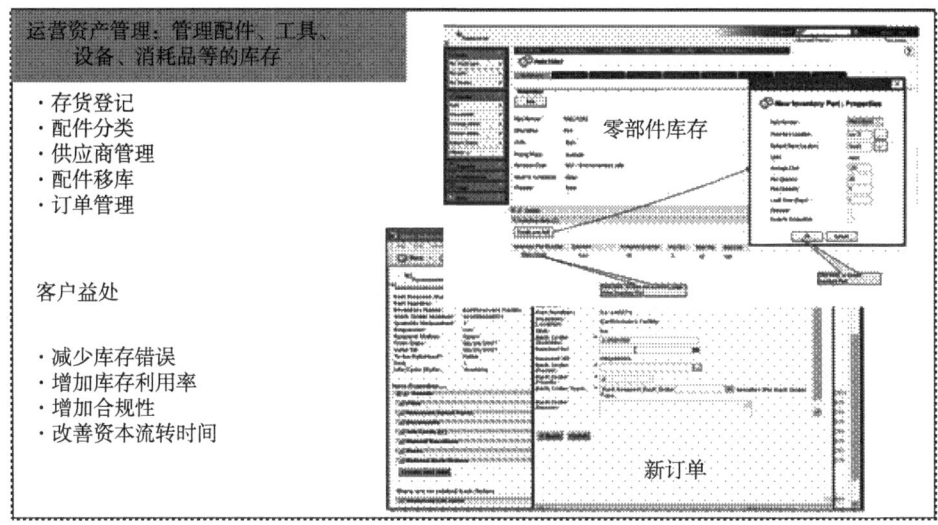

图 4-49 维护物料管理

❑ 控制工具库存：通过提供对库存工具的情况、位置及任务分配的可见性来实现。

❑ 管理维修流程：通过监控零部件、工具和设备，确保供应商报价已收到并得到处理来实现；另外，驱动个别修理订单，并跟踪发运/收货行动直到结案。

❑ 测量业绩：通过监控服务组织的库存交易、资源使用及订单完成指标来实现。

利用库存及物料流程的这一可见性水平，服务和支持组织可以使其投资价值最大化，缩短 MRO 周期时间，提供库存的利用率（比如减少成本高昂的缺货情况或未用库存）。维护物料管理可以为用户提供关于零部件库存和状态的决策数据，包括标记（注明过期、耗尽、修理、报废、过剩及行业标准代码）、价格、交货时间及已经批准的供应商。

制造运营管理篇

成就创新　引领卓越

第 5 章 Chapter 5

制造执行系统概述

5.1 制造执行系统定义

5.1.1 MES 的定义及内涵

制造执行系统（MES）作为生产形态变革的产物，其起源为工厂的内部需求。为了更好地理解 MES 的产生背景，我们先回顾一下计算机辅助生产管理系统的演化历史。

20 世纪 80 年代 MRPII 在美国生产与库存管理协会（APICS）大力宣传和组织推动下得到了迅速的普及和广泛应用，但也暴露出一些不足，如 MRPII 不够重视预测需求和销售管理，不能很好地利用车间里的大量实时事件与数据等。很多企业认识到需要其他系统来解决 MRPII 在某些管理上薄弱的问题。为了满足销售、预测的需求，产生了分销资源计划（Distribution Resource Planning，DPR）。同样，为了强化车间的执行功能，MES 也就应运而生了。

制造执行系统这一概念是在 20 世纪 90 年代出现的，目的在于试图通过实时数据采集和分析来提供最佳的车间控制和可视化。它的核心优势在于它是工厂和管理之间的接口，MES 强调通过信息集成来实现生产层和业务层之间的信息传递以及优化整个企业的生产流程。信息的实时传递使得管理具有最新的信息，从而可进行更全面的决定。

美国先进制造研究机构（Advanced Manufacturing Research）将 MES 定义为"位于上层的计划管理系统与底层的工业控制之间的面向车间层的信息管理系统"，它为操作人员/管理人员提供计划的执行、跟踪以及所有资源（人、设备、物料、客户需求等）的当前状态。制造执行系统协会（Manufacturing Execution System

Association，MESA）对 MES 所下的定义是："MES 能通过信息传递对从订单下达到产品完成的整个生产过程进行优化管理。当工厂发生实时事件时，MES 能对此及时做出反应、报告，并用当前的准确数据对它们进行指导和处理。这种对状态变化的迅速响应使 MES 能够减少企业内部没有附加值的活动，有效地指导工厂的生产运作过程，从而既能提高工厂的及时交货能力，改善物料的流通性能，又能提高生产回报率。MES 还通过双向的直接通信在企业内部和整个产品供应链中提供有关产品行为的关键任务信息。"

MESA 在 MES 定义中强调了以下 3 点：

1）MES 是对整个车间制造过程的优化，而不是单一地解决某个生产瓶颈。

2）MES 必须提供实时收集生产过程中数据的功能，并做出相应的分析和处理。

3）MES 需要与计划层和控制层进行信息交互，通过企业的连续信息流来实现企业信息全集成。

MES 是用来帮助企业从接到订单、进行生产、流程控制一直到产品完成，主动收集及监控制造过程中所产生的生产资料，以确保产品质量的应用程序。

通过关联式资料库、图形化使用界面、开放式架构等信息技术，MES 能将企业生产所需的核心业务，如订单、供应商、物料管理、生产、设备保养、质量等流程整合在一起，将工厂生产线上实时的生产数据，以 Web 或其他通知方式准确地传送给使用者查看，当生产活动发生紧急事件时，还能提供现场紧急状态的信息，并以最快速度通知使用者。企业引入 MES 的目的在于致力于降低没有附加价值的活动对工厂运营的影响，进而改善企业流程，提高生产效益。

MES 是一个环境也是一个架构，它将实时信息和其他信息系统（如生产流程规划系统等）结合，使得企业、工厂或流程控制系统之间的鸿沟得以填平。在 IC、LCD、PCB 及电子零部件等高科技产业中，由于制造现场流程复杂、分批、外包、插单等异常生产状况发生得极为频繁，使得传统上以账务、会计为出发点的 ERP 系统中的制造相关模块难以胜任，于是从工厂操作层考虑的专用型 MES 应运而生。企业使用 MES 可以降低生产周期时间、减少在制品、增强准时交货能力、改善产品质量，进而降低生产成本、增加总生产盈利，是高科技及高度竞争产业的生存利器。

随着信息化技术的不断进步，MES 也在不断发展，传统的 MES（Traditional MES，T-MES）大致可分为两大类：

1）专用的 MES（Point MES）。它主要是针对某个特定的领域问题而开发的系统，如车间维护、生产监控、有限能力调度或是 SCADA 等。

2）集成的 MES（Integrated MES）。该类系统起初是针对一个特定的、规范的环境而设计的，目前已拓展到许多领域，如航空、装配、半导体、食品和医疗等行业，在功能上它已实现了与上层事务处理和下层实时控制系统的集成。

虽然专用的 MES 能够为某一特定环境提供最好的性能，却常常难以与其他应用集成。集成的 MES 比专用 MES 迈进了一大步，具有一些优点，如单一的逻辑数据库、系统内部具有良好的集成性、统一的数据模型等，但整个系统的重构性能弱，很难随业务过程的变化而进行功能配置和动态改变。

美国 AMR 研究小组在分析信息技术的发展和 MES 应用前景的基础上提出了可集成 MES（Integratable MES，I-MES）。它将模块化和组件技术应用到 MES 的系统开发中，是两类 T-MES 系统的结合。从表现形式上看，具有专用的 MES 的特点，即 I-MES 中的部分功能能作为可用组件单独销售。同时，它又具有集成的 MES 的特点，即能实现上下两层之间的集成。此外，I-MES 还能实现客户化、可重构、可扩展和互操作等特性，能方便地实现不同厂商之间的集成和原有系统的保护，以及即插即用等功能。

MES 的特点可总结如下：

- 实时性：MES 实时收集生产过程中的数据和信息，并做出相应的分析处理和快速响应。
- 信息中枢：MES 通过双向通信，提供横跨企业整个供应链的有关车间生产活动的信息。
- 软硬一体：MES 是一个集成的计算机化的系统（包括硬件和软件），它是用来完成车间生产任务的各种方法和手段的集合。
- 个性化差异大：MES 是负责车间生产管理的系统，由于不同行业甚至同一行业的不同企业的生产管理模式都不同，因此 MES 的个性化差异明显。
- 二次开发较多：由于 MES 的个性化差异明显，导致 MES 系统实施时，往往二次开发较多。

MES 系统可为工厂带来的好处如下：

- 优化企业生产制造管理模式，强化过程管理和控制，达到精细化管理目的。
- 加强各生产部门的协同办公能力，提高工作效率、降低生产成本。
- 提高生产数据统计分析的及时性、准确性，避免人为干扰，促使企业管理标准化。
- 为企业的产品、中间产品、原材料等质量检验提供有效、规范的管理支持。
- 实时掌控计划、调度、质量、工艺、装置运行等信息情况，使各相关部门及时发现问题和解决问题。
- 最终可利用 MES 建立起规范的生产管理信息平台，使企业内部的现场控制层与管理层之间的信息互联互通，以此提高企业的核心竞争力。

5.1.2 MES 的位置及与其他信息系统之间的关系

美国先进制造研究机构（AMR）通过对大量企业的调查，发现现有的企业生产管理系统普通由以 ERP 为代表的企业管理软件，以 SCADA、HMI（Human Machine Interface）为代表的生产过程监控软件和以实现操作过程自动化，支持企业全面集成模型、一个制造企业的制造车间是物流与信息流的交汇点，企业的经济效益最终将在这里被物化出来。附着市场经济的完善，车间在制造企业中逐步向分厂制造过渡，导致其角色也由传统的企业成本中心向利润中心转化，强化了车间的作用。因此，在车间内承担执行功能的 MES 具有十分重要的作用，从这个模型可以看出，MES 在计划管理层与底层控制之间架起了一座桥梁，填补了两者之间的空隙。

一方面，MES 可以对来自 ERP 软件的生产管理信息细化、分解，将操作指令传递给底层控制；另一方面，MES 可以实时监控底层设备的运行状态，采集设备、仪表的状态数据，经过分析、计算与处理，触发新的事件，从而方便、可靠地将控制系统与信息系统联系在一起，并将生产状况及时反馈给计划层。

对车间的实时信息的掌握与反馈是 MES 正常运行上层计划系统的保证，车间的生产管理是 MES 的根本任务，而对底层控制的支持则是 MES 的特色。

MES 作为面向制造的系统必然要与企业的其他生产管理系统有密切关系，MES 在其中起到了信息集线器（Information Hub）的作用，它相当于一个通信工具，为其他应用系统提供生产现场的实时数据。

一方面，ERP 系统需要 MES 提供的成本、制造周期和预计产出时间等实时的生产数据；供应链管理系统从 MES 中获取当前的订单状态、当前的生产能力以及企业中生产换班的相互约束关系；客户关系管理的成功报价与准时交货取决于 MES 所提供的有关的生产实时数据；产品数据管理中的产品设计信息是基于 MES 的产品产出和生产质量数据进行优化的；控制模块则需要时刻从 MES 中攻取生产工艺和操作技术资料来指导人员与设备进行正确的生产。

另一方面，MES 还要从其他系统中获取相关的数据，以保证 MES 在工厂中的正常运行。例如，MES 进行生产调度时数据来自 ERP 的计划数据；供应链的主计划和调度控制着 MES 中生产活动的时间安排；PDM 为 MES 提供实际生产的工艺文件和各种操作参数；由控制模块反馈的实时生产状态数据被 MES 用于进行实际生产性能评估和操作条件的判断。

MES 与其他分系统之间有功能重叠的关系，例如 MES、CRM、ERP 中都有人力资源管理，MES 和 PDM 两者都具有文档控制功能，MES 和 SCM 中也同样有调度管理等，但各自的侧重点是不同的。各系统重叠范围的大小与工厂的实际执行情况有关，而且每个系统的价值又是唯一的。

5.2 MES 的体系架构简介

5.2.1 设计原则与项目目标

作为车间信息管理技术的载体，MES 在实现生产过程的自动化、智能化、网络化等方面发挥着巨大作用。MES 处于企业级的资源计划系统和工厂底层的控制系统之间，是提高企业制造能力和生产管理能力的重要手段。相关设计原则如下。

（1）成本控制

MES 的规划应本着成本节约、高效率和低能耗的原则，减少对不必要的硬件或软件的购买和使用，确保 MES 在使用过程中不会造成附加成本的产生。

（2）目标一致性

MES 的体系架构必须要结合企业的实际需求而构建，与实际需求相吻合，减少不必要功能的使用，控制成本，尽量避免增加使用人员的工作量或复杂度。MES 的最终目的是提高生产效率、产品质量，降低工作难度等。

（3）整体性和扩展性

正确规划企业所需要的应用系统，确定各应用系统之间的界限和相互联系，尤其要关注在不同阶段实施的应用系统之间的衔接关系。信息系统关系到企业生产经营的方方面面，它们共同构成一个有机的整体，因此在制定总体规划时，应考虑各个部门对信息系统的需求。随着信息技术的发展、企业内外部环境的变化，总体规划需要相应调整。要求总体规划具备较好的扩展性，可以根据需要增加或减少子系统而对整体不会产生负面影响。

（4）系统安全性

采用多层结构的访问机制，数据库层只接受业务逻辑层的访问，任何用户都不可能直接访问数据库，从而保证了数据的安全性。MES 的任何用户都必须经过系统权限验证，在访问系统的过程中，用户还要接受模块、功能、记录多级权限的控制，不可访问授权范围之外的数据。

（5）可维护性

网络的普及性使 MES 物理网络的维护更加容易，系统需支持以太网的数据传输方式。MES 定制化界面的开发需采用可以共享工具且有助于创建混合语言的解决方案,这使得 MES 人机界面的开发变得更加容易、方便,而且具有很好的调试性和可读性。另外 MES 的开发伴随着有关人员的专业培训,这些培训既包括基本知识和操作业务的培训,也包括基本开发的培训,以确保后期的可维护性。

(6) 稳定性

MES 必须保持一定的稳定性,为了达到这个需求,MES 的开发需经过详细严格的测试流程。内部测试:一般包括模块测试、集成测试和系统测试三个部分。模块测试主要针对生产信息管理系统中各功能模块进行测试,在各模块编码结束后进行。在生产信息管理系统实施过程中,多个模块可同时进行模块测试,内部接口的模块需与接口模块同时测试。集成测试是基于模块测试的测试,在进行集成测试前将生产信息管理系统各功能模块组装到一起,对生产信息管理系统进行整体测试。系统测试是将软件放在整个计算机环境下,包括软硬件平台、某些支持软件、数据和人员等,在实际运行环境下进行一系列的测试。系统测试的目的是通过与系统的需求定义做比较,发现软件与系统的定义不符合或矛盾的地方。外部测试:针对生产信息管理系统和外部系统的每一个数据接口,由双方的工程人员互相配合进行,主要的目的是测试数据接口的稳定性、正确性和完整性等。

MES 的项目目标是通过信息可视化和流程规范化,提高制造过程透明度,强化生产控制和响应速度,构筑可持续改善的准时工厂,构建企业执行层生产信息系统的通用平台,如图 5-1 所示。MES 通过定义通用的模型和相应术语,为能够更好地与企业的其他业务系统协同工作提供有益的参考。MES 的主要特点包括:开放型、模块化、可扩展性、可整合性。

5.2.2 MES 的体系架构

MES 能够利用实时的监控、准确的决策对生产现场进行指导和管理,通过信息传递对从订单下达到产品完成的整个生产过程进行优化管理。这种对状态变化的迅速响应使 MES 能够减少企业内部没有附加值的活动,有效地指导工厂的生产运作过程,从而使其既能提高工厂的及时交货能力,又能改善物料的流通性能。

MES 的关键是强调整个生产过程的优化,它需要收集生产过程中大量的实时数据,并对实时事件及时处理。同时又与计划层和控制层保持双向通信能力,从上下两层接收相应数据并反馈处理结果和生产指令。因此,MES 不同于以派工单形式为主的生产管理和以辅助的物料流为特征的传统车间控制器,也不同于偏重于以作业与设备调度为主的单元控制器,而应将制造执行系统作为一种生产模式,把制造系统的计划和进度安排、追踪、监视和控制、物料流动、质量管理、设备的控制和计算机集成制造接口等一体化去考虑,以最终实施制造自动化战略。在智能工厂架构的设计中，必须涵盖供应链、工程技术与生产制造三个维度，同时做到这三个维度内及维度间物质流与信息流的贯通（三大集成）。MES 是工厂所有活动的核心，是三个维度的交叉点和关键点。

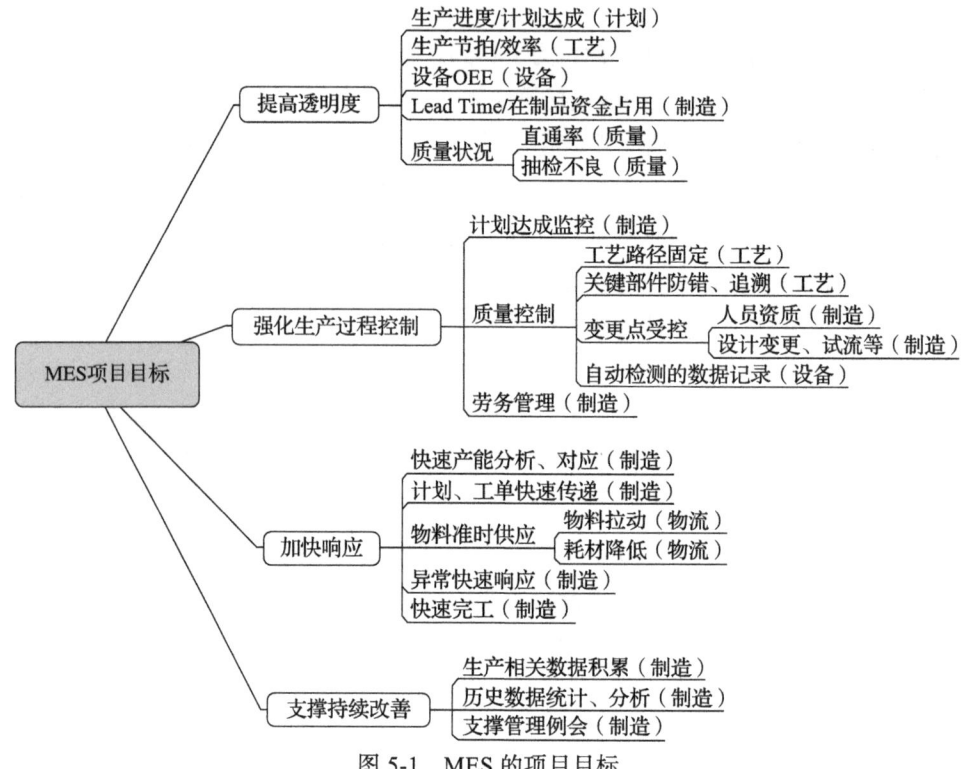

图 5-1　MES 的项目目标

MES 管理 MBOM、辅助工艺或现场工艺，支持差异件指示、装配指示、现场看图和装配仿真等，并根据关重件、物流追溯和 MBOM 等形成产品档案。在"个性化生产"时代，产品档案是客服支持的主要数据源。MES 是智能工厂的"大脑"。

1. 数字化工厂的平台架构

数字化工厂的平台架构一般有五层组成，这五层分别是：企业层（ERP、PLM）、管理层（MES）、操作层（SCADA 系统等）、控制层（工业控制等）和现场层（自动化设备等）。图 5-2 展示了应用该架构构建某离散制造的实例。其中，现场层、控制层、操作层对应物理车间的软硬件系统。现场层由场内物流单元（包括立体仓库、物料传送带 / AGV 小车）、机加车间和装配车间构成。现场层设备与传感器通过工业以太网及现场总线与控制层的控制系统连接，构成车间现场的物联网系统。在操作层，设备监控与采集系统（SCADA / DCS）通过控制层的控制设备管理现场层的硬件设备。在管理层，MES 完成生产运营管理和生产工艺管理，工厂规划系统通过仿真技术，对工厂布局、生产进行仿真与优化。仓库物流管理系统管理车间及外部物流。在企业层，通过 PLM 系统，对产品从研发到售后的全生命周期进行管理，实现产品创新设计与客户个性化定制。ERP 系统实现企业的顶层管理。

随着信息集成程度的提高，层与层之间的间隔日益模糊，原有的多层结构会日益扁平化，如图 5-3 所示，随着 PLM、ERP 与 MES 系统的日益融合，企业层与管理层逐步合并，同时由于智能设备的增多，控制设备越来越多地以嵌入式系统的形式安装在生产设备上，使得控制层与现场层变得密不可分。MES 作为面向制造的系统必然要与企业其他生产管理系统有密切关系，MES 在其中起到了信息集线器（Information Hub）的作用，它相当于一个通信工具，为其他应用系统提供生产现场的实时数据。MES 与其他分系统之间有功能重叠的关系，例如 MES、CRM、ERP 中都有人力资源管理，MES 和 PDM 都具有文档控制功能，MES 和 SCM 中也同样有调度管理等。各系统重叠范围的大小与工厂的实际执行情况有关，但每个系统的价值又是唯一的。

2. MES 的功能框架

MES 集成了生产运营管理、产品质量管理、生产实时管控、生产动态调度、生产效能分析、物料管理、设备管理和文档管理等相互独立的功能。使这些功能之间的数据实时共享，同时 MES 起到了企业信息系统连接器的作用，使企业的计划管理层与控制执行层之间实现了数据的流通。MES 的功能框架如图 5-4 所示。

（1）xBOM 管理

MES 把 PLM 系统视为其重要的集成信息来源，MES 需要从 PLM 系统中提取产品的原始设计 BOM 数据，包括产品的设计 BOM 和工艺 BOM 文件，并通过 xBOM 管理，把产品的设计 BOM 数据转换成支持 MES 的各种 BOM 数据，包括产品的制造 BOM、工艺 BOM、质量 BOM 等，从而快速、准确地建立 MES 中的产品基础数据。通过 xBOM 管理，MES 实现与 PDM 系统的集成和 MES 内部产品数据管理。

（2）计划系统

一方面，实现从企业的上层计划系统 MRP/ERP 中获取车间的本月生产作业计划；另一方面，接收外协订单分解后的物料需求计划。两个方面结合起来，为车间计划人员编制车间生产作业计划提供原始数据。通过计划系统，MES 实现与 MRP/ERP 系统的集成。

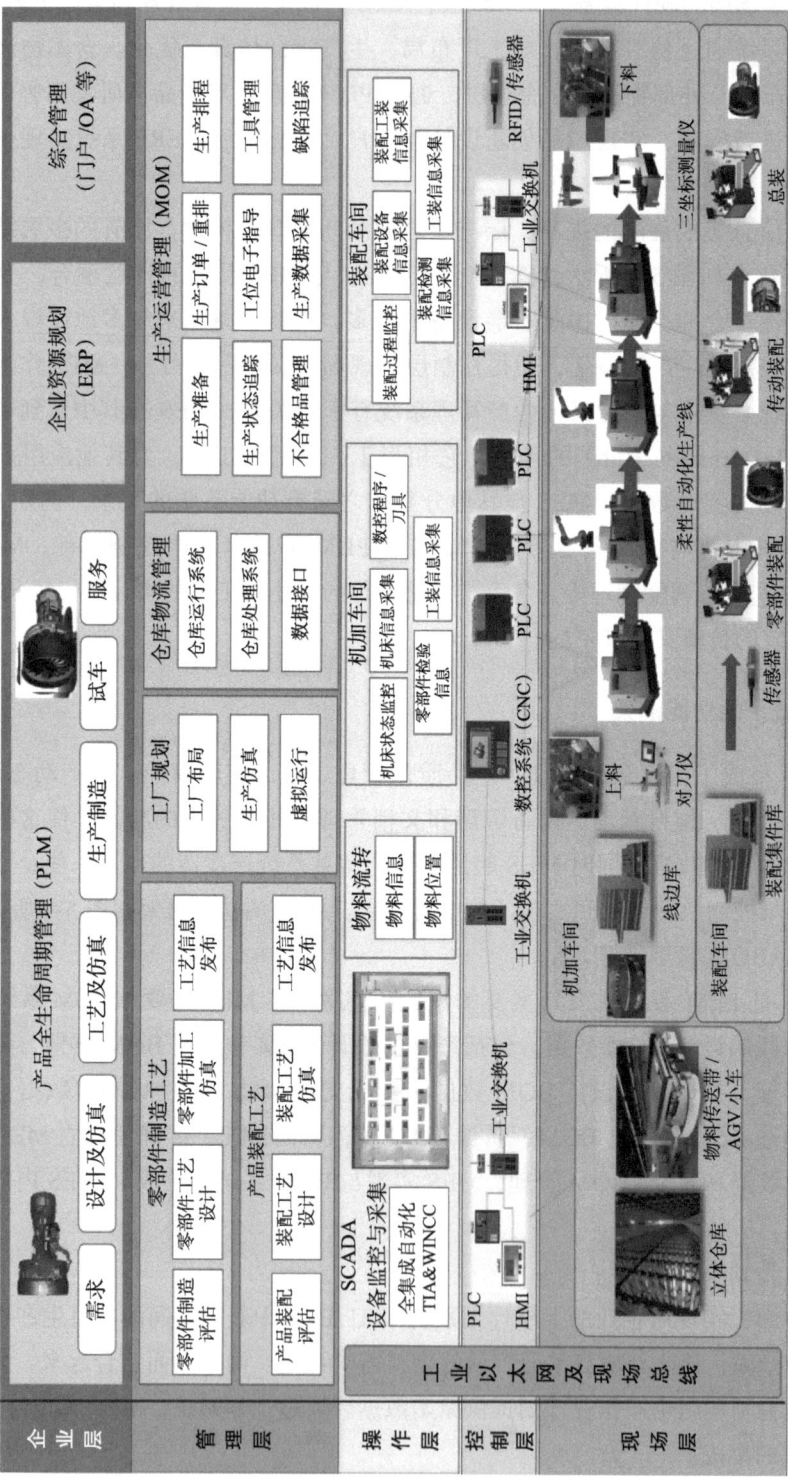

图 5-2 数字化工厂的平台架构

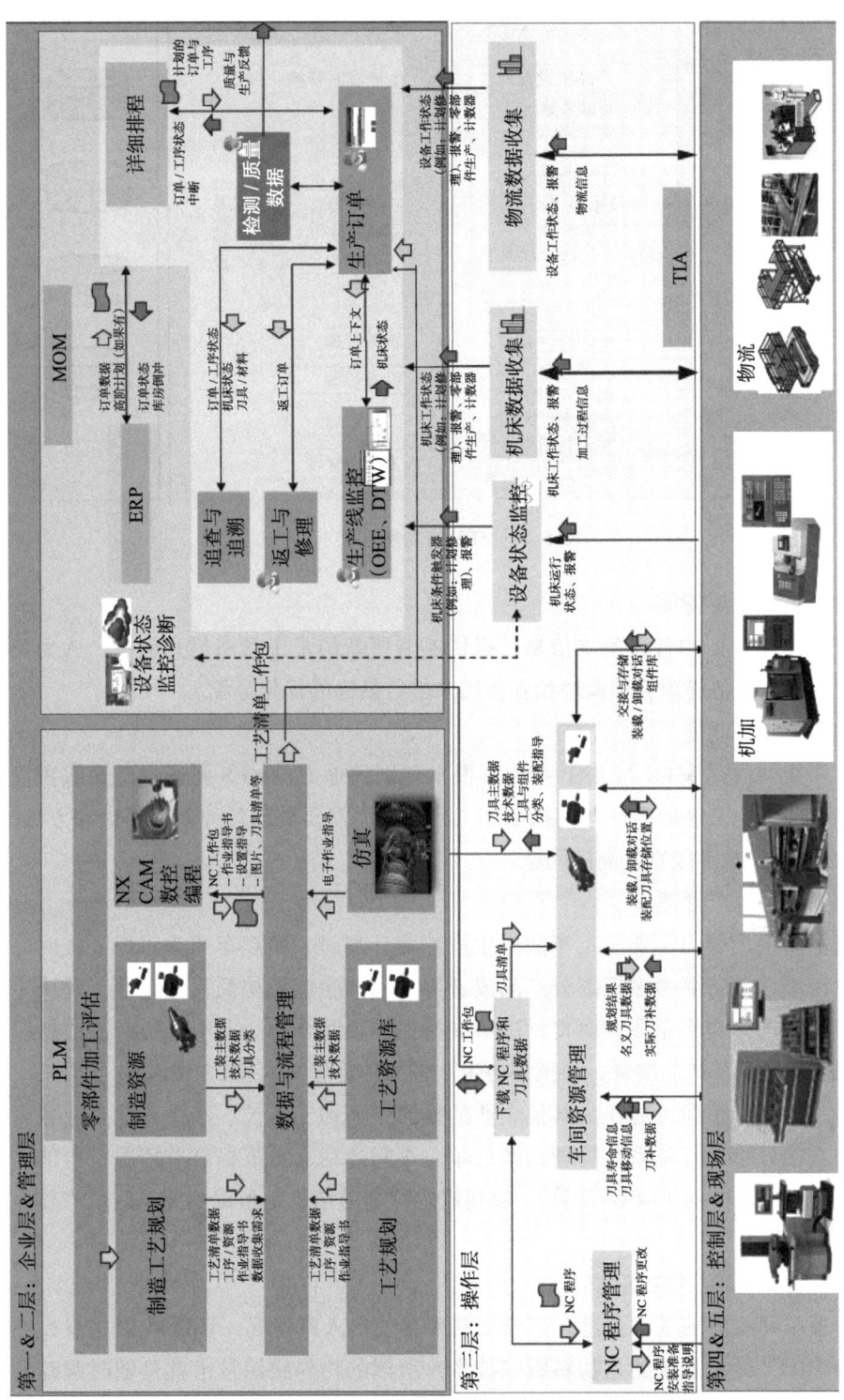

图 5-3 数字化工厂的信息流图

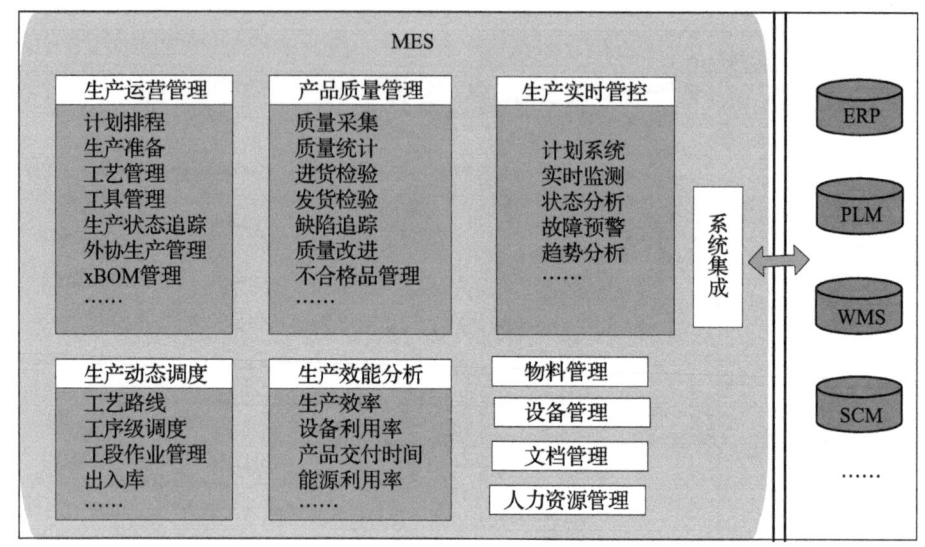

图 5-4 MES 的功能框架

（3）人力资源管理

管理车间员工的各种基本信息，提供实时更新的员工状态信息数据。人力资源管理可以与设备资源管理模块相互作用来进行最终的优化分配。

（4）工序级调度

工序级调度是 MES 与 ERP 系统有根本差别的地方，MES 要通过工序级调度形成零部件各个工序的生产调度指令。工序级调度需要借助各种调度理论和方法，在 MES 中属于难度级别较高的问题。

（5）外协生产管理

当车间生产能力不能满足车间的生产作业计划时，生产车间为了保证按时完成客户订单，就需要考虑把部分产品或者零部件的生产外协到其他企业，外协生产管理将在选择合作企业方面提供决策支持，并跟踪合作企业中外协产品或者零部件的生产进度、产品质量，即把外协生产任务的管理纳入 MES 中来。

另一方面，车间可能作为其他企业的外协生产加工单位，接受其他企业或者客户的直接订单，订单系统管理这些订单，车间计划人员根据订单情况，可能需要进行物料需求计划（MRP 计算），物料需求计划的结果是形成编制车间生产作业计划的原始数据。

（6）物料管理/物料跟踪

管理车间物料的基本信息，记录物料库存及出入库情况，管理 WIP 信息。在物料管理中，最为复杂的是物料跟踪技术，所谓的物料跟踪技术就是随时跟踪物料工艺状态、数量、质量和存放位置等信息,向车间调度人员和客户报告产品的生产进度等信息。

(7)统计/历史数据分析

统计系统在 MES 中有重要地位,它随时向车间管理人员提供产品及其零部件的生产数量统计、生产状态报告、生产工时统计、成本统计、质量统计等信息,以便于车间管理人员更好地掌握产品的生产进度、控制产品的生产质量和产品生产成本。MES 需要完整准确的产品基础数据做支持,如在 xBOM 管理中建立了大量的产品基础数据,然而这些数据,如零部件工时定额、零部件采购成本、设备使用效率等,不可能完全与实际情况相符。因此,需要在大量历史数据统计分析的基础上不断地完善和提高 MES 基础数据的准确性,而准确的 MES 基础数据又会提高车间生产计划、调度指令的准确性和正确性。

(8)质量管理

对从制造现场收集到的数据进行实时分析,从而控制产品生产质量,并提出车间生产过程中需要注意的问题。

(9)设备管理

指导企业维护设备、刀具,以保证制造过程的顺利进行,并产生除报警外的阶段性、周期性和预防性的维护计划,也提供对直接需要维护的问题进行响应的能力。

(10)工段作业管理

执行车间生产调度指令,并在不影响车间或企业全局生产进度的前提下,对局部生产计划做适当调整。完成生产作业现场的数据采集、监控生产过程,随时向车间计划员和调度员汇报工段生产作业进度等信息,以便能够修正生产过程中的错误,提高加工效率和质量。

5.3 MES 的发展趋势

随着 20 世纪 90 年代,MES 概念的提出,经过近 30 年的发展,MES 逐步成为企业信息化的重要环节,特别是随着智能制造时代的到来,MES 被放到了前所未有的重要位置。近年来 MES 的发展呈现出以下几点趋势。

5.3.1 MES 朝着新一代 MES 的方向发展

建立在 ISA-95 的基础之上,易于配置与扩展,具有良好的集成性,能实现全球范围内的生产协同，具体表现为：

- 一方面，新一代 MES 具有开放式、客户化、可配置、可伸缩等特性，可针对企业业务流程的变更或重组进行系统重构和快速配置；另一方面，当前 MES 正在和网络技术相结合，MES 的新型体系结构大多基于 Web 技术、支持网络化功能。
- 新型 MES 的集成范围更为广泛，不仅包括制造车间现场，而且覆盖企业整个业务流程。通过建立能量流、物流、质量、设备状态的统一数据模型，使数据适应企业业务流程的变更或重组的需求，真正实现 MES 软件系统的可配置。通过制定系统设计、开发标准，使不同厂商的 MES 与其他异构的企业信息系统可以实现互连与互操作。
- 新一代的 MES 应具有更精确的过程状态跟踪和更完整的数据记录功能，可实时获取更多的数据来更精确、及时地进行生产过程管理与控制，并具有多源信息的融合及复杂信息的处理与快速决策能力。
- 新一代 MES 支持生产同步性和网络化协同制造，能对分布在不同地点甚至全球范围内的工厂进行实时化信息互联，并进行实时过程管理，以协同企业所有的生产活动，建立过程化、敏捷化和级别化的管理。

5.3.2　MES 成为智能工厂的核心

2000 年，针对生产制造模式新的发展，国际著名的咨询机构 ARC 详细地分析了自动化、制造业以及信息化技术的发展现状，针对科学技术的发展趋势对生产制造可能产生的影响进行了全面的调查，提出了多个导向性的生产自动化管理模式，指导企业制定相应的解决方案，为用户创造更高价值。其中从生产流程管理、企业业务管理一直到研究开发产品生命周期的管理而形成的"协同制造模式"（Collaborative Manufacturing Model，CMM）。按照这一模式，智能工厂可以从三个维度来进行描述，如图 5-5 所示。

生产制造：从 ERP 的产品计划出发，通过计划 MRP 展开上游生产环节的生产计划，把生产计划细化并派分到设备/人工，详细排程，并根据生产进展和异常进行动态排程、分批次管控或单台管控、设备联网采集和控制、采集实绩并报工。

供应链：通过 SRM、采购物流和制造物流，令外购、自制和外协物料"准时"调达生产现场，批量或单件管控，支持智能料架、AGV 和集配等，并对在线库、扣料、在制品和成品进行管控，支持生产判断和缺料预警。

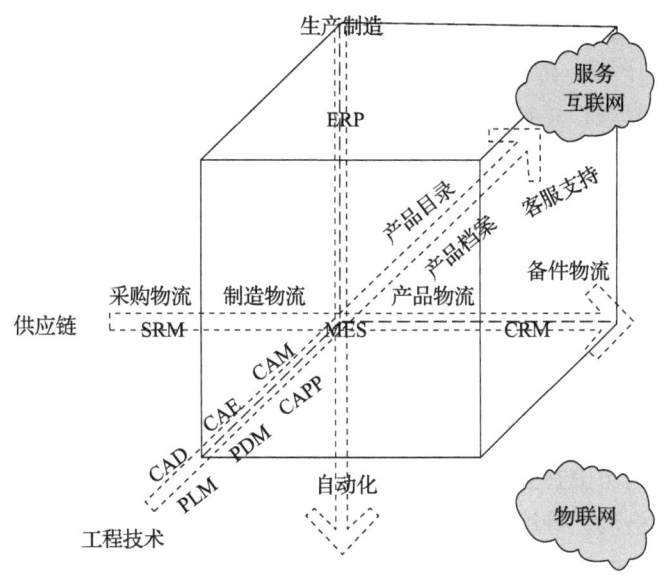

图 5-5　MES 是智能工厂的核心

工程技术：MES 管理 MBOM、辅助工艺或现场工艺，支持差异件指示、装配指示、现场看图和装配仿真等，并根据关重件、物流追溯和 MBOM 等形成产品档案。在"个性化生产"时代，产品档案是客服支持（CSS）的主要数据源。

生产是工厂所有活动的核心，MES 是智能工厂三个维度的交叉点和关键点，是智能工厂的"大脑"。在智能制造时代，MES 不再是只连接 ERP 与车间现场设备的中间层级，而是智能工厂所有活动的交汇点，是现实工厂智能生产的核心环节。

5.3.3　MES 成为实现精益生产的关键环节

"精益生产"的概念是指杜绝浪费和无间断的作业流程——而非分批和排队等候——的一种生产方式。精益生产系统综合了单件生产与大批量生产的优点，既避免了前者的高成本，又避免了后者的僵化，其主要内容及特征有：

- 坚持以顾客为中心的策略，以销售部门作为企业生产过程的起点，产品开发与生产均以销售为起点，按订货合同组织多品种小批量生产。
- 产品开发采用并行工程方法和主查制，确保高质量、低成本，缩短产品开发周期，满足用户要求。
- 在生产制造过程中实行"拉动式"的准时化生产，把传统的"上道工序推动下道工序"的生产优化为"下道工序要求拉动上道工序的生产"，杜绝一切超前、超量生产。

- 以人为中心，充分调动人的潜能和积极性，普遍推行"一人多机"操作，多工序管理，并把工人组成作业小组，不仅完成生产任务，而且参加企业管理，从事各种革新活动，提高劳动生产率；追求无废品、零库存、零故障等目标，降低产品成本，保证产品多样化。
- 消除一切影响工作的"松弛点"，以最佳的工作环境、工作条件和最佳工作状态从事最佳作业，从而全面追求尽善尽美。
- 注重总装厂与协作厂之间的相互依存，把主机厂与协作厂之间存在的单纯买卖关系变成利益共同的"血缘关系"，70%左右的零部件设计、制造委托给协作厂，主机厂只完成约30%的设计、制造业务。

制造业演进历史在管理层面体现为先进管理技术和方法的不断提升，包括精益生产、六西格玛、持续改善、卓越绩效等。精益生产是企业不断发展前进的灵魂和动力。

智能制造能够进一步满足客户的个性化需求，提出完全个性化定制，过程更透明，更智能，将精益生产的思想融入到信息系统、嵌入式软件、智能设备中，最终的目标还是适时适量适品、高质量短交期。在传统制造中，拉动靠纸质看板，报异常靠安灯，配送靠人工捡料（靠提示灯，用按钮灭掉）；在数字化制造中，有IT和自动化数字工具支撑，现场生产拉动仓储物流，人机配合捡料，扫码RFID，自动定位货位，先进先出；在智能制造中，机械手自动配料，AGV小车自动补货（不需要看板）。智能制造的核心思想是精益生产。

精益生产的思想需要融入数字化制造的各个环节，业务场景通过相关IT系统和业务的融合应用，将精益思想逐步固化在日常管理和IT系统中，并通过制度确保效果的持续化，如图5-6所示。精益生产的理念是减少浪费，消除制造过程中多余的、不必要的消耗。传统精益基本上靠人的经验来发现这些浪费，因此难以分析清楚。现在通过企业信息系统掌握具体的、实时的生产信息，以支撑对生产过程瓶颈问题的准确分析。在此基础上，支持企业在生产过程中实现精细化的生产管理与过程控制，从而减少浪费，实现精益生产。整个生产过程中处理变化的及时性、IT信息传递的便利性与及时性为JIT的实现提供了可靠支撑。

MES是贯彻精益生产理念的一个平台，精益生产的规章制度及其落实都可以在IT系统中固化和体现出来。从传统精益推进到数字化精益，必须要经历信息化深度应用。总的来说，先进的生产管理方式要靠先进的技术来推动。反过来，先进的技术也要和先进的生产管理方式融合起来。

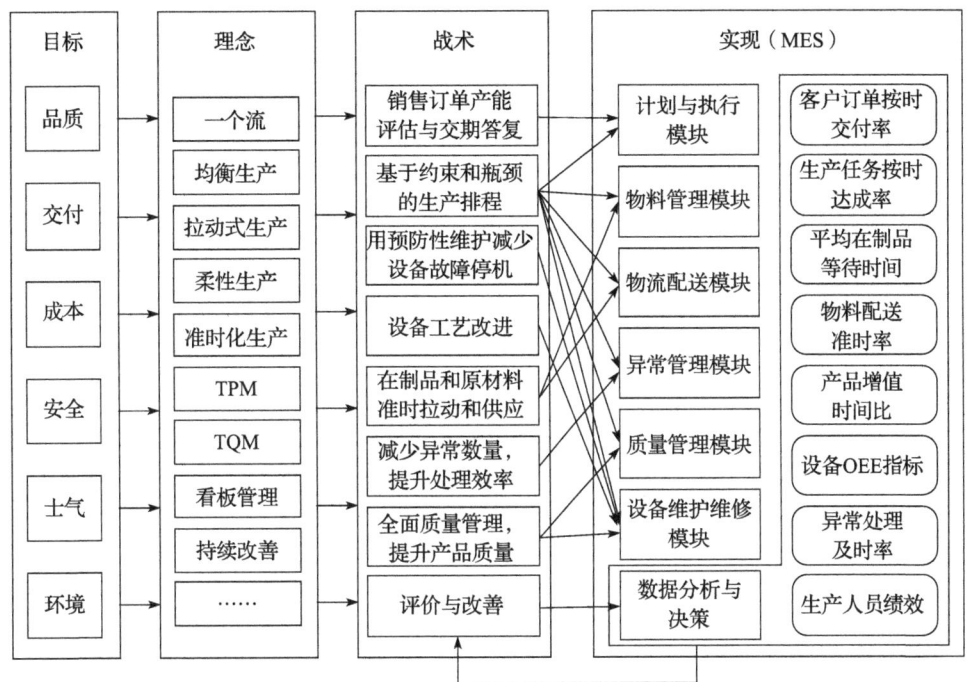

图 5-6 精益生产的实现

第 6 章 Chapter 6

智能制造执行系统——SIMATIC IT

西门子的制造执行系统平台的名称是"SIMATIC IT",是一套优秀的工厂生产运行系统,它提供了"模型化"的理念,可用于工厂建模和生产操作过程的模拟;它的整个功能体系都是依照功能以模块和组件的协同工作来执行的。此平台的优点包括,它所实施的 MES 项目是采用 ISA-95 国际标准进行整体流程的搭建,可以满足几乎所有生产执行功能的要求;SIMATIC IT 以"框架 + 组件"的灵活结构,提供方便和可配置的系统功能来满足客户的需求;在技术层面上采用了以服务为支撑的业务流程,对外接口可以使用标准通信协议;对于需要客制化的功能,提供系统接口和开发环境,对外数据的传输进行客制化开发。

简单来说,西门子的企业运维管理系统 SIMATIC IT 完全契合企业系统与控制系统集成的国际标准 ISA-95,且由一组专门的组件和软件库组成。图 6-1 为 SIMATIC IT 在整个企业系统中的层级功能与上下游系统的关系。

西门子有世界一流的硬件控制系统,能与自己的 SIMATIC IT 进行无缝连接,而上层的 PLM 产品也为西门子重要的产品设计软件,能够和 SIMATIC IT 进行工艺文件传递。对于第三方的底层控制系统,SIMATIC IT 可以使用标准的 OPC 协议进行数据采集;对于上层的其他业务系统,可以采用 B2MML 的国际标准数据协议进行通信。

工厂的建模体系:SIMATIC IT 有着一整套建模体系,所有的工作流程都可以在建模器中建立实际的模型,模拟工厂的生产状况。为了实现流程的多样化适应目标,可以在编辑更新流程的时候,使用不同版本来控制,既更新了产品生产的流程,又保留原有的模型不受影响,这就给产品生产增添了许多灵活性。在建模过程中对每一个模块的定义和流程段的说明,更让整个工厂的生产处于透明化监控之下。

在 SIMATIC IT 建模器中,每一个图标都是一个功能控件,SIMATIC IT 提供了丰富的控件来以图形的方式进行设计，并用拖拉和连线的方式快速建立各种流程，以配置内部信息，从而将不同的流程集成为一个系统。这样的生产线建模大大地降低了工程量，提高了部署速度和可扩展性。

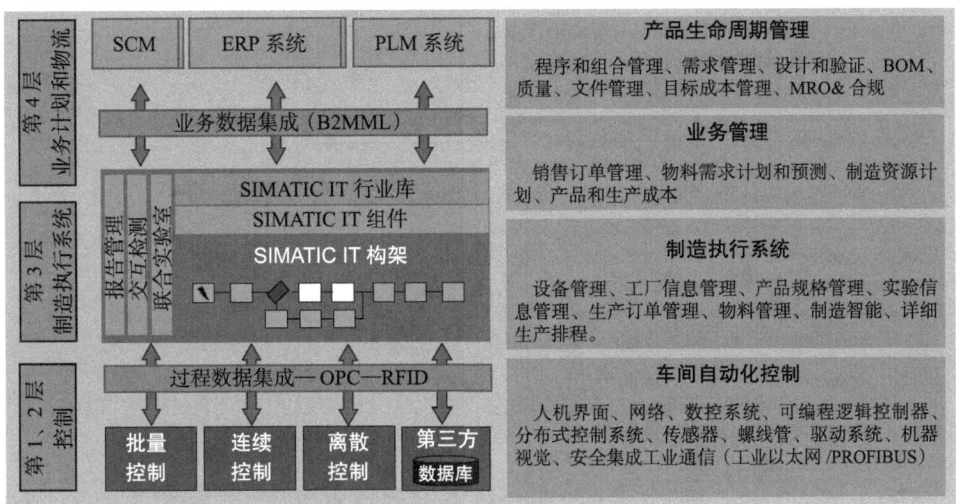

图 6-1 SIMATIC IT 架构图

6.1 数据展现和功能系统

MES 需要尽可能地采集生产线上的数据，以便实际分析整个生产的运行情况。SIMATIC IT 通过与底层自控系统集成来实现数据采集，借助不同领域的行业库，完成行业规范的各种分析和运算，然后给管理业务部门提供进行决策的重要数据。对于不同的需要，从流程行业到离散行业，SIMATIC IT 产品都可以提供数据相关的解决方案，实现数据采集与数据交互。

在构架数字化工厂的战略之中，西门子在企业管理层的智能套件、研发套件和产品生命周期相关软件都与 SIMATIC IT 对接，并将企业层面上的工艺设计数据、产品研发数据、行业规范数据和工单物料数据都传输给 MES。让多方位的系统融入数字化体系，打通封闭的数据孤岛，在 MES 作为中心通道的框架下共享整体制造的丰厚信息。

从图 6-2 可以看到，SIMATIC IT 是一个系列产品，包含了几乎整个制造的各个方面和相关系统，其行业库更是覆盖从离散到流程的全行业。其中针对生命科学，因其行业的特殊性和行业合规的严格审查制度，SIMATIC IT 有特殊的产品和解决方案来满足客户需求。所有这些行业库也都是基于工厂的数据采集，还有其他周边软件系统提供的业务信息，例如订单、物料、工艺等，然后进行数据整合并生成 MES 需要的结果，当然这些整合后的数据将和其他系统共享。因此原始数据和数据采集的重要性也就成为了 MES 成功运行的关键。

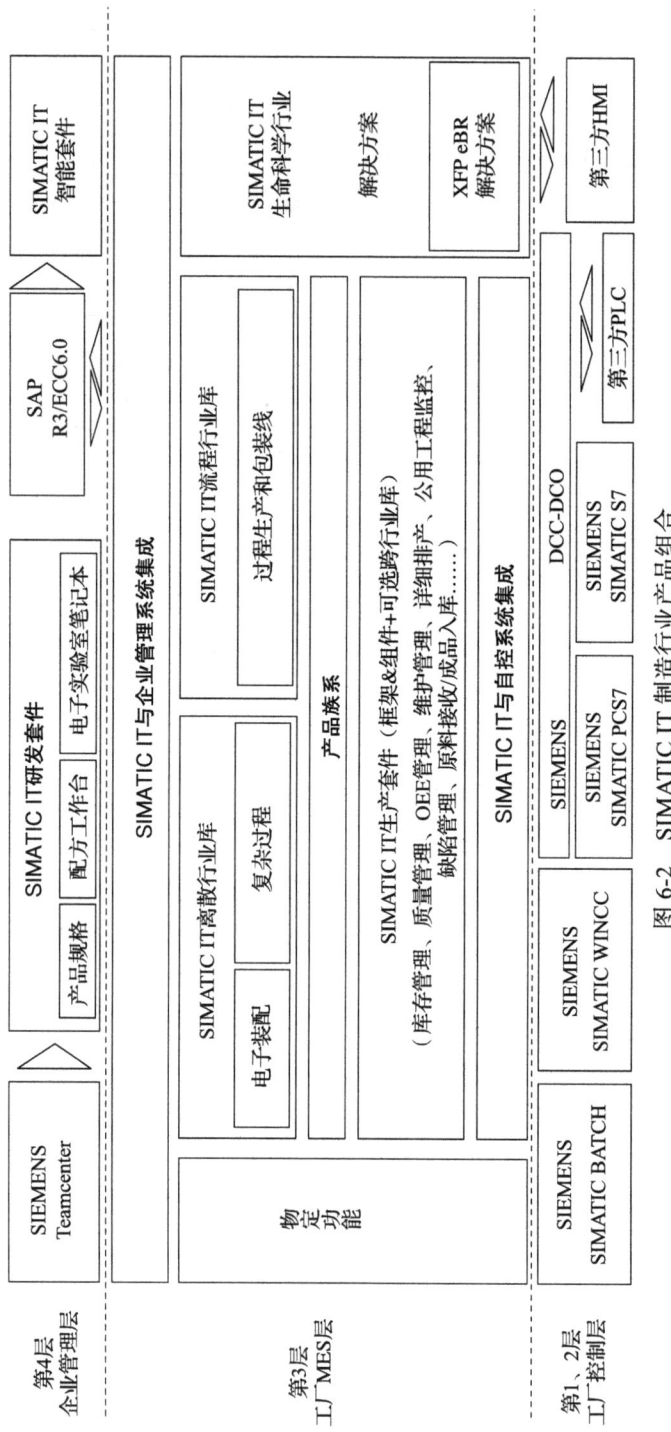

图 6-2 SIMATIC IT 制造行业产品组合

6.1.1 控制系统的数据管理

数字化系统的重要基础就是数据的获取和存储。SIMATIC IT Historian 是西门子 MES 解决方案中的重要模块，是专门用于数据采集、数据处理和数据分析的组件，它可以从各种不同的设备中采集数据，也会将来自各种不同系统的数据进行统一使用和存储，以满足企业对数据收集和利用的目的。

SIMATIC IT Historian 可以作为一个独立产品使用，即单为企业提供数据采集、处理和管理的解决方案，但更大的功能是作为生产线数据的收集系统，来为 MES 项目提供实时和现场的第一手信息。如果你选择了西门子的 MES 整体解决方案，SIMATIC IT Historian 就会起到一个信息中心的作用，并通过 MES 为企业提供高效的关键绩效指标（KPI）分析。

在国际标准 ISA-95 的范围内 SIMATIC IT Historian 可涵盖以下领域：
- 实时数据采集。
- 历史数据管理。
- 生产过程分析。
- 质量标准监控。

模块中主要的名词解释：
- 数据点（Tag）：每一个数据点就是需要采集、验证和归档的最小单元。
- 数据获取通道（OPC DAC）：自动配置连接数据点和 WinCC 无缝连接。
- 工厂绩效分析器（PPA）：存储采集的各种数据。
- 历史数据展示（HDD）：把收集起来的数据，进行各种图形曲线展示。
- 管理工具（PPA-AT）：管理数据采集的项目、数据库，以及数据库备份。
- 工厂数据备份（PDA）：压缩大量数据到备份数据库。

在应用层面，SIMATIC IT Historian 进行数据连接时，可在网络上直接看到所有的 OPC 开放服务器。这就简化了不同系统之间的数据连接，因为根据 OPC 的标准协议，各种不同厂商的数据系统都在使用，都可以接到 SIMATIC IT 的平台上，如此就简化了数据采集的难度，而这些硬件设备和控制系统的供应商需要给出的就是数据点的信息列表。

数据连接配置：
- 自动在网络中寻找 OPC 服务器。
- 选择数据采集的 OPC 服务器。
- 选择具体的数据点。

在连接遵循标准协议的第三方控制系统的时候，SIMATIC IT Historian 的配置过程非常简便，在网络畅通的情况下，输入几个系统配置参数，数据服务器之间就开通了数据通道。例如自动化设备系统连入 OPC 服务器后，SIMATIC IT Historian 就可以对其开放的数据点进行实时读取（见图 6-3）。

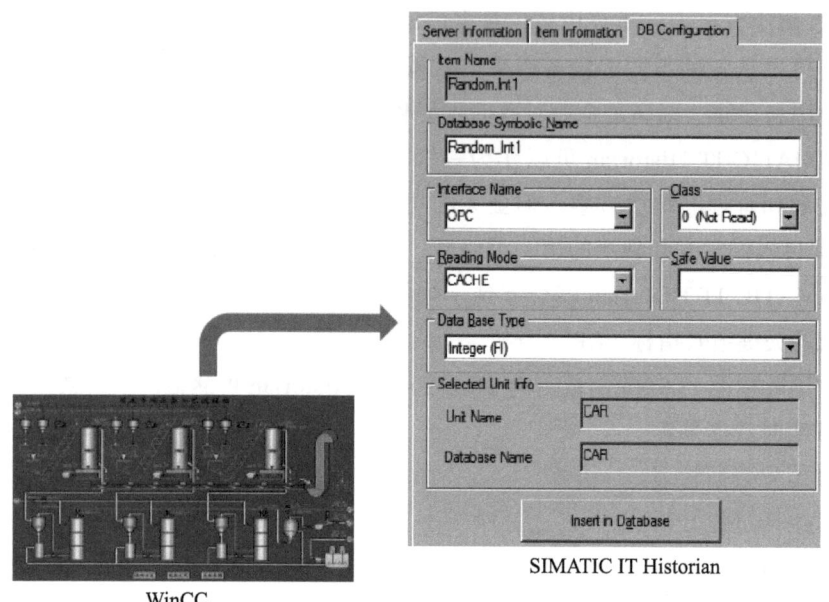

图 6-3　系统间的通信配置

一般来说，自动化设备只保证生产运行正常就可以了，并不保存过往的数据，它们的监控画面主要是实时管理，而 MES 却可以完整保留生产的历史数据，两者结合，就可以对生产进行追溯，对效率进行分析，起到之前工厂单个系统难以达到的作用（见图 6-4）。在数据接口为标准的状况下，MES 对自动化设备的数据采集会成为简单的配置过程。自动化系统原先并不保存的历史数据也将完整地存储在 MES 里面。这样就给出了针对整个生产线分析的基础数据。而在采集的过程中，实时数据的展示也为 SIMATIC IT Historian 的一大亮点（见图 6-5）。它可以像 WinCC 的人机界面系统一样，直接监视现场生产的状况。

两个数据点在一个图形中的数据展示例子如下：
❑ 随机数的曲线展示。
❑ 布尔值的周期展示。

6.1.2　业务系统的数据管理

对于工厂生产业务来说，物料管理是个典型的范例，它关联了客户的订单、生产的工艺，以及人员和物流的各种信息。在数字化工厂的体系下，整个生产过程中的物料流动带动了生产信息的变化，也把 MES 大框架内上层和下层的数据整体结合了起来。

第 6 章　智能制造执行系统——SIMATIC IT

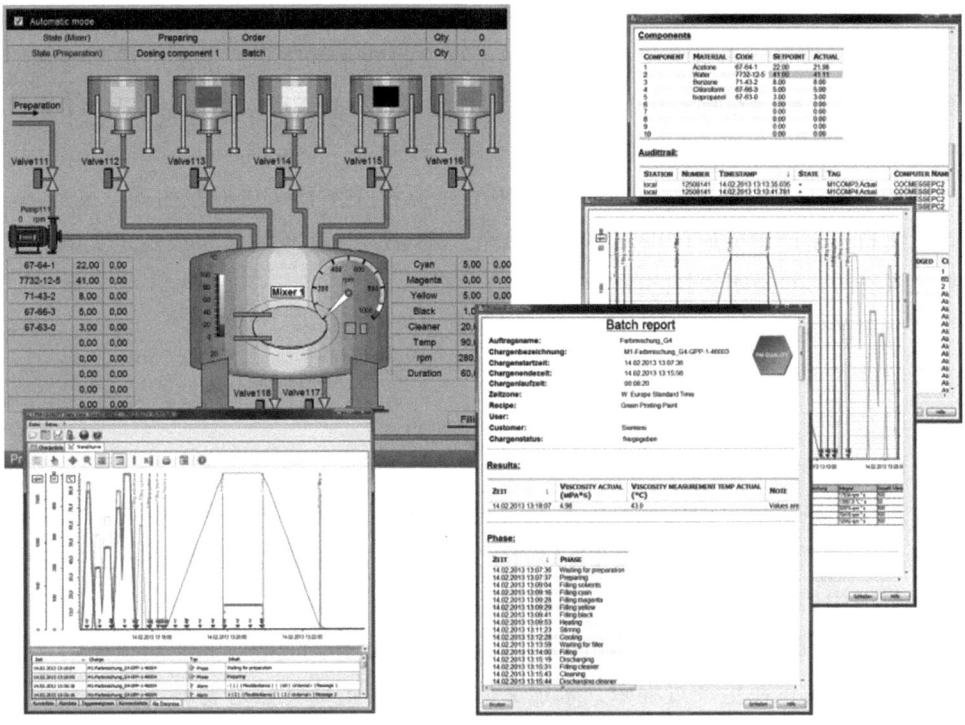

图 6-4　自动化系统和 MES 界面展示

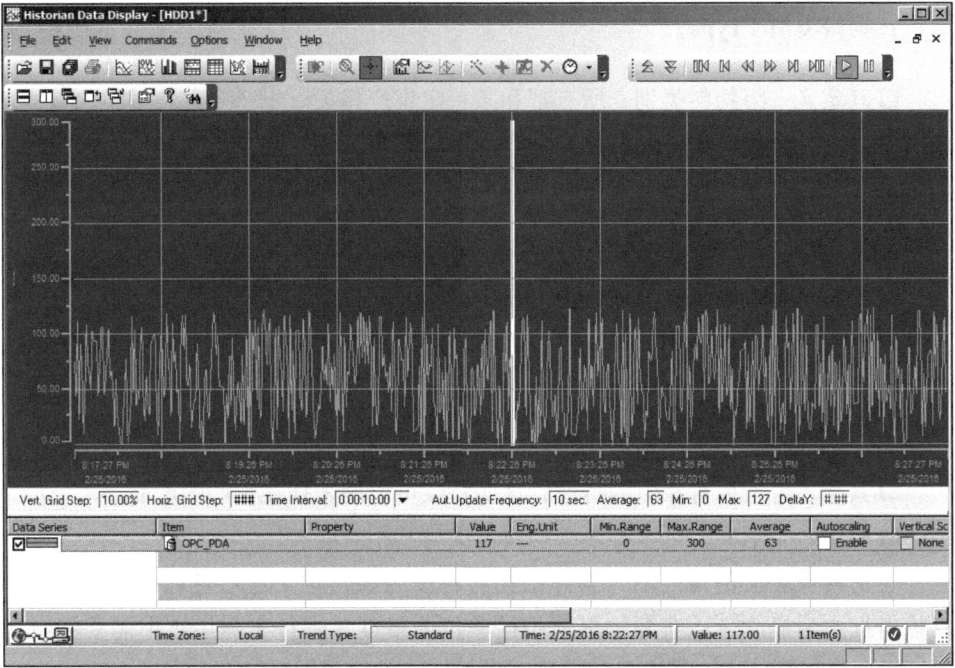

图 6-5　设备的实时数据库和数据采集（SIMATIC IT Historian）

物料管理器（Material Manager）是 SIMATIC IT 系统的主要功能器件，不仅仅存储物料信息，而且会记录物料与整个生产过程中的工单、装配、成品等的一系列关系，这样会对物料在追溯过程中起到整体划一的作用。在 SIMATIC IT 系统中，物料的管理有着非常有规划的结构。

物料管理器的功能就是帮助回答 ISA-95 标准中"什么可以被生产"的问题。针对物料在生产中的应用以及物料的管理，SIMATIC IT 使用了层级性定义的方式来关联物料，并说明物料之间的各种组合关系。

物料的结构：
- 系统中有层级关系。
- 按照结构进行定义。
- 层级和顺序相互关联。

对于物料来说，构建物料体系颇为重要，为了区分各种不同的物料，又能在系统中可以顺利地查找物料，SIMATIC IT 使用了物料类型、物料类别和物料定义的层级构架来定义整个生产过程中的各种物料及其相关属性，如图 6-6 所示。SIMATIC IT 要求不能有不归类的物料，如果有了这样的物料，系统对成品的定义将会无法实现，在生产过程中，未定义的物料也将造成无法对物料清单有完整的说明，生产质量无法保证。

1. 物料类型（Type）

- 其定义一组物料类别，所有都和某特定生产相关。
- 对于一个物料类型，可以有多个物料类别与其相对应。

2. 物料类别（Class）

- 其定义了一组物料定义，用来在生产排程或生产过程中使用。
- 对于一个物料类别，可以有多个物料定义与其相对应。

3. 物料定义（Definition）

- 其描述生产拥有相似的特性，这些特性可以用来描述生产的产品。
- 对于一个定义，可以有多个物料批次与其相对应。

在物料被定义清楚之后，实际的物料将按照物料定义进行管理，管理的方式以物料批次为概念，以实际物料使用的单位为量度，进行实际生产中需要的批次和子批次的划分。一个批次只能是同一种被定义的物料（见图 6-7）。

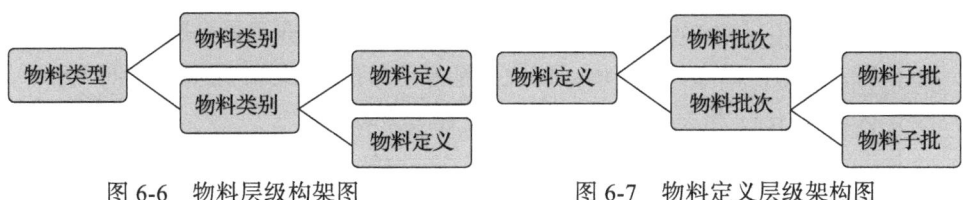

图 6-6　物料层级构架图　　　　图 6-7　物料定义层级架构图

4. 物料批次（Lot）

- 其序列号代表了特定数量的物料定义。
- 对于一个物料批次，可以有多个物料子批次与其相对应。

5. 物料子批次（Sublot）

- 其代表物料批次中某一个可管理的部分。
- 在生产中，可为特殊物料定义的实体。

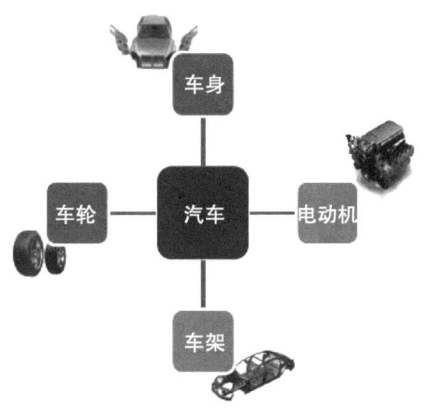

图 6-8　物料清单示意图

对于数字化工厂来说，物料清单是从工艺设计软件导入 MES 系统中的。数据在各种系统之间的传递，让生产系统能够自动获取正确的设计信息、工艺信息。整个生产工艺带动了正确的物料需求，而生产则会以物料清单（见图 6-8）为基础进行装配，整个装配信息又存储于 MES 当中。

6. 物料清单

- 建物料清单包括：物料、名称、数量、单位等信息。例如：汽车的车身、车架、电动机、车轮。
- 配置物料清单包括：编辑详细物料清单、管理物料清单属性等信息。例如：整车需 4 个轮子的零部件配置比例、车身颜色的属性。

物料在生产过程中不单单是不变的数量，而是不断变化的过程。为了满足对物料处理的说明，SIMATIC IT 提供了一整套的物料生产的辅助功能，可以对物料的搬运工具进行定义和说明，并对物料在生产区域中的存放和移动进行记录。

7. 辅助配置

- 搬运单元：代表某种可以批次装入物料的容器，例如：躲（Pallet）和箱（Box）。可以向其添加物料，也可以从中全部或部分地取出物料。

❑ 物料位置（Location）：位置为物理性的区域，用来存放某批次或子批次的物料，例如：工位、线边库。位置信息可以和在建模器中定义的车间（Site）、区域（Area）相关联。物料可以在位置间移动。

8. 物料管理器——追溯

❑ 向前追溯：系统展示对于生成所选择的批次而进行的操作；
❑ 向后追溯：系统展示对于使用所选择的批次而进行的操作。

SIMATIC IT 的物料管理器有网页和视窗应用两种界面（见图6-9），可方便地按照物料的类型进行定义，并且对实际的物料进行批次区分。所有的物料都用唯一序列号进行编码，而相关物料的层级关系与实际物料的对应关系在系统中都给予了结构化的展示。

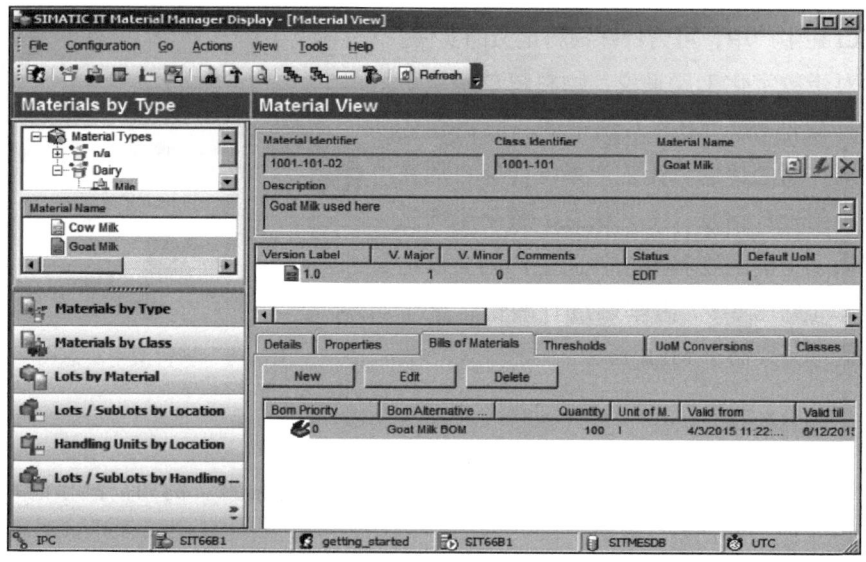

图6-9 物料显示界面

6.2 生产过程和生产管理

传统企业的生产信息（机加工、热处理）大都是通过纸面方式进行记录的，由于生产信息比较多，容易出错，质量检验信息只记录结果，不登记具体数值，质量部门只知道检测结果，而不清楚检测数值。而当产品质量出现问题时，收集当初的生产信息和检验信息就比较困难，尤其是大批量生产的产品，问题更是严重。

SIMATIC IT 使用了一系列的功能产品来保证生产过程中的正确运行。SIMATIC IT 的优势就是在各类数据被采集之后，这些数据能在系统中按照功能定义，进行相应的联系，从而使生产正常而有效地进行。其中产品定义和人员管理就是生产过程中不可或缺的重要功能。

6.2.1 产品定义和产品生产

MES 产品定义管理器（Product Definition Manager，PDefM）是制造执行系统 SIMATIC IT 中的一个组件，用来更简便地管理产品和生产，让不同产品能被配置在系统中，并让操作人员在生产过程中尽量节省工作，以便提高生产效率。产品定义管理器的功能是在配置过程中定义说明各种产品和生产所需的资源、步骤、过程。产品定义管理器的设计是按照国际标准 ISA-95 来制定的，以最大限度地满足行业规范。

产品定义管理器就是要回答"如何来生产"一个产品，建立每一个生产步骤的描述、生产途径、生产线关系等，还需要把设备、物料、人员和各种相关参数一并关联起来。也可以这样来理解，当要生产一个确定的产品时，什么技能的人员在什么设备上进行生产，所需要什么样的物料，所有这些信息都是产品定义所需要的。

1. 理论框架

（1）产品生产规则：产品的生产必须符合一定的规则

根据 ISA-95 国际标准，产品生产规则定义了生产一个产品的步骤，给出了一个基本问题的答案"这个产品是怎样生产的"。

（2）产品段：产品成品的各个阶段

根据 ISA-95 国际标准，产品段定义了完成每个特定生产步骤的变量、物料、设备等资源配置，回答了一个生产中的基本问题"一个生产操作的完成需要什么样的资源？"产品段是直接和产品操作相关的，对应于生产中的流程段（Process Segment），不同点是流程段不和具体产品相关，而产品段和某一特定产品紧密相关。

（3）产品段的资源类型

每个产品段都会给出相应的资源，大致分为以下几类：变量、设备、物料、人员。在相应的生产步骤中，这些资源会共同参与以完成特定产品的生产。

2. 产品定义的规范

对于一个产品来说，MES 应当给出其是采用什么样的生产工艺流程生产出来的，这在 SIMATIC IT 中与生产规则相同。这里介绍产品定义管理器使用的规范，包括产品生产规则、管理产品生产规则的生命周期、版本、产品段的生成和管理，以及定义后的合格检测。

1）生成产品生产规则。在产品定义管理器中，生成产品生产规则（PPR）是第一步，具体有两种：

❑ 标准型规则：允许在生产系统中定义。

❑ 变量型规则：是一类特殊的规则，其用途是在标准型规则中作为某类输入。

2）对产品生产规则可以做全新定义，也可以用下列方式重用：

在 SIMATIC IT 的操作层面，产品生产规则拥有可重用性，这样大大提高了产品生产的速度；而在同类系列产品只有少量配置不同但基本生产都相同的情况下，应用不同版本号来表达不同型号的方式被采用；版本高的产品并不表明是现有产品，版本低的产品依然可以恢复生产。

在生产过程中，工单将和生产规则相连接，这样一来，生产的流程就和客户所需要的订单在生产体系上匹配起来。从图 6-10 可以看出某种关联关系，产品生产过程被放大以后，就知道具体的生产线是否可以生产这种产品，而产品线的设备和技术要求将与工人的技能相关联，生产过程的物料与仓储管理紧密结合。这样的多重关系被定义在产品模块里，生产依照产品生产的定义进行。由此 SIMATIC IT 做到了完整的控制。

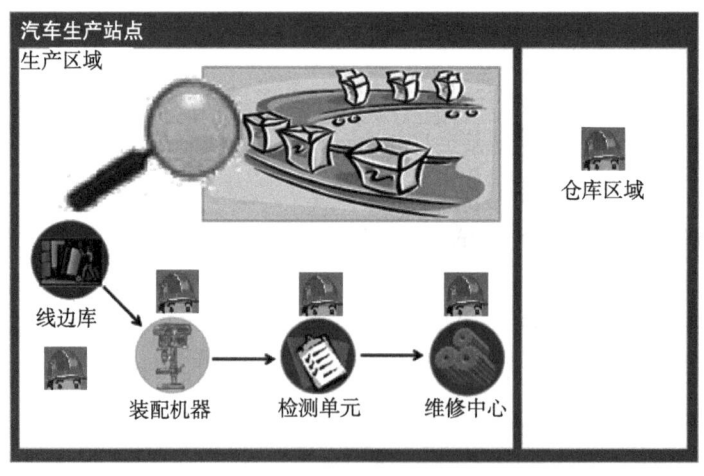

图 6-10　生产线设备操作人员

3. 规则的生命周期

任何一个产品都有其生命周期，产品生产规则也有其生命周期，它的意义是在发布给生产之后就不可以再进行编辑,管理生命周期是配置生产的重要环节。

(1)生命周期及其属性

产品定义管理器提供两类产品生产规则基本的生命周期:

❑ 开发状态(DEV)

❑ 标准状态(STD)

产品定义管理器中的生命周期有两个主要特性:

❑ 启用,确定规则是否能在工单管理器建立生产工单时被使用。

❑ 编辑,确定规则的配置可以被编辑或消除。

(2)生命周期中的开发状态

开发状态的规则一般是用来进行开发和测试的,不会要求任何审核,所以拥有的状态只有无需分配"NA"。任何一个规则如果是"NA",就表明可以同时进行编辑和使用,即可以对其进行编辑、配置、消除,或通过工单管理器进行工单关联。要说明的是,此类开发状态的规则可以随时转换成标准状态的规则。

(3)生命周期中的标准状态

标准状态有若干生命周期环节,每个状态都是启用和编辑特性的组合,它们决定了此状态情况如何工作。

一个规则是以编辑"ED"作为状态的开始,正常情况下下一步是等待批准"RA",在编辑和等待的情况下,此规则是可以被修改的,但不能被用来生成生产工单。并且在这两种情况下,状态可被转换到开发状态"DEV"。从等待"RA"变成批准"AP",这时规则就不能再被修改了,而工单就可以由此创建。从批准"AP"还可以转变为废弃"OB"。

总体来说,MES对产品进行定义之后,产品的性质和生产过程就都有了明确的系统信息。实际将依据定义在系统中的信息,进行产品的生产。

6.2.2 人员管理和生产规划

工厂生产一般来说都需要生产调度,人员管理是生产调度中的重要环节。不同技能的人员,以及不同班次的人员在生产过程中,都需要针对不同产品进行编排。人员管理器(SIMATIC IT Personnel Manager,PRM)是SIMATIC IT中的一个组件,可用以便捷地管理人员,在工厂中按照系统配置的技能,进行一系列的工作。

人员管理器主要是针对生产过程中的人力资源进行管理,其在ISA-95的规范中帮助回答了"什么时间有什么产品被生产出来"的问题,因为人员记录了产品生产的进度。那么在系统中进行配置的时候,需要把各种人员特质,例如资质、分组等都配置出来。系统也需要指定人员到各个班组,还可以查看人员操作的过程记录。最终的人员数据和生产数据将会被系统整合,例如某操作员完成了什么任务、操作了哪台机器、使用了哪些物料、完成了哪个工单等(见图 6-11)。

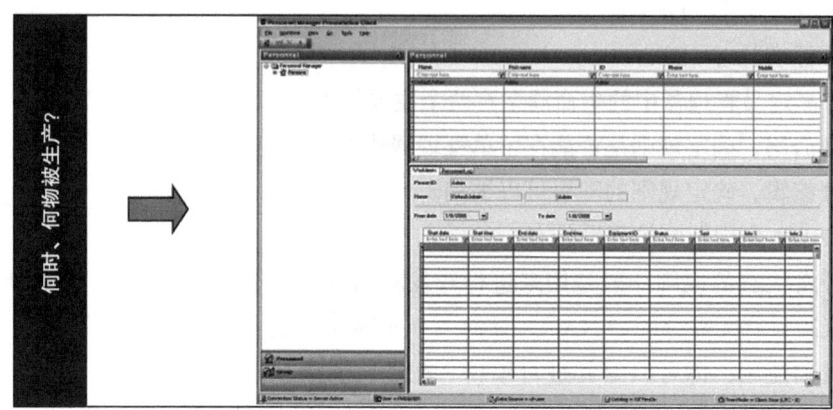

图 6-11 SIMATIC IT 人员管理器示意

配置基本数据:在使用人员管理器的各项功能之前,需要对基础数据进行配置,主要包括:配置日期类型、配置操作类型、配置角色、配置组类型、配置属性类型。基本数据配置如表 6-1 所示。

表 6-1 基本数据配置

配置项	使用模块
日期类型(Day Type)	排班日历(Shift Calendar)
操作类型(Operation Type)	客户端日志记录(Personnel Log)
角色(Role)	人员(Person)
组类型(Group Type)	人员组(Group)
属性类型(Property Type)	属性(Property)
资格测试(Qualification Test)	属性(Property)

人员管理器提升了 SIMATIC IT 作为优秀制造执行系统的整体效能,它可以对人员进行基本的分组,即按照生产班次、职位和技能进行分组管理。相关信息还可以与休假、交接班以及关键岗位联系起来,例如个人资质认证的信息。

人员管理器的另外一个主要功能就是记录特定人员的岗位操作。在关键岗位上,操作的指令将被记录在数据库中,这对整体的追溯性起到了重要作用。当一个操作人员主要在某个机台上工作的时候,那么这个机台的所有操作记录就都与此操作员关联。这样对于人员的技能和考核,就有了非常充分的判断依据。

举例来说,在整个工厂生产不同类型的车时,因为生产工艺、物料、设备的不同,可能需要接受过不同培训的工人进行装配。进一步而言,物料仓储管理人员的技能一定不会和车间生产人员的技能一样,当有物料管理或物料交接的情况,物料管理人员也需要在系统中定义,也就是说,两类车由两个不同的班组来生产,生产流程将按照生产线设备(见图6-12)的步骤进行,而物料会由另一个仓储管理组来运作。人员组的分配如表6-2所示。

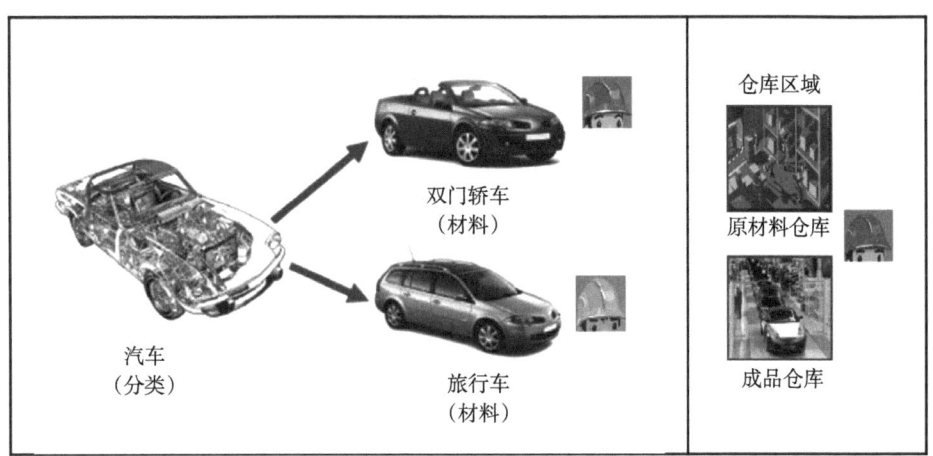

图 6-12　生产线设备

表 6-2　人员组的分配

名称	用户组	属性
TEAM_COUPE	Coupe 车生产组	Coupe Skill 生产技能
TEAM_SW	Station Wagon 车生产组	Station Wagon Skill 生产技能
TEAM_WH	Warehouse 仓储组	Warehouse 仓储技能

如果要总结人员数据的定义,在人员管理器中,需要对人员组及其相关的功能进行定义,其包括配置人员、配置人员组、配置资格测试。建立人员组时,配置人员是指实际的工厂员工,并不要求一定是人员管理器中配置的系统使用用户,因为只有与系统有数据交互的操作人员才需要分配一个系统账户。

6.2.3　工单管理和制造执行

工单管理的重要性是不言而喻的,因为只有有了工单才有生产。在我们定义好了生产系统之后,就可以根据生产的定义阐述工单的执行了。SIMATIC IT 生产工单管理器(Production Order Manager,POM)是 MES 中的一个组件,可用来更简便地实现系统操作与过程控制,让生产能在要求的时间内开始。

工单管理器不但和客户订单相关联,也和产品生产、生产排程有紧密的关系。在 ISA-95 的标准里,工单管理器帮助回答了"什么可以被生产"的问题。工单管理器依然遵循生产运行条件来构建工单的层级关系（见图6-13）。

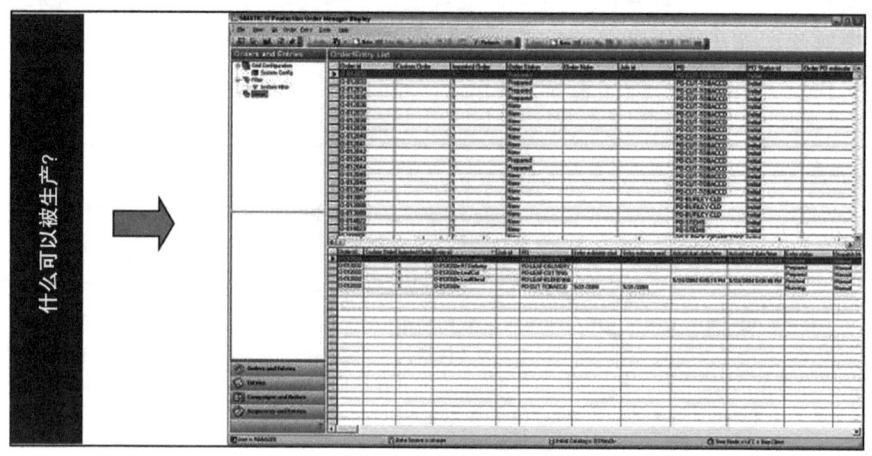

图6-13　工单管理器示意

功能和标准

工单管理器的功能是为了让工单能够在系统遵循规则的情况下被结构性配置，以最大限度地满足市场行业规范。

（1）工单层级模型

工单管理器使用规划"Campaign"树来管理工单结构（见图6-14）：

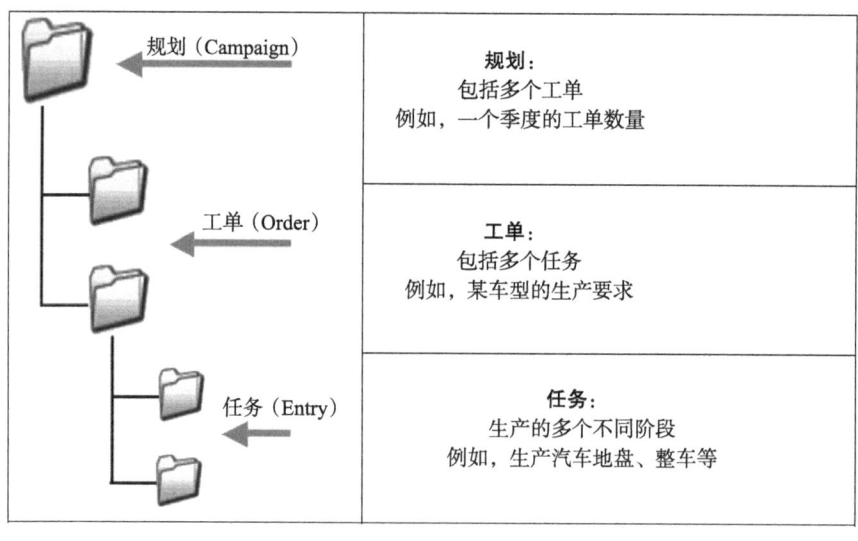

图6-14　工单层级

❑ 规划：任务的最上层是规划。用来定义特殊生产排程，并收集某时间段内的生产要求。
❑ 工单：规划归组一系列的生产要求。用来定义特殊的生产要求，其可由多个需求子集组成。
❑ 任务：工单是由一系列要求阶段组成。用来定义特殊的需求子集，以支持生产操作。

（2）时间范围

时间范围可以是生产要求的计划阶段，用来确认分配时间的合理性；规划的配置过程会确认配置的阶段是否合理，用以限制规划的开始和结束；工单管理器中的时间范围表达了某确定的时间段，例如，月、年；工单也可与时间范围关联，用以限制工单的开始和结束。

（3）家族和类型

工单虽然可以用层级的方式来划分，但要按照具体情况清楚归类工单的话，就不是一件容易的事情。SIMATIC IT 给出了两种归类的方法，即家族和类型。

工单和任务可以安装客制化类型来归类：

❑ 家族，代表汇集起来的有共同目的的工单、任务；
❑ 类型，定义有相同特性的工单、任务。

在工单管理中，其关联的生产过程，例如工单的完成状态，也都需要在生产过程中进行数据采集和存储。

6.3 SIMATIC IT 产品组合战略部署

制造企业正面临着市场全球化带来的各种挑战和压力。日益激烈的市场竞争要求制造企业在降低成本的同时，缩短供货时间，提高产品质量。面对这些挑战，制造企业需要改善内部管理，提高企业资源的使用效率。我们需要将制造企业的价值核心——制造工厂整合到管理信息系统中去，如果制造工厂不能按时生产出高质量的产品，生产制造的信息不能在需要的时间内传递给需要的人，那么企业级的管理决策就都只能是基于猜测，这必然影响到整个企业的经营效益。

西门子制造执行系统 SIMATIC IT 能够满足以下智能制造要求。

（1）灵活应对多变的生产订单

系统的生产排程模块能够根据物流管理、生产管理中的实时信息，在用户自定义规则的基础上，协助计划人员安排作业、投产、备料，提示计划人员可行的方案，缩小计划人员的选择范围，提高计划的效率并减轻计划人员的负担。系统提供的现场管理模块能够将生产安排结果迅速地传递到作业现场，现场管理人员能够及时地对工作中心的工作安排做出调整。

（2）管理复杂的产品和工艺

通过产品定义，产品工程师不仅可以方便地定义新产品，还可以建立客户产品与企业产品之间的关联，减少合并投料的工作量。集中规范的工艺流程定义环境，保证所有工艺、技术、工程、制造、QC在一个统一规范的环境中工作，以便于信息的及时共享，减少重复定义错误，进行完整的版本管理，保障工艺流程历史信息可回溯。通过建立产品与工艺的关联关系，只要确定了产品，就能够自动确定工艺流程，其随工单也可以自动生成并打印，大大减少了产品工程师的工作量，提高了作业效率。

（3）实时监控生产现场

通过基础定义，用户在组织生产时只需要确定产品，系统便会自动确定相关的物料信息和生产路线。生产过程中所有的操作信息也由系统实时地记录下来，大大减少了随工单数量，保证信息传递的准确性。系统提示车间管理人员将物料或半成品安排到指定设备进行作业，并在作业过程中提供作业指导，提示工作人员作业步骤。利用系统的数据收集功能，能够实时收集现场的产品质量、物料信息，并自动记录作业人员、作业时间等作业信息。生产作业过程中的异常情况也在系统中实时记录，以保证日后的统计分析。

（4）改善品质管理的效果

系统能够约束设备的使用，设定设备的用户权限，避免由于人为判断的错误和无权限人员的操作导致的设备使用错误。对于生产作业中出现的与目标不一致的异常品，系统可以通过WIP管理，立刻暂停现场所有潜在批次的作业，减少损失。根据异常处理约束，系统将禁止超出约束范围的操作。现场的异常处理信息可以被迅速地传递到其他相关部门，以便于做出调整与准备。现场数据还可提供给SPC系统，帮助品质工程师及时地对现有的产品、流程进行调整，避免并预防品质事故的发生。

（5）提供完整准确的制造数据

通过现场的数据收集，建立起物料、设备、人员、工具、半成品、成品之间的关联关系，保证信息的继承性与可追溯性。系统提供的实时数据既可以向生产管理人员展示车间作业和设备的实际状况，也可以向业务部门展示客户订单的生产情况，还能够根据实际生产的情况计算出直接物料耗用成本。基于现场数据的报表和查询功能，能为高层管理人员的决策提供支持。这减少了大量的统计工作，并增加了统计的全面性与可靠性，实现制造数据的可追溯性。

6.3.1 SIMATIC IT 生产套件

SIMATIC IT 生产套件是西门子公司构建企业执行层生产信息系统的通用平台。该平台基于 ANSI/ISA S95 标准开发，该标准由美国国家标准协会制订，它定义了通用的模型和相应术语，为系统能够更好地与企业的其他业务系统协同工作提供了有益的参考。

如图 6-15 所示，SIMATIC IT 提供的组件主要包括：

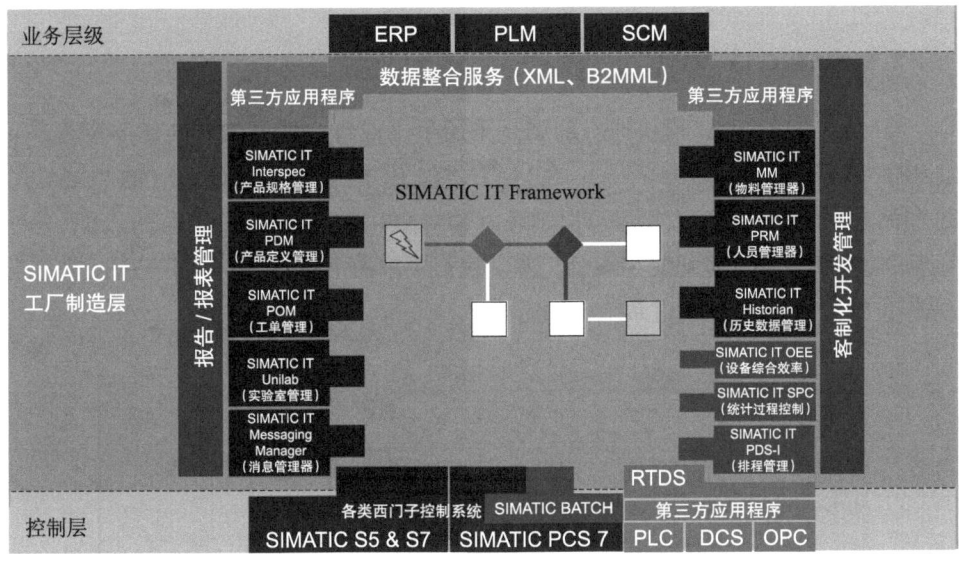

图 6-15　SIMATIC IT 整体生产体系结构

❑ SIMATIC IT Framework：框架。

❑ SIMATIC IT POM：工单管理。

❑ SIMATIC IT MM：物料管理。

❑ SIMATIC IT PRM：人员管理器。

❑ SIMATIC IT Historian：历史数据管理，包含如下主要组件。

① SIMATIC IT RTDS：实时数据库管理。

② SIMATIC IT PPA：工厂数据分析。

❑ SIMATIC IT PDefM：产品定义管理。

❑ SIMATIC IT DIS：数据整合服务。

❑ SIMATIC IT CAB：客户化开发管理。

1. SIMATIC IT Framework

SIMATIC IT Framework 是高度集成化的构建生产执行层应用的组件集合。它提供了在工厂范围内进行系统集成、设计、开发的平台，是对组件、数据、操作进行模块化构建和集成的环境。通过对 SIMATIC IT Framework 的配置，可以实现对 SIMATIC IT 组件功能的协调与控制。同时，通过 SIMATIC IT Framework 也可以实现对非 SIMATIC IT 的第三方软件的集成。SIMATIC IT Framework 提供了图形化的生产建模平台工具 PM（Production Modeler），用户可以方便地创建工厂的物理模型和生产流程，通过生产流程可以方便地实现工厂的生产逻辑。由 SIMATIC IT 生产建模平台生成的流程可以完全按照客户的实际需求灵活定制。

2. SIMATIC IT POM

SIMATIC IT POM 模块的目的就是采用手工或自动的方式来创建、管理、下达和跟踪生产工单（见图 6-16）。SIMATIC IT POM 模块和其他所有的 SIMATIC IT 产品是完全集成的，它不但可以管理由 SIMATIC IT 自己定义的生产工单，还能管理由非 SIMATIC IT 组件生成的工单。生产工单的下达既可以以手工方式来进行（操作员操作），也可以通过系统自动完成。

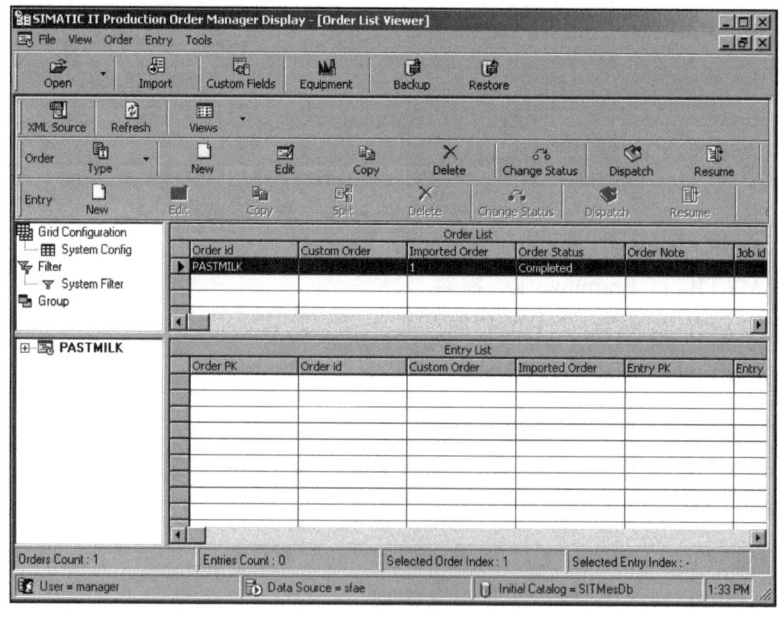

图 6-16　SIMATIC IT POM

SIMATIC IT POM 模块提供的主要功能包括：生产工单导入，生产工单的创建、修改、删除，生产工单模板的创建、修改、删除，生产工单下达，工单状态管理和工单数据管理。

3. SIMATIC IT MM

物料管理是生产执行层应用的一个重要功能。SIMATIC IT MM 模块不仅完全集成于 SIMATIC IT 产品之中,而且还可以轻松地通过标准的 COM/DCOM 接口与任何第三方应用程序进行集成(见图 6-17)。SIMATIC IT MM 模块具有客户机/服务器结构,任何一个标准的显示客户端都可以浏览相关数据。同时,SIMATIC IT MM 模块的功能可以方便地集成到任何 Windows 应用中(以 ActiveX 的方式)。

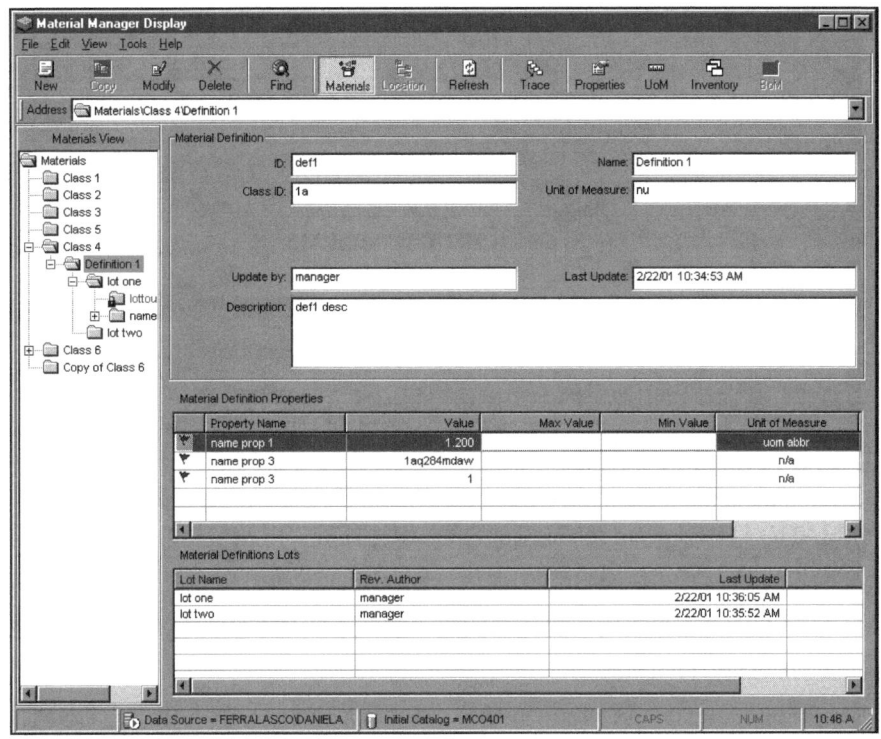

图 6-17　SIMATIC IT MM

SIMATIC IT MM 模块提供的主要功能包括:物料分类管理、物料定义、物料批次管理、物料属性管理、物料清单管理、物料操作(包括物料合并、拆分、消耗、转移等)和物料追踪管理(维护产品的可追溯性)。

4. SIMATIC IT PRM

SIMATIC IT PRM 模块用来管理生产级的人员设置,它并非一个考勤工具。与物料一样,人员也是生产的必需资源(见图 6-18)。因此,有必要定义生产过程涉及的人员，并对其进行管理。

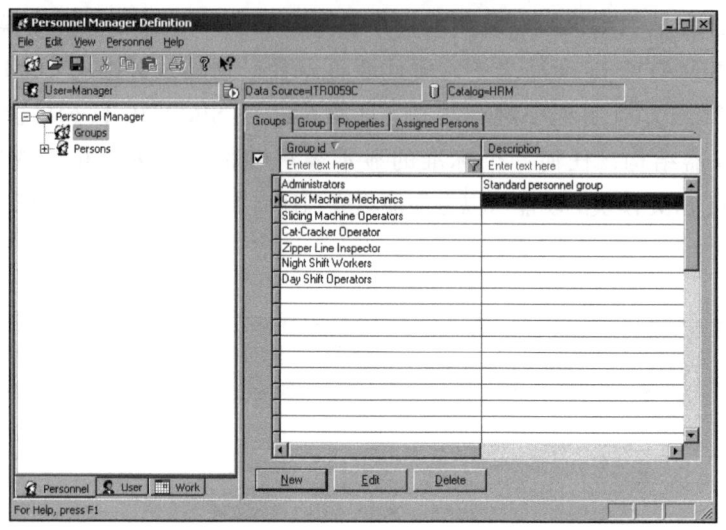

图 6-18　SIMAITC IT PRM

SIMATIC IT PRM 模块提供的主要功能包括：人员组定义和属性配置，人员定义——人员可以被分配到某一组，与 SIMATIC IT 用户管理功能集成，以及与生产建模平台集成，从而可以把特定的生产操作与相应的人员进行关联，并进行资质检查。

5. SIMATIC IT Historian

SIMATIC IT Historian 负责过程数据采集、分析，以及归档。Historian 采集的信息可以提供给其他 SIAMTIC IT 模块。Historian 支持开放的工业标准接口（如 OPC），它的不同功能由不同的服务器实现，这便于实现系统的分布和可伸缩性。

（1）SIMATIC IT RTDS

SIMATIC IT RTDS 是一个可连接多个现场设备的数据服务器。它提供数据给 SIMATIC IT Historian 和其他 SIMATIC IT 模块。RTDS 支持 OPC 标准。

（2）SIMATIC IT PPA

SIMATIC IT PPA 模块是 Historian 的一个组件，用于对数据进行分析和长期归档。PPA 处理的数据可以来自于不同的数据源。PPA 以标签方式将这些数据归档到关系型数据库中。它也能从现有的标签中生成新的数据，通过 VB 脚本来实现预先确定的功能或自定义功能。PPA 数据采集方式支持时间驱动或事件驱动。

6. SIMATIC IT PDefM

SIMATIC IT PDefM 用来定义产品生产过程中用到的各种资源，包括物料、设备、人员、工艺参数等（见图6-19）。每一种产品都对应一个产品生产的工艺路线（PPR），在 PPR 中定义工艺段，并针对每个工艺段指定物料、设备、人员、工艺参数等信息。在产品生产过程中 SIMATIC IT 可以按照设定的规则对实际参数值和设定参数值进行比较，如果实际参数值超出规定范围，SIMATIC IT 可以调用相应的规则进行处理。

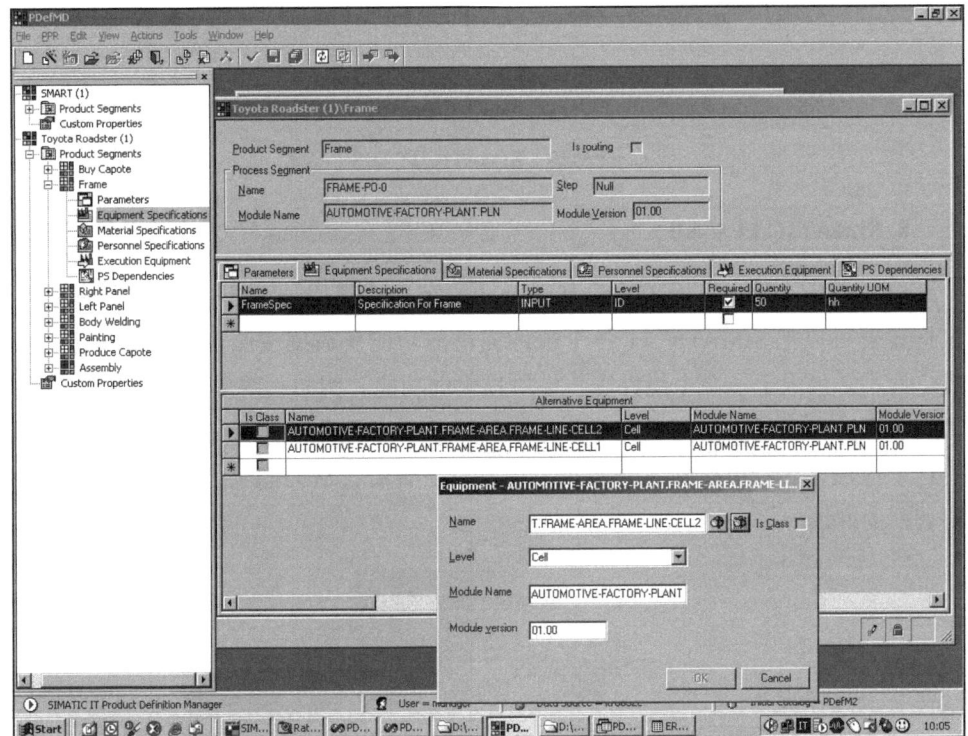

图 6-19　SIMATIC IT PDefM

7. SIMATIC IT DIS

SIMATIC IT DIS 是实现 SIMATIC IT 平台与外部系统数据交互的工具（见图 6-20）。通过应用 SIMATIC IT DIS 提供的功能，可以方便地集成来自控制系统的数据以及来自 ERP 系统的数据。

DIS 提供各种连接器，包括与 SAP 的标准接口 IDCO 格式、COM 接口、文件接口和 HTTP 接口等连接的连接器。通过连接器可以方便地实现 SIMATIC IT 系统与外部系统的连接。数据交互支持标准的 XML 格式，具有广泛的适应性。数据集成服务提供了数据映射编辑器，使用该编辑器可以方便地实现数据从一个系统到另一个系统的映射及转换。

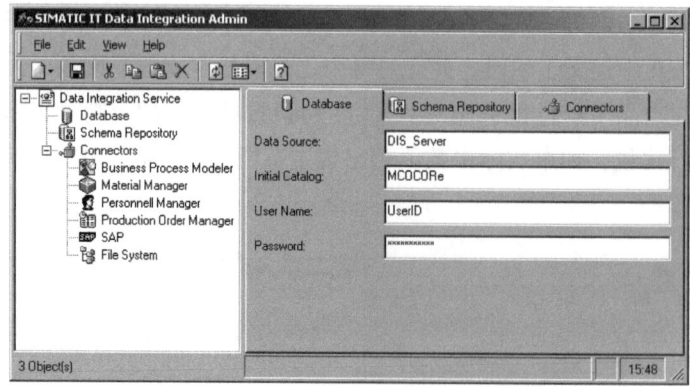

图 6-20　SIMATIC IT DIS

8. SIMATIC IT CAB

SIAMTIC IT CAB 用来构建基于 Web 的客户端应用（见图 6-21）。通过使用该构建器可以把 SIMATIC IT 各个组件提供的功能及数据按照客户的要求进行集成，而不必局限于一两个组件客户端所提供的功能。例如，用户可以把工单管理、物料管理功能、设备状态数据、生产关键数据等一同集成进一个客户端应用，通过这个应用，客户可以对各种数据集中管理、查看，从而避免了在不同客户端之间切换的麻烦。

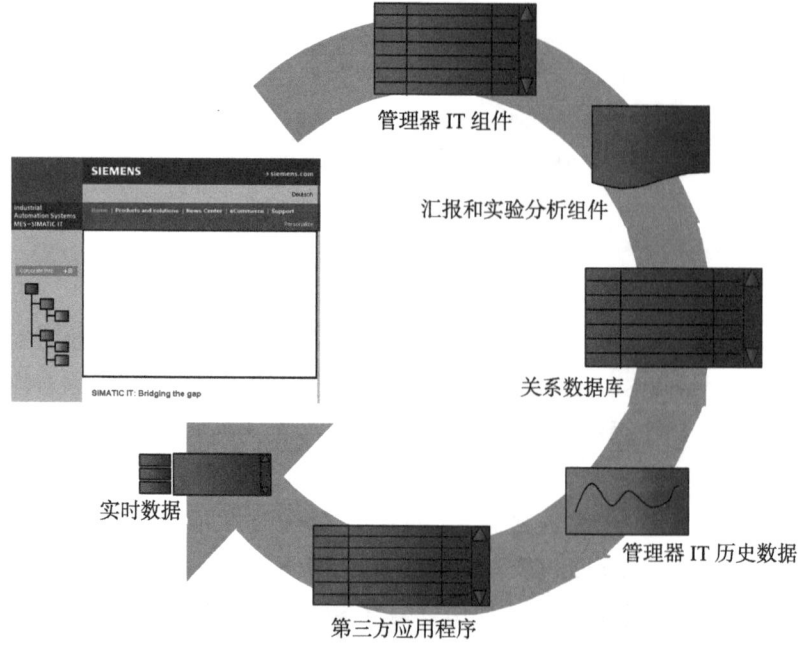

图 6-21　SIMATIC IT CAB

SIAMTIC IT CAB 是基于 MS Visual Studio .Net 的，因此，如果客户有需要，也可以对非 SIMATIC IT 的第三方应用进行集成。

6.3.2 SIMATIC IT Preactor

SIMATIC IT 套件中有高级排程系统，它是基于有限能力约束及所见即所得的高级排程系统——Preactor。

针对极耗人力、时间的人工排定计划，原始而又效率低下的生产计划传递方式等计划与排产体系现状，构建基于约束理论的 APS 高级计划排程系统，实现精确一键排产，进行多重运算，从成千上万可行性方案中选择最优，并自动分解到人、机，避免因插单、过程异常导致计划无法实现，进而致使计划难以调控的现象。

Preactor APS 包含 AP（Advanced Planning）和 AS（Advanced Scheduling）系统。AP 是高级计划系统，AS 是高级排产系统。

Preactor 的 AP 产品作为一个主生产计划系统，它弥补了市场需求和 MRP 系统之间的空白。对于需求不稳定的企业而言，面向库存的生产方式使得他们需要一个系统来协助平衡计划量和库存。Preactor 提供一整套计划工具，这个工具有简便的电子表格和交互性图表，可以让用户更全面地控制结果。Preactor 适合处理大量数据，支持约束条件，并能提供一个根据场景执行各种模拟计算的环境，以协助企业制定更符合实际的生产计划。

Preactor 的 AS 产品提供对车间工序级别的详细排产，实现各工单在不同设备、工位的自动化排产，并优化排产结果。同时 AS 提供各种算法及自定义算法，使得详细排产能依据不同企业的特定需求建立定制化的排产逻辑。

通过 Preactor 的自动排产，可使用户达成如下效果：
❏ 更高的资源利用率。
❏ 订单交期计算，并提高及时交付率。
❏ 定义和管理订单优先级，实现快速的插单、撤单等处理。
❏ 在排产模型中快速实现资源设备约束。
❏ 排产结果可视化、透明化。
❏ 允许对各种假设条件的快速尝试。
❏ 实现工作清单输出，指导现场作业。

1. Preactor 与其他系统的集成

Preactor 与其他系统的集成示意如图 6-22 所示。

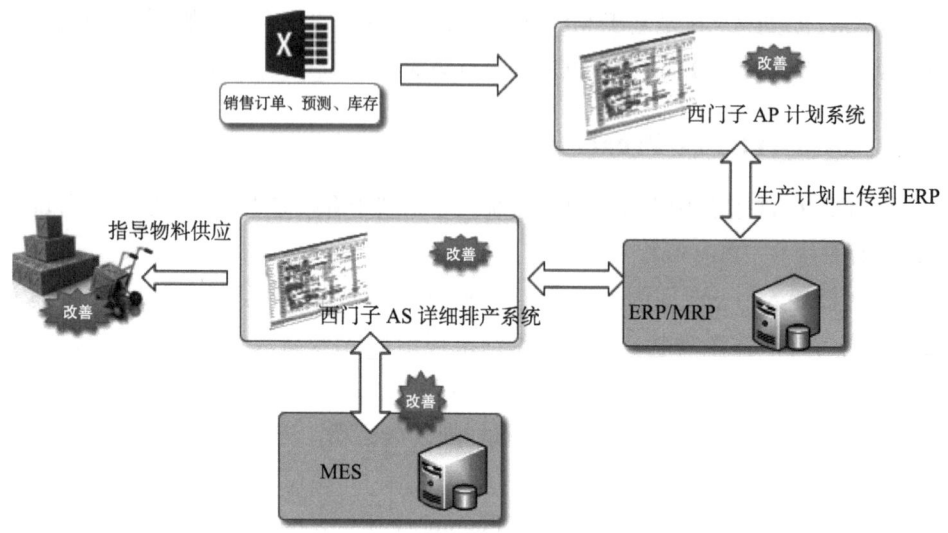

图 6-22　Preactor 与其他系统的集成

- Preactor AP 从 SAP 或者外部输入获取销售订单、预测、库存、BOM 数据；
- Preactor 根据产品产能、产品制造模式 MTO（Make to Order）或者 MTS（Make to Stock）产生主生产计划；
- Preactor 将主生产计划上传给 ERP，ERP 运行 MRP 后生成采购订单、生产工单，ERP 再将销售订单、采购订单、生产工单传送给 Preactor AS；
- Preactor AS 考虑物料约束、人员约束等各项约束，并按照工厂实际的排产最优规则对设备进行精细排产；
- Preactor AS 将排产结果下发给 MES，并且指导物料供应。

2. Preactor AP

Preactor 计划模板根据销售、预测和现有的库存，按照产品是基于 MTO 或者 MTS 的制造模式，在支持产能限制或者产能无限以及支持主备线产能限制多种模式下运行主生产计划（MPS）。

应用它可以满足：

- 根据企业的计划需求、产品要货时间或者安全库存制定粗生产计划。
- 考虑产能负荷，支持主备线产能约束，支持外协处理。
- 支持计划锁定，满足计划严谨性。
- 可视化的库存水平和库存预警信息。
- 可配置的最小库存、安全库存、动态库存，直接改善库存水平。

3. Preactor AS

使用甘特图进行工单详细排产,在排产过程中考虑多种约束,比如物料约束、人员约束、空间约束、模具约束。

排产规则具有高度可配置性和定制化。

应用它可以满足:

- 考虑物料约束,保证排产在生产过程中的可执行性。
- 考虑产品交期的优先级,最大限度地保证交期,提高客户满意度。
- 支持冻结功能和插单功能,既保证排产计划的顺利进行,又保证紧急情况的快速处理。
- 支持多维度考虑换线,节省换线时间,提高生产效率。
- 提供原材料的库存水平清单,推动采购计划。
- 提供成品的库存水平清单,最大限度地降低库存。

4. 使用 Preactor 的收益

从宏观角度来说,使用 Preactor 可以:

- 提高计划和排产效率。
- 提高生产效率,使资源使用最大化。
- 改善供应链。
- 提高客户满意度。

从微观的角度来说,使用 Preactor 可以:

- 实现 AP 生成粗能力排产,根据 BOM 展开计划下的各车间工序零部件的生产计划。
- AS 详细排产计划下发给 MES(需要 MES 能支持),同时 MES 向 AS 反馈实际执行进度,以便 AS 能及时修正计划与实际的偏差。
- 排产结果除了下发给车间外,同时可用于支持供应商供货,比如用于指导包材等的采购与送货。
- 实时、准确的排程优化了制造资源的利用。
- 缩短生产制造周期,为用户节约了成本。
- 减少生产提前期。
- 降低在制品库存,提高对物料采购时间节点的控制能力。

6.3.3 SIMATIC IT 智能套件

SIMATIC IT 制造智能套件(Intelligence Suite)是一套完整的制造大数据分析

工具，用来将工厂制造过程中现有的数据进行有效的整合，快速准确地提供报表与看板并提出决策依据，帮助工厂做出明智的制造经营决策（见图 6-23）。

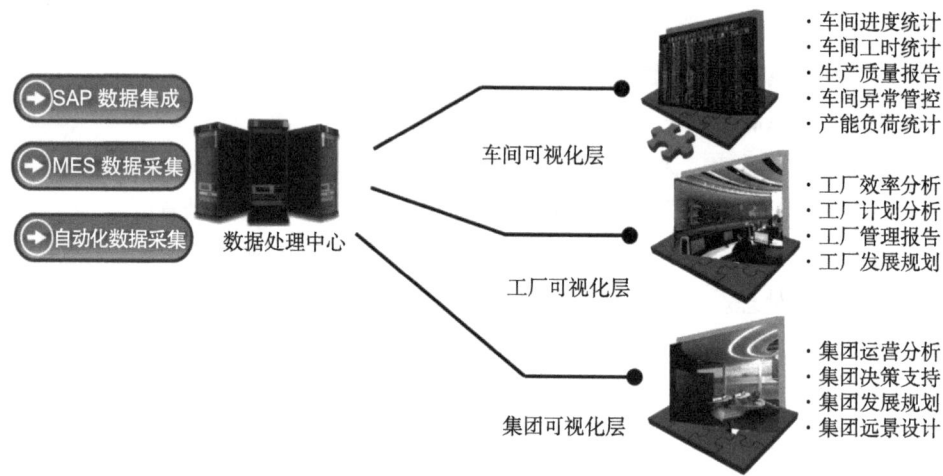

图 6-23　SIMATIC IT 数据展现等级

智能套件能辅助的制造经营决策既可以是操作层的，也可以是战术层和战略层的。为了将数据转化为知识，需要利用数据仓库、联机分析处理（OLAP）工具和数据挖掘等技术。

智能套件从许多来自不同的制造过程的数据中提取出有用的数据并进行清理，以保证数据的正确性，然后经过抽取（Extraction）、转换（Transformation）和装载（Load），即 ETL 过程，将数据合并到一个企业级的数据仓库里，从而得到企业数据的一个全局视图。在此基础上再利用合适的查询和分析工具、数据挖掘工具、OLAP 工具等对数据进行分析和处理，这时数据变为辅助决策的知识，最后将知识呈现给管理者，为管理者的决策过程提供数据支持。

从不同的受众层面，数据展现等级可以分为集团可视化层、工厂可视化层与车间可视化层。

1）集团可视化层：为集团高层提供全面、实时的数据信息，使相关决策更有针对性。

2）工厂可视化层：使管理者掌握制造过程的全局进度和异常状况，提高他们的问题应对能力。

3）车间可视化层：集中实时监控并反馈各生产线的生产活动状况，提高车间透明化管理能力。

从解决方案功能层面，智能套件的功能包含：

❑ 采集、汇总和关联。SIMATIC IT 生产套件收集、组织工厂车间消息、事件和数据并将它们集成到一个 ISA-95 资源库，关联在生成该数据时每条物料、订单、设备和人员活动的记录。
- 可视化。给关键工厂人员提供实时的画面和操作报告，允许快速识别原因，使生产保持受控
- KPI 计算。关联的数据进入智能套件的数据栈，用来计算 KPI。
- 分析。SIMATIC IT 智能套件提供适当的分析，使用户能够分析各数据源的数据，尤其是各不同生产基地。
- OLAP 分析。结构化的数据库和报表平台的基础架构让用户可以使用 Excel 浏览和查看计算出的 KPI。
- 分析仪表盘。智能套件的内核是一个独特的制造操作积分器，可以由任何类型的用户进行设置，以便向他们提供有关其负责领域的一个简单但功能强大的视图。

6.3.4　SIMATIC IT 研发套件

SIMATIC IT 研发套件可帮助制造业企业充分发挥研发潜力，更快开发出新产品。SIMATIC IT 研发套件提供了一个可扩展的灵活平台，可简化、优化所有的研发相关流程，并使其与制造相匹配。该研发套件使产品设计和流程完全契合质量需求和法规需求。研发和制造数据及顺程的顺畅整合与匹配极大地加快了从最终产品设计到主流制造的转化速度。

项目管理、配方和包装开发、试样与试验管理等典型研发活动以及生产流程设计需要包含一系列顶尖组件的集成套件，从电子实验室记录本到实验室管理，从规格管理到批次和库存管理、试验工厂生产等。合规性和知识产权流程支持等关键功能必须成为上述通用平台的一部分。

为了实现顶尖功能性、集成工作流和灵活配置的共存，SIMATIC IT 研发套件要以以下标准 SIMATIC IT 框架和组件为基础：
- SIMATIC IT Modeler：用于配置和协调跨组件活动，以及与设计、质量、MES、ERP 和其他业务系统的交互。
- SIMATIC IT Interspec：用于公司范围内及各产品规格的管理，支持多工厂和多语言环境，可将必要数据提供给 ERP、MES 和 LIMS 等操作系统。
- SIMATIC IT Unilab：实验室和质量信息管理系统，用于管理实验室工作流，以及优化实验室和生产线质量数据的采集、分析和报告。
- 物料管理器、产品定义管理器、报告管理器、Historian 等其他 SIMATIC IT 组件。
- SIMATIC IT CAB：以灵活方式构建特定用户接口。采用基于角色的界面，

该界面中采集特定业务流程,并使用不同的 SIMATIC IT 组件及第三方组件的集成功能。

❑ SIMATIC IT DIS:用于通过标准技术方式集成第三方应用程序。
❑ SIMATIC IT PDM:用于定义生产特定产品所需的所有参数。

SIMATIC IT 独一无二的建模能力为制造商带来了诸多好处,SIMATIC IT 采用标准组件,可重用性极高。这不仅降低了 TCO,提高了 ROI,还能使 IT 解决方案适应流程的变化、新产品的导入以及越来越严格的法规。

专为研发设计的功能性源自于 SIMATIC IT 跨行业库(CIL),该库的设计和定义可满足特定客户的需求,同时还兼顾了灵活性或标准化。对于这些跨行业库,不需要完整安装 SIMATIC IT 解决方案即可实现广泛的收益。

(1)电子实验室记录本(ELN)

提供量身定制的功能性,可确保每个研究人员具有完全的自由度,能以电子形式采集所有类型的试验或报告数据。

可根据公司政策配置对原始数据、试验详情和测试结果的不同处理方式,同时还能保持备注和其他操作的充分灵活性。

允许项目间的交叉引用,并使预定义的状态迁移图与 SIMATIC IT PM 中的业务规则相关联,从而尽量实现流程自动化。

需要在特定流程步骤中采集或显示的其他信息将通过可配置表单提供给记录本用户,用户需要填写这些表单。这些表单可以是固定的,也可以允许用户根据其岗位在运行时动态填入其他字段。数据验证检查确保了用户以集成且安全的方式管理整个流程,如图 6-24 所示。

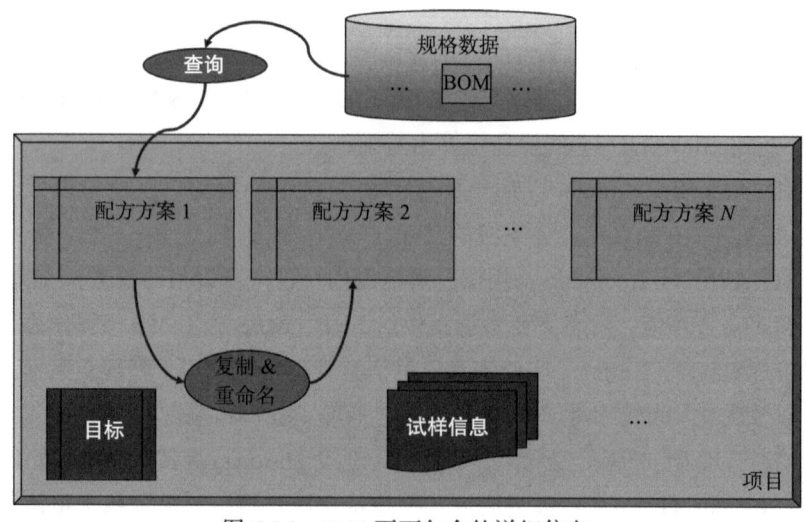

图 6-24　ELN 页面包含的详细信息

（2）配方工作台

提供极具创造性的环境，用户可通过工作台管理大量产品原型，可支持试样和试验，以导入及验证新的配方、原材料、包装材料、成分、制造流程设计及测试设计。这些结果与相关文档和对象存储在一起，可对其进行搜索，以便将来重用。

6.3.5 SIMATIC IT eBR

随着成本压力越来越大，新法规越来越多，流程行业的制造商和质量经理一直在不断寻找改进生产过程和步骤的方法。通过一个新的电子化批记录（eBR）解决方案，可以在被监管的过程中全部实现无纸化制造，无论在手动环境中还是在高度自动化环境中，都有助于从批记录设计到批记录发布的全过程实现运行和制造卓越化。

如图 6-25 所示，西门子工业软件电子批记录管理软件解决方案在使用 SIMATIT eBR 的制造执行系统和使用 SIMATIC PCS 7、SIMAT IT BATCH 的分布式控制系统（DCS）之间实现了原生集成，从而加快了主批记录（MBR）和电子化批记录的设计、执行和评审步骤。此外，该解决方案切实增强了 MBR 设计的灵活性，这是因为通过选择主配方名称和版本，可以在 MES 设计工具里面使用 SIMATIC BATCH 的所有主配方信息。通过 DCS 批处理与 MES 工作流管理之间的无缝集成，SIMATIC IT eBR 可以简化并且加快无纸化制造解决方案的实施过程，把一个配方的实施周期从一年缩短到两个月。

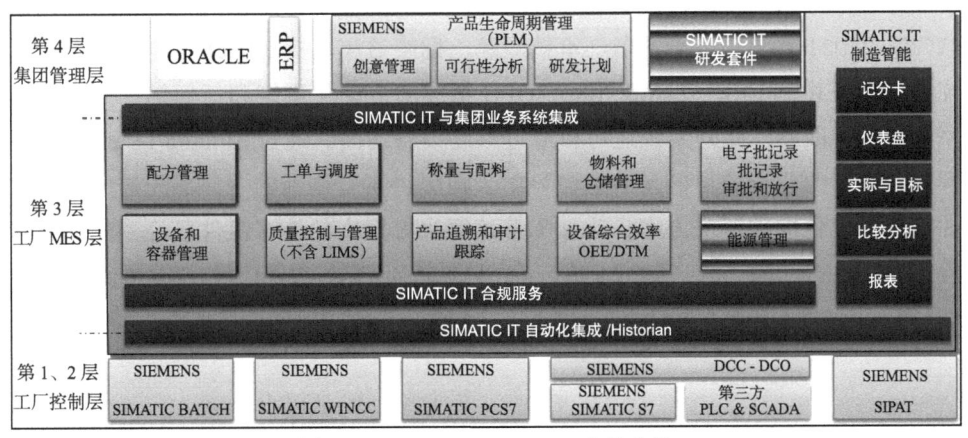

图 6-25 SIMATIC IT eBR 产品定位

SIMATIC IT eBR 组合可覆盖工厂相关的从仓库管理到成品的发运整个范围的所有过程。由于不同项目的范围变动可能很大，因此西门子 MES 解决方案具有完整的适应性和可扩展性，使客户能够选择适应其需要的不同流程。客户还可以通过选择设计满足其自身特定需求的流程功能，从而最大限度地获益。

SIMATIC IT eBR 解决方案以 5 个主要的功能模块以及核心软件包为基础。这些功能组件可按照需要覆盖的需求逐步实施或按模块实施。

1）配方管理。配方是工厂生产活动的基础，系统中的配方管理也是 MES 其他所有功能的基础，其他功能所需要的标准数据均需要在配方管理中进行设置。

2）物料控制和追踪。系统允许管理和追踪工厂现场层的所有物料，包括原材料、包装材料、半成品和成品，管理的范围涵盖从物料的接收到产成品的发运，还包括符合 FDA-GMP 流程的开包即用特征功能。

3）称量和配料。系统包括专门的称重和配料模块，已部署在 20 个不同国家超过 100 个生产设施中。该模块包含 15 种开包即用的称量模式，提供完整的可追溯性和称量操作的可靠性。

4）电子批记录。eBR 模块实现了监管流程中完整的无纸化生产。经此模块优化的批生产文档和流程完全符合 FDA 及 GMP 规定。所有资源的效率最大化利用，包括用户指导、设备配置、SOP。生产执行过程中的每一步操作，不论是手工或 PLC 控制，都能得到控制和跟踪。eBR 使基于异常的产品批记录审查成为可能，显著减少审查和放行时间，从而缩短产品到达市场的时间。

5）工厂智能。工厂智能是标准的 ETL（数据的提取→转换→加载）解决方案，包括使用元数据的数据结构，通过一致的方式，从多个数据源帮助用户找到他们的需要，还提供操纵数据进而实现要求输出的工具。

核心模块记录所有产品和以合规为目的要求的所有操作。系统提供满足 21CFR Part11 要求的电子签名、审核跟踪、批族谱和包括 eBatch 的电子记录。系统核心还提供到 ERP、LIMS、通过 OPC 集成的自动化系统和任何第三方应用程序的集成集线器。此外系统还可以通过移动设备访问。通过 Simatic IT eBR GMP 解决方案，西门子的目的是给生命科学公司提供富有创新的、集成先进的现成软件功能的最佳同类解决方案，这意味着该解决方案中的许多组件已经预先通过了验证。

全集成自动化篇

成就创新 引领卓越

第 7 章 | Chapter 7

全集成的系统概念

在工业控制中，一个大的控制系统由不同的设备组成，包括可编程逻辑控制器（PLC）、人机界面（HMI）、仪表、传动系统等，使用传统的解决方案会使不同的系统或设备有不同的软件和用户接口，每个独立的系统或设备需要单独配置、编程、调试和运行，还需要大量的时间和一些特有的经验来配置系统间的数据通信，这样才能整合不同的系统，使其一起正常的工作。

效率和生产率是制造工业的重要成功因素，而对于复杂的机器和工厂，工程则发挥了核心的作用。因此，在工程阶段就需要很高的效率，并且作为实现最优生产（更快、更灵活、更智能）的第一步。西门子所提供的一个智慧答案就是全集成自动化（TIA）。

"全集成自动化"是西门子自动化与驱动集团在1996年为响应市场对工业自动化过程控制系统的可靠性、复杂性、功能的完善性、人机界面的友好性、数据分析、管理的快速性、系统安装、调试、运行与维护的方便性的越来越高的需求而提出的概念。全集成自动化思想就是用一种系统完成原来由多种系统搭配起来才能完成的所有功能。应用这种解决方案，可以大大简化系统的结构，减少大量的接口零部件，应用全集成自动化可以消除上位机和工业控制器之间、连续控制和逻辑控制之间、集中与分散之间的界限。

全集成自动化的概念起源于PLC系统的集成，并将所有的功能推广到其他系统中，为生产线提供了一种优秀的解决方案，使控制任务基于一个单一的、集成各系统的、一致性的操作平台。

为了应对日益严峻的国际竞争压力，机器制造商在其产品的整个生命周期中进行工厂设备性能的优化显得前所未有的重要。优化可以降低产品的总体成本、缩短产品上市时间,并进一步提高产品质量。质量、时间和成本之间的平衡是工业领域中具有决定性的成功因素,现今,这一点表现得比以往任何时候都要突出。

7.1 客户对于自动化解决方案的需求

全集成自动化基于西门子丰富的产品系列和最优的自动化系统,遵循工业自动化领域的国际标准,着眼于满足先进自动化理念的所有需求,并结合系统完整性和对第三方系统的开放性,为各行业应用领域提供整体的自动化解决方案,具体可以从 5 个方面满足客户对于自动化解决方案的需求,如下所示。

1. 纵向集成

贯穿于自动化和驱动解决方案的 4 个层级(现场层、控制层、操作层、生产执行层),西门子产品提供了垂直集成的方案,以节约成本和工作开销。

大多数组件都在现场层,包括从简单的感应电动机到转矩电动机、传感器、执行器,以及过程仪表、过程分析仪、分布式 IO 等。

控制层包含控制自动化系统的控制器和用于操作员操作、控制和监视自动化过程的人机界面(HMI)。

操作层为用户提供一个完整而复杂的自动化解决方案的概览。DCS 系统或 SCADA 系统(WinCC)提供给车间管理者以各种形式相关的、综合的信息。

生产执行层是自动化系统与客户 ERP 系统之间的接口。对于中大型生产线,自动化数据和商业数据的相互关联是非常重要的,这样,车间管理者和行政主管可根据所提供的正确信息做出正确的商业判断。

2. 横向集成

横向集成的优势显现在可以使可用的信息贯穿 3 种生产过程:从上料(离散的)到主处理(程式化的、连续的 / 离散的),最后到出料(离散的)。

横向集成的一个例子及其优势的描述如下。

一个薯片生产商的上料部门收到土豆。这些土豆随后会被检查、清洗和切片。在主处理过程中,土豆片会被油炸、调味。在出料部门,它们会被再次检查、称重、包装和传输。通过袋子成型、填充和密封等工序把薯片包装在管状的袋子中,而旋转切刀在使用一段时间后,刀锋会变得有些钝。如果没有横向集成,则会出现如下结果:由于刀变钝,每一个薯片会稍微变厚,结果是重量也会稍微增加。当然,在每一个管状包装中只有一定数量的薯片。然而 3、4 个月后,营业额下降了 20% ~ 30%。发现造成该问题的原因仅能从持续几个月的市场分析中得到,即薯片尺寸的变化。如果它们被切得特别薄，而个别的薯片却又太大，这些薯片装到一个包装袋中会导致包装裂开。这样，管状包装会频繁裂开，这会导致生产暂停，甚至造成产品损耗。

横向集成就是实现一个数据透明的生产过程，不仅解决如上的问题，还会避免停机并节约成本。此外，用户也会从这样的自动化系统中得到诸多益处，例如节约备件成本。使用的工程工具在上述横向的3个生产过程中是一致的。这样会减少和优化劳动力成本，因为不需要使用3种或多种软硬件。

3. 生产线可用性

全集成自动化增加了系统的可用性，因为它减少了宕机时间和生产故障。如果自动化系统或者生产线是相当复杂的，那么该系统的可用性则是基于关键性能指标（KPI）的，例如OEE（设备综合效率）或者MTBF等。

自动化系统的高可用性取决于两点：通过预防性措施、概念和技术减少故障；通过自动化组件的执行功能和性能特点保证宕机时间尽量短。OEE提供一个全面的，尤其是几种生产线－综合效率的指标对比。平均无故障时间用于衡量一个系统可用的周期，更精确地说是故障发生的频率。

4. 模块化/可扩展性

我们的客户，无论是最终客户、OEM、系统集成商、EPC等，都希望他们所用的自动化解决方案具备模块化和可扩展性的特点。西门子提供了各种解决方案，能满足用户的各种模块化需求。

对于最终客户，在开始时可采用一个较小的且可扩展的自动化解决方案（系统XS），并且可以根据业务的发展和增长的需求进行扩展。

此外，OEM、EPC和最终客户也需要简单、快速、经济的模块化来改进自动化解决方案的可能性。TIA产品系列可以给予这些客户极大的灵活性。OEM还需要一种基本的解决方案且该方案可以简单、快速、经济地改进以适应各种客户的需求。

TIA所提供的全面、高度灵活、可扩展，以及模块化的产品和系统可以满足上述所有需求。对于一个DCS系统、控制器（包括S7-1500、S7-300、S7-400、嵌入式PC），以及软控制器，其可扩展性是基于性能的。基于性能和效率（FF1/FF2）的电动机同样也是可扩展的，例如SINAMICS产品，（从G110到G120再到G150）。同样，低压控制产品也是可扩展的。

5. 开放性和标准

除了集成和互操作性，TIA系列产品也可以和第三方产品一起应用。由于支持许多国际标准的定义,其高度的开放性允许集成第三方产品。这种开放性的一个优势就是西门子产品也可以简单地集成到第三方的系统中。安全标准,包括 IEC 62061 和 ISO 13849,而 NFPA 79-2002 适用于美国市场。工程软件编程标准 IEC 61131-3,用于定义编程语言 LAD、FBD、STL、SCL 等。WEEE/RoHS 兼容:WEEE(Waste of Electrical and Electronic Equipment)(2002/96/EC)即为报废的电子电气设备;RoHS(Restriction of the Use of Hazardous Substances)为关于限制在电子电器设备中使用某些有害成分的指令,即产品不能包含任何禁止的、有害的物质。

7.2 全集成自动化解决方案的优势

作为世界领先的自动化供应商之一,西门子提供一套集成和完整的产品系列,用于满足过程和制造业的所有需求。所有组件都是相互兼容且经系统测试过的。这确保它们在工业应用时能可靠地执行相关任务且高效地相互作用,并且基于标准产品,无需费力地执行每一个自动化解决方案。例如,把多个分离的、单独的工程任务集成到一个统一的工程环境中可节约大量的时间和成本。

对设计人员和用户而言,从最初的规划与设计、工程与实施,到安装与调试、运行与维护,以至系统升级改造,TIA 使企业在整个产品生命周期中获得最高的生产力和产品质量,并显著降低了项目成本。此外,TIA 还能大大缩短产品上市和系统投入运行时间。来自西门子的 TIA 代表着所有自动化组件的高效互操作性。该开放式系统架构覆盖完整的生产过程,并且基于共同的特征存在:一致的数据管理、全球标准和统一的软硬件接口。这些共同的特征减少了工程时间。其结果是:更低的成本,缩减上市时间,以及更加灵活。TIA 在所有的自动化任务中,创造了实际的附加价值,具体如下。

(1)一体化工程

在生产过程的所有阶段,基于一致的、全面的工程,使用户更节约时间,节省资金,省力。

(2)工业数据管理

通过实时访问所有重要的过程生产数据,客户有信心最大限度地进行节约型的生产操作。

(3)工业通信

通过使用国际的跨供应商标准,进行无限的、一致的通信,最大限度地实现跨所有层级的透明度。

（4）工业信息安全

通过自动化安全机制的一致性使用，可以系统性地减少安全攻击给工厂和机器所带来的危险。

（5）安全集成

通过无缝的安全集成到标准的自动化技术中，可以可靠且全面地保护人身、机器以及环境的安全。

综上所述，全集成自动化可以使制造业优化其价值链。所有自动化组件的高效工作给生产过程的每一个阶段都带来了明显的效益。西门子通过其全面的技术和特有的行业知识，不断地推动制造领域的发展和进步，其中，TIA 发挥了巨大的作用。

7.3 一体化的工程

TIA 开放的设计理念使它能够集成企业未来的拓展，从而保护用户的投资。TIA 集高度的集成统一性和前所未有的开放性于一身，标准化的网络体系结构、统一的编程组态环境和高度一致的数据集成，使 TIA 为企业实现了横向和纵向信息集成；领先的通信标准 PROFINET 以及 PC 自动化解决方案和 IT 集成，使 TIA 针对整个自动化市场的产品和服务范围真正开放。由于 TIA 的统一性和开放性，使得工程的一体化变得可能，这大大提高工程的效率。

7.3.1 TIA 的统一性

通过一个单一的平台——TIA 博途，集成西门子所有基于控制的软件于一体，用户可以实现整个产品范围（从自动化系统、驱动技术一直到现场设备）的高度集成，其优异特性充分体现在如下几个方面。

1. 统一的数据管理

TIA 博途平台采用全局统一的数据库，SIMATIC PLC 控制器、HMI 以及驱动等设备都可以从统一的数据库中共享数据。使用统一的数据管理机制，不仅可以减少输入阶段的费用，还可以降低出错率，提高系统诊断效率，从而对工厂的平稳运行产生积极作用。

2. 统一的变量表

SIMATIC 家族中所有的控制设备都可以通过全局数据库共享一个统一的变量表。在一个对象中建立变量后，在其他对象中可以引用此变量。除此之外，还可以在表中利用通用的办公软件方式创建和编辑变量，更可以将变量导出后直接使用办公软件进行编辑。

3. 变量名自动映射

由于使用相同的数据库，SIMATIC HMI（人机界面）可以自动识别和使用 PLC 中定义的变量。例如，对于在 PLC 中定义的变量 Motor25，不需要对其做任何处理，HMI 就可以识别和使用，由于采用符号名称的编程方式，即使在 PLC 侧再次更改符号名称所连接的绝对地址，HMI 侧也不需要再次修改。

4. 统一的编程、组态

在 TIA 博途平台中，所有的控制对象都可以互相配合，这实现了高度集成。不管是对控制器进行编程，还是定义通信连接或是实现动作控制，组态和编程方式均相同。这种统一的组态、编程具体体现在以下几个方面。

（1）统一的界面

TIA 博途平台具有统一、友好的界面。用户不需要再为多个软件间的匹配、通信以及使用方式感到困惑。软件界面的一致性和集成性大大方便了对整个 TIA 系统的编程和组态。所有对象都具有类似的组态、编程界面。

（2）统一的用户程序

在 TIA 博途平台上可以对 S7-1200、S7-1500、S7-300/400 以及基于 PC 的控制器进行编程，程序可以直接或通过简单的移植来进行相互替换，这也使得用户可以更加灵活地选择解决方案。

（3）统一的库功能

通过库功能，设备间的对象可以共享，不同项目间的对象也可以相互复制和使用，便于工程的开发。

5. 统一的通信

由于 PROFINET 的出现，从控制级到现场级都可以使用相同的网络，覆盖了大数据和实时性的要求。除此之外，还兼容 AS-Interface 和 PROFIBUS，这种统一的通信具有以下特点：

（1）基于 PROFINET/PROFIBUS 的分布式 I/O

基于 PROFINET/PROFIBUS 的分布式 I/O 与本地 I/O 的组态采用了统一的方式，因此用户在编程时无需分辨 I/O 类型，可以像使用本地 I/O 一样方便地使用分布式 I/O。

（2）系统中集成的路由功能

TIA 中的各种网络可以进行互联。TIA 中集成的路由功能可以方便地实现跨网络的下载、诊断等，使整个系统的安装、调试更加方便。

（3）集成的系统诊断和报告功能

TIA 系统集成了自动诊断和错误报告功能，诊断和故障信息可以通过网络自动发送给相关设备而不需要编程，这大大提高工程效率。相关流程如图 7-1 所示。

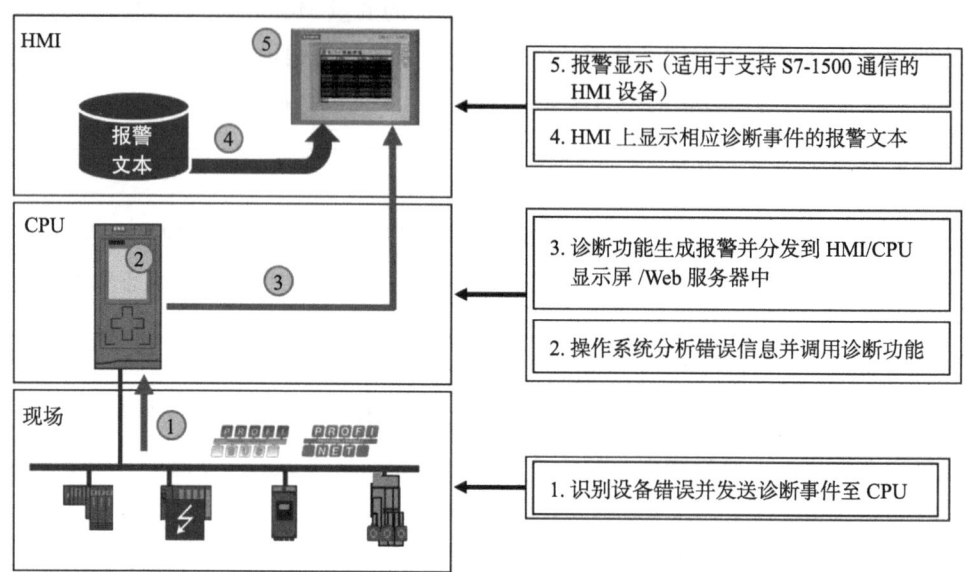

图 7-1　TIA 自动诊断和错误报告流程

TIA 博途平台集成版本控制功能，可以对一个项目中通用程序块的版本进行管理，一个新版本后发布后，项目中所有对应的程序块都会自动升级，实现批量修改和替换，提高工程效率。

7.3.2　TIA 的开放性

TIA 是一个高度集成和统一的系统，同时它也是一个具有高度开放性的系统。TIA 的开放性体现在以下几个方面。

1. 对所有类型的现场设备开放

通过 PROFINET/PROFIBUS，TIA 对范围极广的现场设备开放。开关类产品和现场设备还可以通过 AS-Interface 总线接入自动化系统。

2. 对办公系统开放并支持 Internet

以太网通过 TCP/IP 协议将 TIA 与办公自动化应用及 Internet/Intranet 世界相

连接。TIA采用OPC UA作为访问过程数据的标准接口，通过该接口，可以很容易地建立所有基于PC的自动化系统的互联互通，通过Internet技术可以在任意位置对工厂进行远程操作和监视。

7.3.3 联合调试与联合编程

1. 联合调试

随着自动化的快速发展，CPU变得非常强大，一个CPU可能承担不同的控制任务，这样可能会有多个工程人员参与同一个CPU的调试工作，TIA博途平台可以支持多人同时调试CPU，在修改各自的程序时，系统会自动同步由于修改而产生的差异，从而保证工程调试的快速性。

2. 不同项目中设备间的互通

基于不用的应用，编程人员可能分别负责不同的子项目，这些项目中的设备还需要互通，通过TIA博途平台的设备代理功能可以非常方便地实现这些需求。

3. 联合编程

一个大型的项目可能需要一个团队进行实施，在开发的过程中，项目间的数据可能需要实时交换，使用设备代理的方式保证不了工程的快速性和便利性，而通过联合编程的方式，可以在一个局域网内共享一个大的项目，从而实现项目间数据的实时共享。根据不同的应用和环境可以选择共用服务器项目或者将一个本地项目作为服务器项目，如图7-2所示。

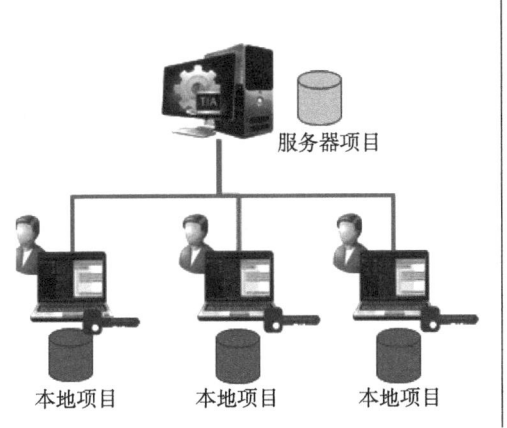
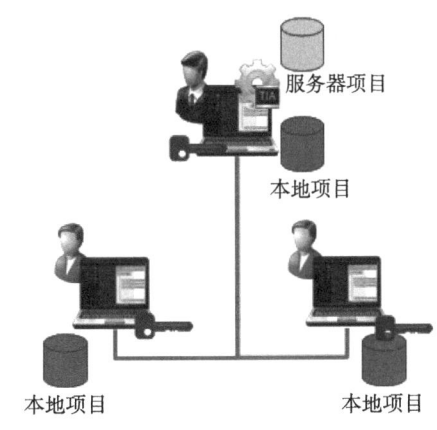

图7-2 联合编程功能

7.3.4 远程维护

将一个项目放置在云端服务器中，工程人员通过 Internet 远程接入，可以实现对目标项目的维护和调试，如图 7-3 所示。

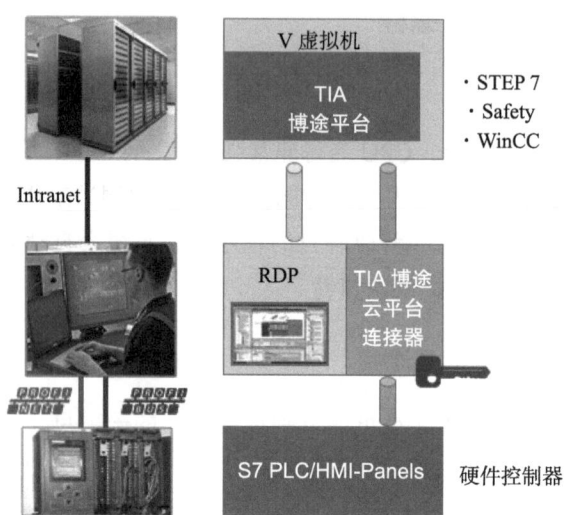

图 7-3　远程维护与调试

7.3.5 过程的模拟与仿真

通过程序和过程的模拟、仿真，可以使设备在完成现场安装之前做完大部分的调试工作。使用 TIA 博途的仿真软件，不但可以仿真 PLC 程序，还可以仿真实际的过程，使工程设计与调试更加高效。模拟调试示意如图 7-4 所示。

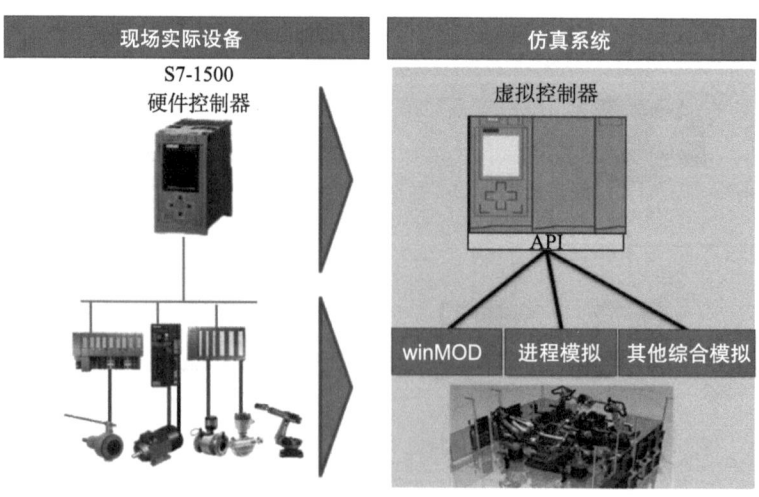

图 7-4　模拟调试

7.3.6 通过 TIA 实现高效工程及其带来的效益

由于 TIA 具有统一和共享的数据库以及开放的系统架构,可以在世界任何地方任何时间访问最新的数据和信息。在这种方式下,可以并行执行工作过程,同样也可以按顺序执行。

7.4 工业数据的管理

工业数据管理将在生产过程中流转和采集到的各种数据经过综合管理,转化为更有价值的信息,并使企业内部能够实时地访问工厂数据。工业数据管理能提高诊断效率,降低停机时间,优化资源使用率。随着技术的发展,工厂生产和工艺过程展现出网络化的结构。这种结构可以从两个方向来看:横向——从原料接收到实际生产,再到装运出厂;纵向——现场层→控制层→人机控制和监视层→生产执行层→ERP 层。

7.4.1 跨部门的横向集成

TIA 通过横向数据管理,集成连接了整个生产链的各个部门。从原料接收到实际生产,再到装运出厂。每一步生产过程所需的所有相关数据都是可用的,因为这些数据在其之前的各部门的处理过程中都已预备好了,这样综合管理系统就能获得所有的生产数据。

7.4.2 跨各层的纵向集成

TIA 通过纵向数据管理来连接自动化金字塔的各个层级。生产工艺和过程参数在金字塔的各层级间传递,并且也融入各种具体的生产活动中,来自于现场的生产和维护数据可以进一步精简,并传递到金字塔的顶层,如此便可清楚地看到整个生产线的运行状态。

7.4.3 工业数据管理可以提供多种维度和视角来视察与利用数据

TIA 对此的主要贡献是通过横向和纵向集成的数据管理来提升工厂的效率,诸如生产工艺、原材料消耗、设备利用率、诊断信息、能源消耗等车间的生产数据,这是在生产操作过程中进行快速决策的基础。使用来自于 TIA 的工业数据管理可以以独一无二的横向和纵向方式集成生产过程,极大地提高生产力。

对于数据管理、组织以及使用,需要专业的软件模块支撑,比如:能源数据管理、设备数据管理等，以面向服务的架构为基础，通过多种 IT 接口向各数据消费者提供需要的数据，实现数据和业务的集成。

1. 维护和诊断

设备数据采集管理和智能维护策略的组合能显著地提高设备的可用性，减少停机时间，从而提高设备的利用率。TIA 支持智能维护策略，可以实现自动维护工单的流程：

1）基于故障的纠正性维护。
2）基于状态的预防性维护。
3）基于计划的日常维护。
4）基于生产负荷的检修。

2. 能源数据管理

SIMATIC B.Data 是经过 TUV 认证的符合 DIN EN ISO 50001 标准的能源数据管理软件，能够通过能耗数据采集、管理、分析，帮助工厂实现能耗成本分析、能源采购预测、能源 KPI 计算和报表、能源/原料的平衡管理等，从而有效地降低能源消耗、生产成本，提高工厂整体能效水平，减少二氧化碳排放。

3. 归档和报表

基于 TIA 高效的数据采集平台和长期归档系统，可以归档管理巨量的生产历史数据，并基于实时和历史数据，可以生成各种视角的生产报表，利用这些数据还可以帮助车间进一步优化生产工艺流程，提高产品质量。

7.5 故障安全集成

作为 TIA 的一部分，安全集成保障了人员、设备以及环境的安全，同时又最大限度地保证了系统的经济性和灵活性。

TIA 中完善的安全产品系列满足了所有机械设备、工厂对功能安全的要求，并且使用起来更简单、快速。这主要体现在：

- 高效的项目工具——将安全技术集成到标准的自动化工程平台（TIA 博途）中。
- 最大范围的过程安全——根据最新的指导原则提供完善的安全及故障容错系统。
- 便捷的安全通信——借助于标准总线实现安全数据的传输。

7.5.1 安全集成理念

在生产线自动化程度日益提高的情况下，如何延长设备的生命周期、减少宕机时间以及预判事故风险，将是企业在未来市场竞争中必然要考虑的重要因素之一。另外，由于设备功能性防护机制的缺失而导致的生产事故、人身伤害以及环境污染等问题，也将为企业甚至国家带来巨大的直接和间接的经济损失。因此，自动化组件也越来越多地承载着重要的安全任务。随着欧洲统一市场的建立，不同国家也逐渐形成了普遍一致的机械制造技术标准和规定：

- 由此确定了基本的安全要求，这一要求一方面适用于生产商，确保自由的商品流通；另一方面适用于用户（操作人员），确保工作安全。
- 基于欧盟协议，机械法规已经成为统一的市场准则，每个成员国家都必须将其法规内容转化为本国法律。

基于法规确定的一致性，我们可以在现实中应用相应的欧洲统一标准。并在满足国家和欧盟标准的前提下，为生产商和操作人员提供法律保护。生产商使用CE标识说明其生产的机械遵守了所有相关的欧盟标准和规定，以确保该商品可以在欧盟体系市场内自由流通。随着欧洲标准被全世界认可，向非欧盟国家出口产品也更加容易。详细信息请参照图 7-5。

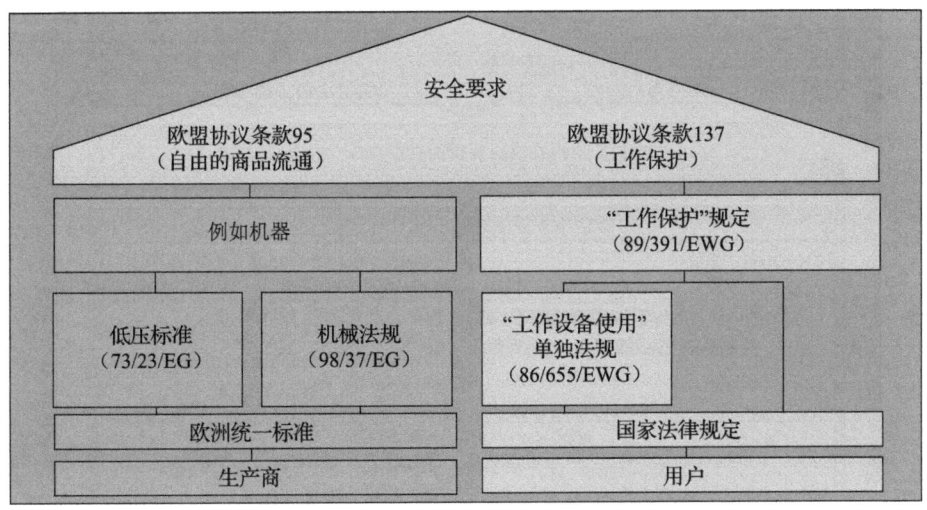

图 7-5 欧盟相关机械安全的标准和规定

7.5.2 设备安全的实现

1. 设计控制功能的基本标准

为了满足CE对机械设备安全性的要求（见表 7-1），在制造和使用安全的机械设备的过程中，应参照相应的标准，在设备的整个生命周期中，均应采取安全措施，这个周期也称为设备的安全生命周期。

表 7-1 设备安全

阶段	需求
设计和工程	在制造机械前，生产商会基于所有重要标准进行风险投资。该风险分析显示机械可能出现的危险及其防范措施
安装和运行调试	从风险分析中得出哪些组件对于防范危险是必要的且必须提供安全证明，使机械得到 CE 标识
操作和保养	操作人员必须注意工作保护规定，以及机械制造商遵照机械法规制订的文档资料
维护	必须迅速实施维修，以尽量减少故障和停机时间。如果确实出现故障，必须尽快进行排除。为了在竞争中取得优势，必须维持生产，或者尽可能地缩短停机时间
更新和升级	为了使现有设备拥有最新的安全技术，必须对其实施扩展和更新。可通过检查、说明、咨询和定义补救措施为客户提供支持，最佳地满足最新的安全要求

为了保证设备的安全等级要求，机械设备在整个安全生命周期中，都应严格遵循"通过应用统一标准实现降低故障风险的防护措施，以此满足机械法规中的安全要求"的原则。因此，在机械设备的安全生命周期中，每一个阶段都应采用相应的标准进行设计、施工、维护以及升级改造，相应标准如图 7-6 所示。

图 7-6 控制设计标准

注：EN 均为欧洲标准，目前也都是 IEC 或 ISO 标准。

例如：在发生不同危险时，通过实施保护措施来确保设备安全性。为此应实施如下措施：

1）依据降低故障风险的机械结构原理和机械危险评估进行设计（ISO 12100-1、EN 1050）。

2）采取技术防护措施，必要时通过应用相关安全控制系统完成（功能安全依据 IEC 62061 或 ISO 13849-1）。

3）电气安全（IEC 60204-1）。

而功能安全是保障机械和工厂安全的一部分，它取决于其控制装置和防护装置的正确功能。为此，用户可应用两个标准：

1）IEC 62061：2005 20——基于欧洲基础标准 IEC 61508 修订的专业领域标准。

2）ISO 13849-1：2006 38——修订后的 EN 954-1 的替代标准，原 EN 954-1 标准已无法满足需要。

2. 安全控制系统

（1）功能安全

功能安全依赖于系统或设备对输入的正确操作，它是全部安全的一部分。当每一个特定的安全功能获得实现，并且每一个安全功能必需的性能等级被满足的时候，功能安全的目标就达到了。

从另一个角度理解，当安全系统满足以下条件时就被认为是功能安全的，即当任一随机故障、系统故障或共因失效都不会导致安全系统的失效，从而引起人员的伤害或死亡、环境的破坏、设备财产的损失，也就是装置或控制系统的安全功能无论在正常情况下或者在故障存在的情况下都应该保证正确的实施。例如某压力容器内压力值的检测，当压力到达潜在的危险值时，安全阀应打开，进行压力的释放，而这一过程的正确执行，可看作是功能安全，而要实现功能安全，就需要依赖安全型的控制系统。

（2）西门子 SIMATIC 安全集成

西门子是最早在工业领域提出"安全"概念的企业。安全集成（Safety Integrated）——一个完整、通用的安全解决方案，是全集成自动化安全技术持续转化的成果，以 TIA 为基础继续发展而来的，它在所有的安全应用中不仅能提供最高的可靠性和工作效率，还能最大限度地节省用户成本。

（3）安全集成系统及产品

1）**安全系统的划分**。SIMATIC 安全集成产品系列以 SIMATIC S7-300、S7-400 及最新的 S7-1200F、S7-1500F 型 CPU 和 SIMATIC ET 200、ET 200SP 等产品为基

础，包含过程自动化（Process Automation）和工厂自动化（Factory Automation）的安全控制系统，如图 7-7 所示。

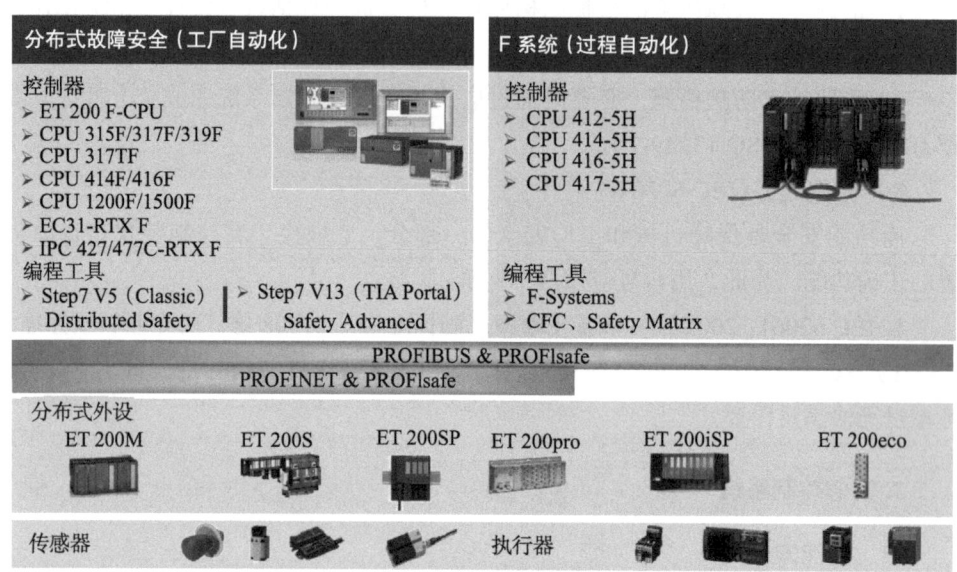

图 7-7　西门子安全控制系统

2）**安全系统的硬件及软件**。最早的安全系统都是将安全系统与标准控制系统完全分离的，以此来保证信号传输的准确性，如图 7-8 所示，但带来的问题是成本较高。目前还有些厂商采用类似的结构。

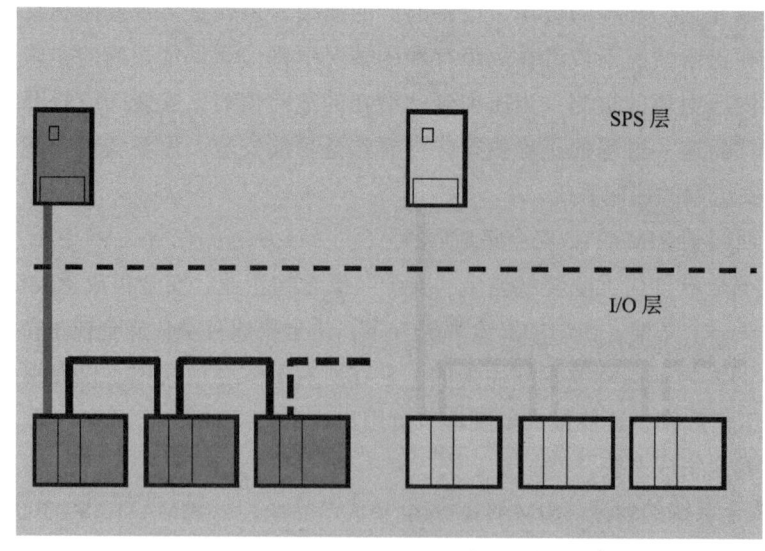

图 7-8　安全系统与标准控制系统是完全隔离的

西门子的安全系统是集成的概念,即将安全系统集成在标准控制系统内,这样,可以尽量使用标准控制系统中的模块尽可能地节省成本,并且由于专利技术的应用,保证系统的安全等级不会降低,如图 7-9 所示。

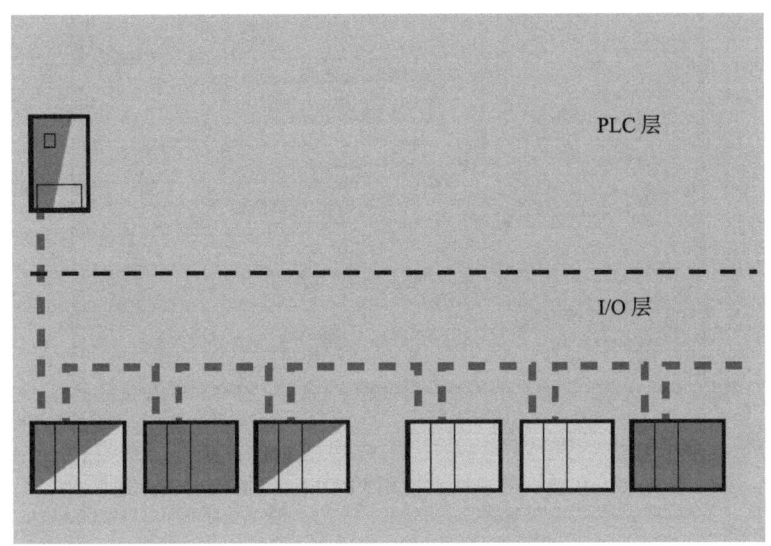

图 7-9　安全系统与标准控制系统集成在一起

STEP7 及 TIA 博途软件的使用,使得安全程序的编制和软件的操作更加便捷。安全组件借助标准的 STEP7 及 TIA 博途软件平台进行系统组态和软件编制,这对于熟悉西门子软件的工程师来说没有技术障碍。同时,安全功能块库的集成,不仅降低了用户编制安全功能程序的时间成本和人力成本,更节省了程序认证的成本。同时安全程序在 TIA 博途软件中可以按照认证的规范格式进行项目程序的输出打印。

3)**安全通信**—— PROFIsafe 协议。对于分布式安全数据的采集,可选择通过 PROFINET 或 PROFIBUS 总线系统连接分布式 I/O 站点来实现。此时,为保证数据能安全传输,总线系统均通过 PROFIsafe 协议进行安全数据的采集,而安全和标准通信通过一条标准的物理总线即可实现,从而无需再为安全系统搭建专用的安全通信总线,如图 7-10 所示。

PROFIsafe 是全球第一个符合 IEC 61508 安全标准的总线通信协议,可在同一条总线上实现标准和安全的通信。因此许多安全组件生产商和安全技术的最终用户已经在 PROFIBUS 用户组织机构(PNO)范围内进行不依赖于生产商的开放式标准制订合作。凭借 PROFIsafe 协议,不仅极大地节省了电缆敷设的时间,并且解决了设备多样化的问题,且易于扩展。

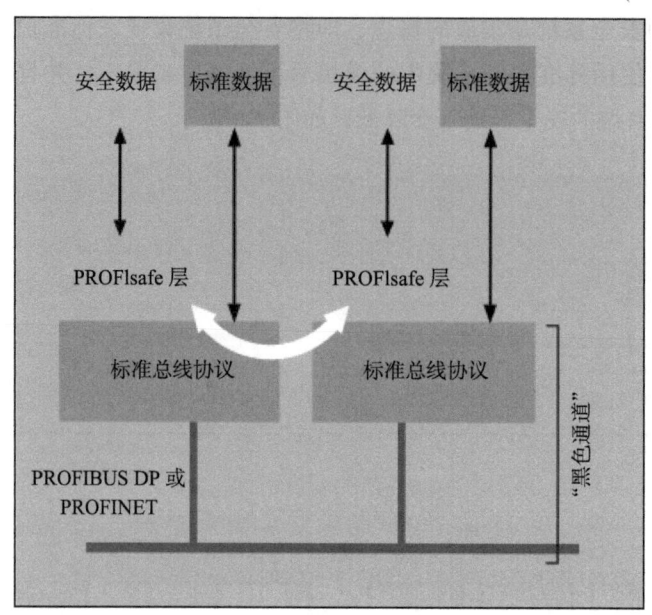

图 7-10　在统一的总线上使用 PROFIsafe 协议的安全通信

PROFIsafe 现场总线基于标准网络组件，针对开放式标准总线 PROFIBUS 和 PROFINET 实现了安全通信。PROFIsafe 与 PROFINET 相结合，也支持 IWLAN 故障安全无线通信。PROFIsafe 在传输信息过程中将针对不同的可能的故障采取不同的措施，详见表 7-2。

表 7-2　PROFIsafe 协议可识别的故障及对应的措施

措施故障	编号	带应答的时间预期	标识发送器和接收器	数据保护 CRC
重复	★			
损失	★	★		
添加	★	★	★	
次序错误	★			
数据失真				★
延迟		★		
安全和标准信息的结合（伪装）		★	★	★
FIFO 故障（用于保持先入→先出→数据寄存器顺序）		★		

4）**满足所有重要的标准**。欧洲安全标准是当今最高的安全标准，并得到了全球范围内的认可。通过使用 SIMATIC 安全集成可满足当前标准。因为 SIMATIC 安全集成产品系列中所有的安全组件均达到了最高安全等级，例如：

❑ IEC 61508：2010 SIL 3

- ISO 13849-1：2006 类别 4、PLe
- IEC 61511：2003
- IEC 62061：2005
- NFPA 79-2002，NFPA 85
- TÜV 认证号：Z10 05 08 20411 002

7.6 工业通信

现代的智能制造设备需要越来越多的数据，也会产生越来越多的数据。在所有组件间实现快速且可靠的数据传输至关重要。工业通信为企业从现场层至管理层的数据交换提供了基础架构和网络机制，不管是使用有线的、无线的或远程的通信方式。TIA 正是建立在那些经过认证的、国际化的、与制造商无关的通信标准基础之的。TIA 与工业通信的集成，使得网络结构灵活多样、安装高效、简单且易扩展。

7.6.1 以太网和工业以太网

在办公和商业领域，以太网是当今最流行、应用最广泛的通信技术，具有价格低、通信速率和带宽高、兼容性好、软硬件资源丰富、广泛的技术支持基础和强大的持续发展潜力等诸多优点。目前，以太网的市场份额已超过 90%，且保持上升趋势。以太网的规范是在 20 世纪 70 年代开发出来的，后来成为国际标准 IEEE 802.3. 如今，在各种速率和应用范围内，以太网仍在快速发展。

以太网规范构成了 TCP/IP 协议的基础。TCP/IP 负责局域网内的数据传输，并构成了 IT 服务的基础，而且这使得不同的局域网技术很容易集成，例如以太网和无线局域网的集成。办公以太网的组件由大量的供应商提供，但办公以太网并不一定符合工业的要求。

工业以太网提供了一个适合工业应用的符合以太网标准（IEEE 802.3）的强大网络。这使得办公网络可以与生产网络连接在一起，最大限度地保证了应用范围。工业以太网利用以太网的技术并加强设计，以满足工业应用要求：

- 用于严苛的工业环境的网络组件（灰尘、高湿、极端温度、冲击负载、振动等）。
- 适用于现场安装的牢固且简单的连接技术。
  - –RJ45 技术的快速连接电缆系统。
  - –POF 和 PCF 光缆的现场组装。

- 利用冗余实现网络故障安全。
- 利用冗余设计和冗余供电实现设备的故障安全。
- 自动化组件（控件器和现场设备）互连并连接至 PC 和工作站。
- 优化自动化组件之间的通信，同时根据 TCP/IP 标准进行开放式通信。
- 根据 IEEE 802.11 标准便捷连接至无线局域网和工业无线局域网。
- 专为工业自动化提供的信息安全方案。

7.6.2 PROFINET

PROFINET 是基于工业以太网的开放的现场总线标准，它独立于供应商，用于生产自动化与过程自动化。PROFINET 由全球最大的现场总线组织 PI（PROFIBUS & PROFINET International）推出。如今，PROFINET 已经成为中国推荐性国家标准 GB/T 25105。作为一项战略性的技术创新，PROFINET 为自动化通信领域提供了一个完整的网络解决方案，囊括了诸如实时以太网、运动控制、分布式 I/O、故障安全以及网络安全等当前自动化领域的热点话题，并且，作为跨供应商的技术，可以完全兼容工业以太网和现有的现场总线（如 PROFIBUS）技术，保护现有投资。

凭借 PROFINET，西门子将以太网标准成功地应用到了自动化领域。PROFINET 在所有层级中的高速性和数据交换的安全性，为实施创新型机械和工厂解决方案提供了有力保障。基于 PROFINET 优秀的灵活性和开放性，用户可根据具体需求任意设计机械和工厂的系统架构。与此同时，PROFINET 的高效性还意味着用户资源的有效利用以及工厂效率的显著提升。西门子的创新型产品与 PROFINET 的卓越性能相得益彰，可确保公司生产效率稳步提升。PROFINET 是开放的总线标准，它基于工业以太网，符合 IEEE 802.3 的规范。因此，它能保证 PROFINET 设备之间以及 PROFINET 设备与其他标准以太网设备之间进行自由的通信，如基于 TCP/IP、UDP/IP 的标准 IT 服务 HTTP、SMTP、SNMP、DHCP 等。对于有严格实时要求的应用，PROFINET 机制可使得标准通信与实时通信并存。RPOFINET 通信可以应用于以下 3 种不同的性能层级。

1）工程数据及非时间苛刻的数据在标准通道基于 TCP/IP、UDP/IP 传输。

2）实时通道用于传输过程数据。

3）对于运动控制之类的等时同步应用，可使用等时实时通信（IRT），从而实现小于 1ms 的刷新速率和小于 1μs 的抖动。

PROFINET I/O 控制器与 PROFINET I/O 设备之间的循环数据通信是实时通信。I/O 控制器和 I/O 设备建立 PROFINET I/O 连接后，I/O 控制器和设备之间以固定的刷新时间交换数据。PROFINET 给企业带来的益处可以从灵活性、高效性、高性能 3 方面阐述。

1. 通过 PROFINET 提升应用灵活性

(1) 工业无线局域网 (IWLAN)

PROFINET 支持通过 IWLAN 的无线通信，在通信设备需要移动或不方便布线时，采用 IWLAN 不仅可以降低维护成本，提高系统的可靠性，同时还可确保高性能的数据通信。例如原来经过滑触线实现的通信就可以被 IWLAN 取代。

(2) 故障安全

已经在 PROFIBUS 总线上运行的 PROFIsafe 协议同样可以应用于 PROFINET 之上，允许采用 PROFIsafe 进行安全相关的数据通信，可有效地保护人员、环境和工厂安全。将 PROFIsafe 协议应用于 PROFINET 时，可任意使用标准交换机和网关等网络设备，因而无需添加特定的网络组件。

(3) 可扩展性

通过 PROFINET，即使在生产运行过程中，也可根据需要对网络架构进行扩展。

(4) 开放式标准

凭借 PROFINET 优秀的开放性，用户可通过统一的机械 / 工厂自动化网络连接各种自动化设备和常规以太网设备。

(5) Web 工具

PROFINET 是真正的以太网，可支持 TCP/IP 协议。此外，它还支持各种 Web 技术应用。例如，访问现场设备的集成 Web 服务器。

(6) 拓扑结构高度灵活

在 PROFINET 中，除了线形拓扑结构之外，还可选择星形、树形和环形拓扑结构。因此，PROFINET 具有高度灵活性。用户可根据具体的工业环境要求，灵活构建 PROFINET 网络，而无需具备任何专业知识。

2. 通过 PROFINET 大幅提升生产效率

(1) 一根电缆实现多种应用

在 PROFINET 中，只需一根电缆即可实现多种功能，如机械数据和标准 IT 数据的完美集成。这不仅实现了系统数据的高度一致，而且由于节省了布线成本和培训费用，又进一步降低了总生产成本。

(2) 设备 / 网络诊断

基于设备中读取的大量诊断数据，可快速确定故障位置所在。通过支持 Web

服务的站点，还可通过 Web 对 PROFINET 设备进行本地/远程维护。

（3）提高能效

通过 PROFIenergy 规约，可在生产间歇时段，统一协调关停某些单独负载或关停整个生产线，从而节约能源。

（4）易于布线

即使没有任何专业知识，通过 PROFINET 和快速接线系统，也可快速无误地搭建工业标准网络。

（5）设备快速更换

借由确定的拓扑结构，更换 PROFINET 设备时，I/O 控制器会检测到新的设备，并自动分配相应的设备名称。

（6）坚固耐用

在现场设备中使用交换机，可防止网络中的部分故障影响整个工厂网络，而在 PROFIENT 中使用光缆，则可有效避免敏感区域内的电磁干扰。

3. 通过 PROFINET 稳步提升设备性能

（1）高速

在高速运动控制应用中需要进行高速数据交换，而 PROFINET 的循环时间非常短，可大幅提高机械设备和工厂的效率。

（2）高精度

PROFINET 的数据通信更为稳定可靠，其抖动时间小于 1μs，且时钟频率极为精准，可有效确保产品的高品质生产。

（3）冗余

利用 MRP，可以实现网络冗余，提高工厂的可用性。通过外部交换机连接或直接通过集成的 PROFIENT 接口连接，即可实现冗余功能。

（4）高传输速率

PROFINET 的数据传输速率远远大于传统的现场总线。因而，即使是大数据传输也不会影响 I/O 数据的快速传输。

（5）大规模网络架构

在 PROFINET 中，一台 SIMATIC 控制器的一个 PROFINET 系统可管理多达 512 台设备，而至于连接在每段网络上的站点数量则没有限制。

（6）快速启动

在模块化工厂中，I/O 控制器必须快速检测到新连接上的机械或工厂车间。通过快速启动功能，PROFINET 可在 500ms 之内快速识别出新设备，并与 I/O 控制器建立连接。

7.6.3 工业无线通信

无线通信为工业通信的应用开辟了新的图景，无论是现代化工厂的局部，还是经过优化的复杂的物流系统或者是生产线。基于无线远程通信、RUGGEDCOM WiN、工业无线局域网和 WirelessHART，西门子可提供工业无线通信的可靠解决方案。

1. IWLAN

IWLAN 技术扩展了 IEEE 802.11 的应用，以符合工业的要求，尤其是对实时性和冗余性的要求。SCALANCE W 产品给用户的过程关键数据和非关键数据提供了统一的无线网络。

与有线的铜缆和光纤不同，无线传输技术使用的是电磁波。无线局域网采用的是 2.4GHz 或 5GHz 的 ISM 频段来传输数据。根据环境条件以及所安装的无线设备不同，电磁波的传输特性会有很大的不同。SCALANCE W 模块使用诸如 MIMO、高质量的接收器、容错调制处理来提高信号质量，以防止无线通信中断。

采用 IEEE 802.11a/b/g/h 标准的 WLAN 系统使用单个信道发送和传输数据，可以达到最大 54Mbps 的数据速率。采用 IEEE 802.11n 标准，再得益于 MIMO 技术，通信速率可达 450Mbps。

在标准的 WLAN 里面，所有节点对无线信道的访问是没有经过统一协调的，采用 CSMA/CA（载波侦听多路访问/冲突避免）机制竞争信道。这意味着对那些有关键数据节点的访问是不可预估的。SCALANCE W 的 iPCF 功能则是由 AP 周期性地轮询客户端，这使得在有多个 PROFINET I/O 节点连接到无线网络时，还能够进行实时的循环数据通信。同时，这一机制还允许移动节点从一个无线区域快速漫游至另一无线区域时 PROFINET IO 通信不会中断。

对于有些特定的无线覆盖区（例如隧道、通道、升降机、AGV 小车、起重机等），设备只沿着固定的轨迹移动，但若要求无机械磨损和免维护的可靠移动通信，可以通过 RCOAX 电缆系统形成特定的无线区域覆盖来实现。

RCOAX 电缆是一种漏波电缆，它是借鉴了标准馈线传输信号损耗小的优点设计的一种线状天线，区别于通常的全向或定向天线，结构上依据 2.4GHz 和 5GHz 信号的衍射特性，沿馈线开出一系列漏波孔，射频信号通过漏波孔向外辐射。RCOAX 电缆可以规避障碍物的遮挡并沿着轨道转弯，可直接取代滑触线和拖拽电缆，实施灵活。

2. 工业远程通信

如今的工厂分布广泛，有时甚至跨越国界。为了实现远程控制和远程服务，西门子提供了基于公网的远程通信解决方案。为了将分布在世界各地的工厂和设备连接起来，西门子提供广泛的调制解调器和路由器等产品，通过有线或无线的方式将工厂和设备连接至公共网络。这也允许进一步的远程应用，如视频监控、状态监测或智能电网的应用。

（1）远程服务（TeleSevice）

借助 TeleSevie，可以在世界各地通过远程访问对工厂或设备进行诊断和维护。这可以显著减少对现场服务的需求，同时相应地减少差旅和人员成本。TeleServic 使得通过互联网的远程诊断和远程维护快速且可靠。更高的带宽允许通过安全连接传送更大的数据量。

（2）远程控制（TeleControl）

远程控制是指将分布在广阔范围内的现场站点连接至一个或多个中心控制系统。这时需要用到不同类型的公共网络或私有网络（但都属于远程网络）来实现监视和控制相关的通信。西门子的远程控制系统基于 SIMATIC 提供相应的硬件和软件，通过远程网络来实现对远程站点的高效连接和控制。

7.6.4 PROFIBUS (IEC 61158/61784)

PROFIBUS 用于连接现场设备到自动化系统，如将分布式 I/O 或驱动设备连接至 SIMATIC S7 或者 SIMOTION 等控制器。PROFIBUS 符合 IEC 61158/61784 标准，是一种强大、开放、稳定的现场总线系统，具有很短的响应时间。PROFIBUS 对于不同的应用有不同的形式。

1. PROFIBUS DP

PROFIBUS DP 用于连接有快速时间响应的分布式现场设备，如 ET 200 或驱动。传感器和执行器分布在机械设备或工厂的各处，它们连接至分布式现场设备。PLC 和分布式现场设备以主从的机制通信。

由于 PROFIBUS 的开放性，不同厂家生产的产品只要符合 PROFIBUS 标准都可以连接在一起。通过网关设备，也可以连接其他总线系统，如 AS-i 总线。

PROFIsafe 允许在同一根总线上进行标准通信和故障安全通信，是一种在标准总线上利用 PROFIBUS 服务进行安全通信的开放式解决方案。

对于等时模式，PROFIBUS DP 支持等时模式，在此模式下，CPU、I/O 和用户程序同步于 PROFIBUS 周期。许多产品都支持这一模式。驱动器则采用 PROF-

Idrive 进行控制。

2. PROFIBUS PA（过程自动化）

PROFIBUS PA 将 PROFIBUS DP 的应用扩展到本质安全的场合。数据和电源在同一电缆中传输。它同样符合国际标准 IEC 61158-2，它们具有相同的协议，但在物理层上有不同的属性。PRFOIBUS PA 主要用于连接过程仪表直到危险区域，常用于化工、石油、燃气等行业。

7.6.5　AS-Interface (EN 50295/IEC 62026)

现场通常有传感器、阀、执行器、驱动器等多种器件在运行，所有这些传感器、执行器必须连接到自动化系统，此时就要用到分布式 I/O 设备。作为线缆束的一种经济替代方案，AS-Interface 总线仅通过一根两芯的电缆连接现场的器件，并在这一根电缆上同时传送数据和电源。这意味着安装将变得非常容易。使用专门设计的扁平黄色电缆和绝缘穿刺技术，AS-Interface 设备可以从任意点接入。这一设计能显著降低投入，具有极高的灵活性。由于安装调试不需要专门的知识，而且电缆敷设简单、排列整洁，以及电缆的特殊设计，这些不仅可以减少出错的风险，而且减少了维护的成本。

AS-Interface 是 EN 50295/IEC 62026 标准的组成部分，受到 AS-i 联盟遍布全球的会员公司的支持，其中包括一流的传感器/执行器生产厂商。AS-Interface 适用于那些传感器与执行器在机械上分开分布的场合，如灌装生产设备。

AS-Interface 是一个单主站系统。根据 AS-Interface 规范 V2.1 或 V3.0，最多可以连接 62 个从站。AS-Interface 规范 V3.0 允许最多 1000 点的数字量输入/输出。新的规范也允许扩展寻址（A/B）以用于模拟量。"快速模拟量行规"加速了模拟量值的传输。得益于主站中集成了模拟量处理，访问模拟量也像访问数字量一样简便。要将 AS-Interface 连接至 PROFIBUS DP，可以使用 DP/AS-i LINK Advanced、DP/AS-i F-Link 或者 DP/AS-Interface LINK 20E。这使得 AS-Interface 成为 PRFOIBUS DP 的一个下属网络。IE/AS-i LINK PN IO 则允许将 AS-Interface 连接到工业以太网，从而直接嵌入 PROFINET 环境。

7.6.6　IO-Link (IEC 61131-9)

完整的自动化系统少不了传感器和执行器。将传感器和执行器智能地连接至控制层能确保生产精细高效地运行。IO-Link 正是这样一个用于传感器/执行器的开放标准。它实现了至现场过程最后一米的通信。

新的通信标准位于现场总线层级之下,允许对执行器/传感器层级进行集中的故障诊断和定位,而且由于允许从应用程序直接动态调整参数,从而简化了调试和维护的工作。

现场设备智能程度的提高,以及将它们集成到整个自动化项目中,使得对数据的访问可以直达最底层。这将大大提高工厂的可用性并减少工程费用。

作为一个开放的系统,IO-Link 可以连接至通用的总线和自动化系统。一致性的操作最大限度地压缩了投资,这一点从 IO-Link 也允许已经投运的设备继续使用没有 IO-Link 接口的传感器和执行器可以看出来。IO-Link 自动集成用于能源管理系统的测量数据而不需要增加额外的投资,这使得可以方便地判断底层现场的能源消耗并采取措施去降低。IO-Link 使用经济的点对点连接,一个 IO-Link 系统包含以下组件:

- IO-Link 主站。
- IO-Link 设备,例如:
  - 传感器/执行器;
  - RFID 读卡器;
  - I/O 模块;
  - 阀。
- 非屏蔽 3 线制标准电缆。

7.7 工业信息安全

以太网连接一路延伸到现场级的现象越来越多。这为工厂自动化提供了许多好处。然而,在过去,生产过程是安全的,而现在,由于开放性使得来自外部和内部的攻击出现了。对于工业自动化系统来说,不间断的安全监测和安全集成是必不可少的。

随着数字化需求的日益增长,自动化的信息安全性变得越来越重要。工业信息安全是数字企业的核心要素,工业信息安全是数字化的一部分。

7.7.1 工业信息安全的防护理念

为了防止从内部和外部受到的网络攻击进而确保工厂能够被全面保护,工厂的各个层级都需要被保护(从工厂管理层到工厂的现场层;从访问控制到知识产权保护)。这就是为什么要采用全面的保护机制,即"纵深防御"的概念。这个概念是来自于 ISA99 ISO/IEC 62443 安全标准——针对于工业应用的领先安全标准。

"纵深防御"针对自动化系统提供了全面和深入的保护：一方面，用不同的、互补的保护机制应对各种威胁（全方位保护）；另一方面，也给攻击者设置多重阻拦。

西门子工业信息安全理念包含工厂安全、网络安全和系统完整性3个重要部分（见图7-11）。

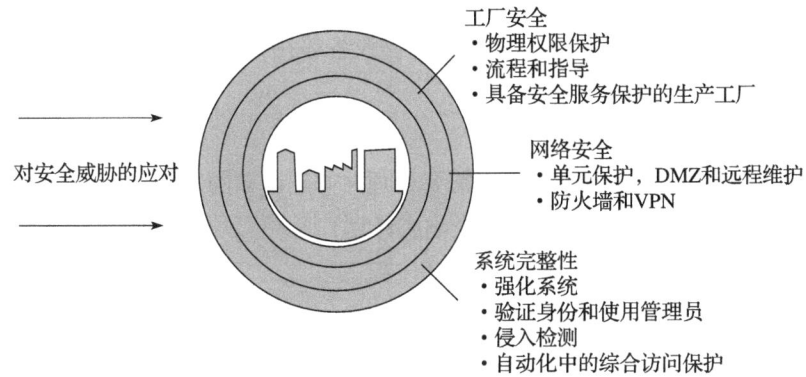

图7-11　西门子工业信息安全理念

"纵深防御"所需的安全措施无缝地交织在一起，从而实现了对自动化系统完善的、可靠的保护。

7.7.2　工厂安全

工厂安全是防止未经授权的人使用一些特殊的方法来访问关键的物理设施。工厂安全现从使用密钥卡对传统的建筑物进行访问扩展到对敏感区域的访问。

1. 物理访问保护

可归纳为如下类别：

1）制定相关措施和流程，防止未经授权的人员访问工厂。
2）不同的工艺段需要采用各自的物理隔离，并制定相应的访问权限。
3）自动化组件的关键零部件需要采用物理访问保护。例如，控制箱需要加锁。

使用物理访问保护措施会影响IT安全措施及其防护程度。例如：当一个人授权进入一个受保护的区域，就可以操作不属于其授权范围内的网络接口或自动化系统。

2. 安全管理

安全管理策略和组织措施是工业信息安全的重要组成部分。组织措施和安全措施必须相辅相成。要达到保护的目标必须将这两种措施有机结合。

组织措施是建立一套完善的安全管理流程。

信息安全相关政策示例如下：

1）对于可接受的风险，制定统一的规定。

2）对于不寻常的活动和事件，制定上报机制。

3）对于信息安全事件，做到交流通畅并编制文档。

4）规范移动PC、智能手机和数据存储设备等在工厂范围内的使用（例如，禁止在工厂以外的地区使用这些设备）。

信息安全相关流程示例如下：

1）对于所使用的设备零部件，需要处理并修正已知的薄弱点。

2）发生安全事件时的流程（安全响应计划）。

3）发生安全事件后恢复生产系统的流程。

4）记录和评估安全事件，并记录配置变化。

5）在工厂范围内使用外部数据存储设备之前，要执行测试程序和检查程序。

在制定安全措施之前必须做风险分析。风险分析是对工厂和机械设备进行信息安全管理的先决条件，其目的在于识别和评估不同用户所面临的危害和风险。风险分析的典型内容如下：

1）识别可能受到威胁的目标。

2）分析价值和潜在的损失。

3）威胁和弱点分析。

4）识别已有的信息安全措施。

5）风险评估。

对于被识别出的不可接受的风险，必须通过适当的措施排除或者明显降低。然而，没有任何一种单独的措施和方案能保证100%的安全。

要实现的保护目标是由风险分析得出的。以此为依据来实施相应的组织措施和安全措施。措施实施完成后需要进行验证和改进。如果发生变化，如威胁情况发生变化，则必须再次进行风险分析。此流程也必须重新开始。

安全措施的制定取决于对工厂所面临的危害和风险分析。利用严格且有持续性的安全管理流程达到并保持所需要的安全等级。

7.7.3 网络安全

网络安全包括对自动化系统未经授权的访问保护和对连接到其他网络（如办公网络和由于远程访问的需求连接到互联网）的所有接口的安全审查。网络安全也包括通信保护，即防止通信被拦截和操纵。例如：数据加密传输和通信节点间的身份认证。

1. 网络分段和单元保护概念

网络分段是把工厂网络划分成几个独立被保护的自动化单元。这样可以减小风险，更进一步地增强网络的安全性。一个网络部分（例如一个 IP 子网）通过一个安全措施来保护。通过网络分段来实现网络安全。因此，"单元"中的设备可以防止来自外部未经授权的访问且不影响实时性能或者其他功能。

防火墙可以控制对单元的访问，操作员可以定义哪些网络节点之间能通过哪些协议相互通信。通过此方式不仅可拒绝未经授权人员的访问，也降低了网络的通信负载，而只允许所需要的通信数据通过。

根据网络站点的通信和保护需求，划分单元并分配设备到相应的单元。单元间的数据传输是通过安全设备的 VPN 进行加密处理的。这样有效地防止了窥探和操纵数据的行为。通过 VPN 技术认证了通信的节点并授权它们访问某些地方。例如，单元保护可以通过集成安全功能的组件 SCALANCE S 或 SIMATIC S7 自动化系统的安全 CP 卡来实现（见图 7-12）。

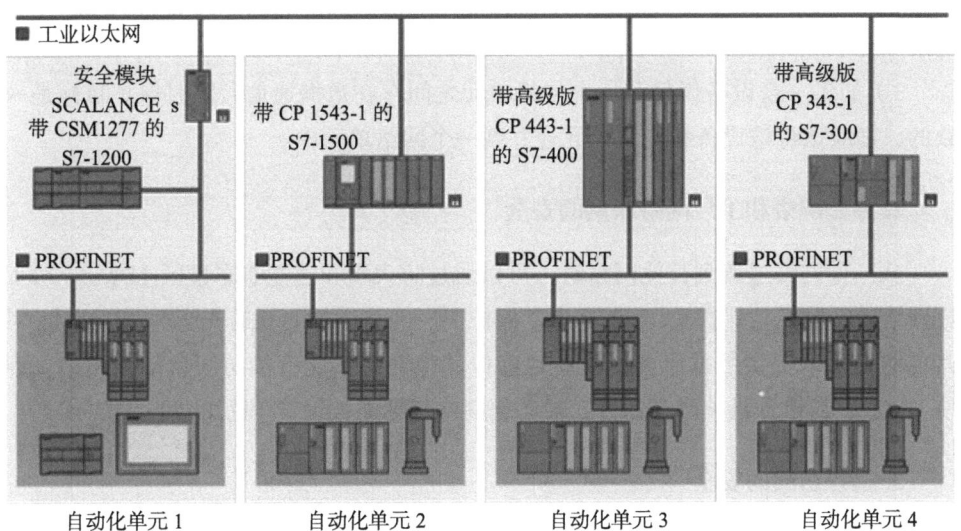

图 7-12 通过集成安全的产品实现网络分段和单元保护

网络分段和单元保护可归纳如下：

1）"单元"和"区域"是出于安全的目的对网络进行分段隔离产生的。
2）通过设置信息安全网络组件，对"单元入口"进行访问控制。

3）将没有独立访问保护机制的设备置于安全单元内加以保护，这种方式主要是针对已经正常运行的设备进行改造。

4）划分各个单元可以防止由于带宽限制造成的网络过载，保护单元内部的数据通信不受干扰。

5）在各个单元内部不影响实时通信。

6）在网络单元内部，对功能安全设备提供保护。

7）在单元和单元之间通过建立安全通道实现安全通信。

网络分段的单元防护是防止未经授权访问的一种防护措施。在安全单元内部的数据不受信息安全设备的控制，因此假设各分段网络内部是安全的，或者在各个单元内部部署了更进一步的安全措施，例如，保证交换机的端口安全。

各个安全单元的大小划分主要取决于被保护对象所包含的内容，具有相同需求的组件可能会划分在同一个安全单元以内。建议根据生产流程规划网络结构。这样可以保证网络分段时各个网络单元之间的通信数据量最少，同时，可以使防火墙配置的例外规则最小化。

为了保证性能需求，建议客户遵循如下针对网络规模和网络分段的规则：

1）一个 PROFINET I/O 系统中的所有设备都规划到一个网络单元中。

2）在设备和设备之间的通信数据量非常大的情况下，应该将它们规划到一个网络单元中。

3）如果一台设备仅仅和一个网络单元之间存在数据通信，同时保护目标是一致的，则应该将该设备和网络单元合并到一个网络单元中。

2. 办公网络和工厂网络联网的安全

从一种网络过渡到其他网络时，可以通过防火墙和建立非军事区（DMZ）对工厂网络进行监控与保护。DMZ 是为了保护工厂网络增加的一道安全防线。DMZ 对其他网络可以提供数据服务，同时也确保其他网络不能直接访问自动化网络。即使 DMZ 中的计算机被黑客劫持，自动化网络仍然能被保护（见图 7-13）

3. 远程访问的安全

越来越多的工厂通过互联网连接到了一起。由于世界各地的械设备对远程服务、远程应用和实时监控的需求，远程的工厂通过移动网络（GPRS、UMTS、LTE）连接起来。

在这种情形下，安全访问尤其重要。借助搜索引擎、端口扫描或者自动化的脚本，黑客能够轻易发现不安全的访问节点。这就是通信节点要身份认证，数据的传输需要加密且数据的完整性必须保证的原因，特别是对于工厂的关键基础设施的访问而言。未经授权人员的访问、机密数据的读取和控制命令参数的修改都可能导致相当大的破坏、环境的污染及人员的伤害。

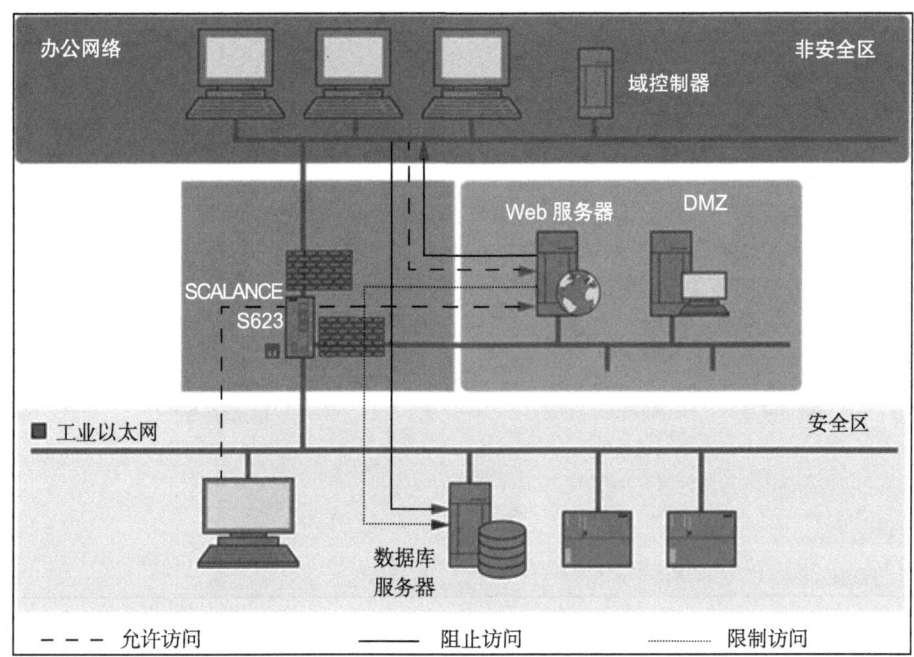

图 7-13 办公网络和工厂网络联网的安全

　　VPN 机制提供身份认证、加密和完整性保护，是可以提供有效保护的一种措施。西门子的互联网安全产品支持 VPN 连接，因此可以安全地通过互联网或移动网进行数据传输、控制和访问。

　　正常的情况下，设备认证证书和值得信赖的 IP 地址或域名名称通过防火墙的规则来阻止或允许。VPN 设备和 SCALANCE S 防火墙使用特定用户防火墙规则赋予访问用户权限。在这种情况下，用户使用他们的名字和密码登陆 Web 界面，由于每个已授权的用户被分配了特殊的防火墙规则，所以该用户根据其访问权限获得相应的访问能力。使用用户防火墙规则的优势在于可以清楚地跟踪特定时间内对系统的访问情况。

　　带有三个端口的 SCALANCE S623 防火墙给系统集成商、OEM 和最终用户提供了相应的解决方案。一方面，设备制造商出于远程维护的目的需要访问安装在最终用户那里的机器；但另一方面，最终用户的 IT 部门不愿意在外部访问工厂机器时连接工厂的整个网络。通过 SCALANCE S623，机器可以连接到工厂网络并且使用第三个端口连接防火墙到互联网。这样可以从互联网访问机器而不能从互联网访问该工厂网络。也就是，技术服务人员可以远程访问机器设备但不可以访问工厂网络（见图 7-14）。

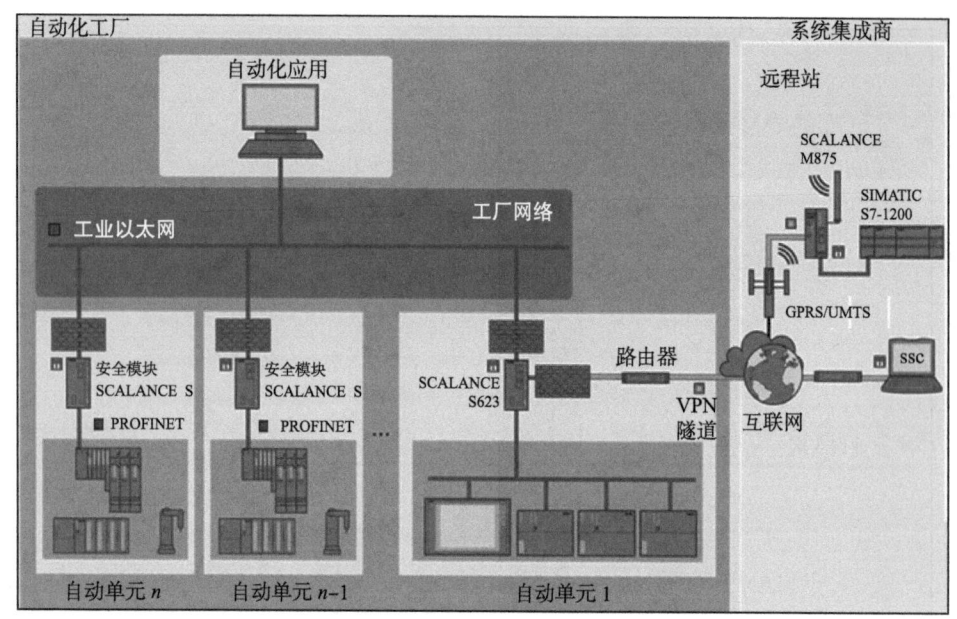

图 7-14　不能访问工厂网络情况下的远程访问工厂设备

7.7.4　系统完整性

系统完整性意味着自动化系统的控制器组件、SCADA 和 HMI 系统等要具备防止未经授权和恶意软件的访问或者需要满足特殊需求（如专有知识等）的保护功能。

1. 在工厂网络中保护基于 PC 的系统

就像办公网络的计算机系统为了防止恶意软件的侵袭，通过安装更新补丁来消除操作系统或用户软件的漏洞，在工厂网络中的工业计算机和基于 PC 的控制系统也需要相应的保护措施。在办公环境中已经证明的保护系统（如病毒扫描器）也可以在工厂网络中使用。因为病毒扫描器无法检测到所有的病毒，也无法阻止最新的病毒，特别在自动化环境中不能及时地更新软件，例如需要 7×24 操作期，所以应根据情况来选择是否使用病毒扫描器。

使用一种所谓的白名单软件可以替代病毒扫描器。白名单只允许运行用户定义的程序列表。如果一个用户或恶意软件试图安装一个新的程序，白名单会拒绝，从而防止其对系统的破环。

(1) 系统加固

系统加固是对操作系统进行适当有效的配置，减少系统受攻击的弱点，主要可以从以下 3 个方面考虑：

1) 网络服务。

2) 硬件接口。

3) 用户账号。

(2) 网络服务

有些网络服务存在一些潜在的风险。为了减小风险，所有自动化组件的服务仅在必须使用的情况下才能启用，且应从安全角度考虑被启用的服务（特别是 Web 服务、FTP、远程访问等）。

(3) 硬件接口

当未授权的人通过硬件接口访问设备或系统时，硬件接口就成了危险的入口，因此不使用的接口应被禁用（Ethernet/Profinet 口、WLAN、Bluetooth、USB 等）。同时还可通过禁用或物理隔离硬件接口达到保护作用或禁止其对外部介质的自动引导与自动启动功能。

(4) 用户账号管理

每个激活的用户账号都可能成为系统的潜在风险。配置实际需要的账户，且对已存在的用户账号应采用安全的数据访问机制。另外，还需要定期检查系统的用户账号，特别是本地配置的用户账号。

除了上述的 4 个方面外，还可以使用合适的防病毒软件来识别木马程序和阻止病毒的进一步传播。在特殊的情况下需要注意以下几个方面。

1) 病毒扫描过程降低了系统的性能（为防止这种情况，可仅扫描加载的数据，在系统的维护期间手动扫描整个系统等）。

2) 定期更新病毒样本库（若可能的话，可以从中央服务器上更新）。

3) 即使是在受木马感染的情况下，也必须保证系统的可用性，这意味着病毒扫描器不能做如下的操作：移除文件或阻止访问；把文件放到隔离区；终止通信功能；关闭系统。

除防病毒软件外，安全起见，可以使用白名单来阻止和识别木马。白名单机制提供了额外的保护，阻止了未知的应用程序或木马的执行，当然也可以阻止对已安装软件的未授权的修改操作。白名单软件创建了可以在计算机上运行的程序和应用列表，不在白名单列表中的程序和应用不允许执行。

(5) 补丁管理

迄今为止，大多数的安全攻击都是利用已知的系统漏洞进行的。针对这些漏洞，生产商有相应的补丁包。只有极少数的攻击是通过零日漏洞（这些漏洞不为多数人所知）进行的。

安装 Windows 补丁是加强安全的重要措施。对于装有西门子产品（SIMATIC WinCC、PCS 7、PC-based、SIMOTION 和 SINUMERIK 等）的计算机，只能安装经过兼容性测试的安全补丁。这些兼容的补丁列表会发布在 Newsletter 和 FAQ 中，而且建议用户在使用前做系统的兼容性测试。补丁是通过放置在 DMZ 中的 Windows 更新服务器（WSUS）发布的。对于在线的更新，需要建立更新流程（尤其对于冗余系统）。

（6）自动化设备的版本更新

虽然自动化设备的操作系统与计算机的操作系统有所区别，但这并不意味着它没有安全相关的漏洞。一旦有安全相关的漏洞信息出现，就应在其应用环境中评估此漏洞，而是否采用进一步的措施，需要考虑如下几种情况：

1）不需要任何措施，已有的措施能保证足够的安全。

2）为了保证安全，需要额外的外部措施。

3）安装最新的更新版本消除漏洞。

2. 控制层级的保护

计算机和网络已采取了保护措施，而对于特殊设备及专有系统又如何保护呢？如何保护一个可编程逻辑控制器和不使用商用操作系统或运行了数年甚至数十年的老版本系统的操作员站呢？

对此，第三方的安全软件是不能提供解决方案的。要访问此类设备系统的功能几乎是不可能的或所访问的功能非常有限。对于控制层的安全方案，自动化硬件制造商被要求提供相应的安全机制和用户特殊系统的安全设置项。同时，建议用户询问制造商是否有安全机制及如何激活，并设置安全选项。

对控制层的保护实质是确保现场控制器的可用性和对知识产权的保护。由于自动化与 IT 的互联及集成度不断增加，访问保护和防止恶意操纵的要求在工厂也发生着变化。这是现代控制系统中不可缺少的部分。西门子新一代的控制器 S7-1500 已经集成了此功能。除此之外，西门子控制器提供的功能还有密码保护、程序块保护和复制保护等，以确保工厂信息安全。

各个功能块可以得到保护，也就意味着未经授权的人无法访问函数块的内容及对其算法的复制和修改。同时通过版权保护防止对设备的仿制。程序块与存储卡序列号的绑定使得被保护的程序只能运行在合法的机器设备中。这些功能有助于保护机器设备制造商的投资，维护他们的技术权益。

S7-300 PLC 的高级版 CP343-1、S7-400 PLC 的高级版 CP443-1 和 S7-1500 PLC 的高级版 CP1543-1 可以成为网络及自身的安全接口。通过安全 CP 卡来连接控制器和下层网络，可以使它们进行安全通信，这实现并扩展了单元保护的理念。

CP1628 以太网卡用于保护个人计算机，而通过 VPN 和防火墙可保护工业计算机的通信。所有这些"安全集成"的产品相互兼容，相互之间可以建立安全的 VPN 连接，这样，系统的任何部分或任何类型的自动化组件都能得以保护。

系统集成篇

成就创新　引领卓越

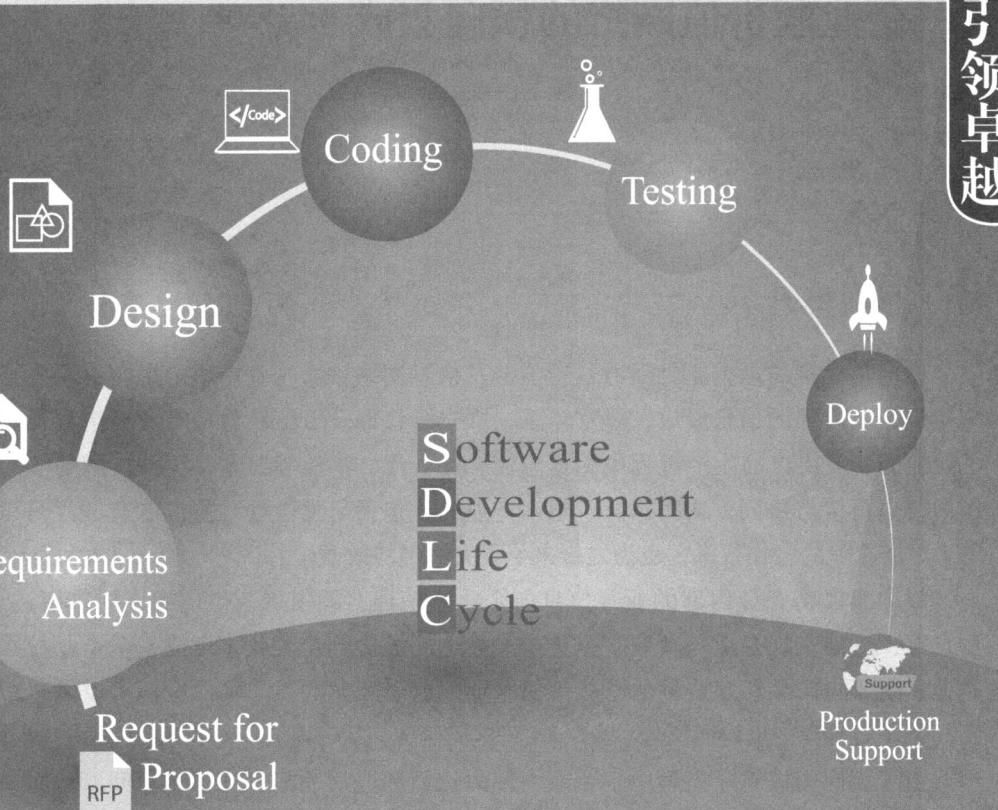

第 8 章 Chapter 8

企业间价值网络的横向集成

8.1 横向集成

横向集成指的是企业之间通过价值链及信息网络来实现资源整合。它将原先集中于企业内部的信息集成、研发体系、供应链管理及价值链重构等环节拓宽到了企业间,使得产品生产过程中的信息流、资金流、物流等要素在更加广阔的范围内得以衔接与协同,从而提高了整个产业链,包括研发设计、生产制造、营销等上下游企业的合作效率,也为之带来了更大的经济效益。

横向集成将企业内部的业务信息向企业外拓展,即拓展至供应商、销售商、用户等,进而实现企业与企业、企业与产品之间的协同。至此,形成一个企业与企业、企业与产品相互协调的智能虚拟企业网络。经典的横向集成案例可以借鉴不同企业间工程变更协同流程。

由于横向集成将原先集中于企业内部的价值创造活动拓宽到了企业间,从而将为整个产业链掀开新的价值处女地。目前互联网为人类创造的价值还集中在消费环节,我们也因此把现阶段的互联网称为消费互联网。然而这只是互联网价值体现的非常小的一部分。运用互联网技术,把消费端以外的研发、生产等真正能创造更大价值的环节连接起来,将为我们打开一个新的世界。

工业 4.0 的横向集成范围十分广泛,并会在实践中不断拓宽。在工厂一级,横向集成包含更为具体的系统集成。通过横向集成,使同一层的数据和信息共享,使业务和供应链集成,使不同业务模块的相关活动自动触发,使平台上的各业务子系统的信息互通、资源共享,保证了智能工厂里动态生产配置的实现。

8.2 横向集成解决的问题

横向集成是指将企业内部的物流、生产等过程和企业之间的能量流、物质流、信息流的交换过程（即价值网络）通过各种信息系统集成在一起。为了实现某一智能产品的生产，也许需要世界范围内的资源配置，需要分布在全球的机器设备，连接产品所需的自动化系统。生产智能产品的价值网络横向地集成了各个智能工厂的相关信息，以为智能制造服务。得益于互联网基础设施的完善，企业间的横向集成将在全球范围内进行。

那些 IT 系统和企业计划过程也许是跨洲的、越洋的、分布在互联网所在的任何地方。价值网络所连的公司也可能分布在互联网所在的任何地方。CPS 价值网络的横向集成是在世界范围内网络制造的成功经验基础上（如 A380 飞机的制造），在物联网（IoT）和服务互联网（IoS）的支持下实现的新的互联网网络制造，其机理如图 8-1 所示。价值网络也包含了所连接的实体间的商业价值链。横向集成需要解决的问题如下所示：

- 商业模式；
- 不同公司间的合作形式；
- 商业活动的持续发展；
- 由价值链连接的公司间的商业秘密保护；
- 标准化策略；
- 中长期的职工培训计划；
……

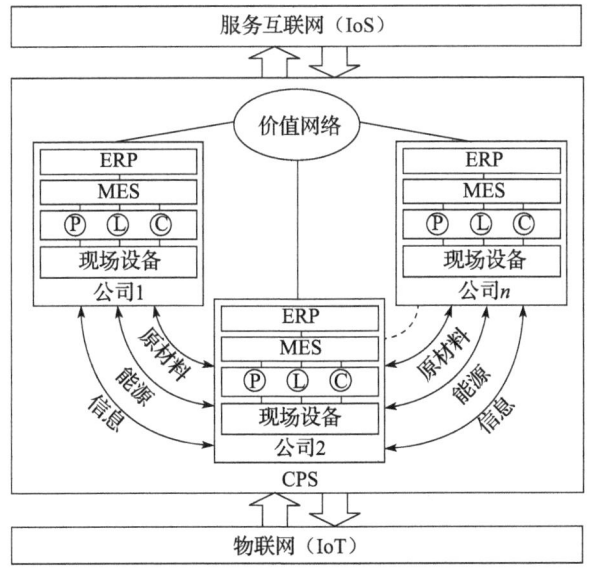

图 8-1 价值网络横向集成

8.3 横向集成与车间

工业 4.0 的愿景是以横向集成来实现的，它的目标是实现高度的网络化制造，而实现这一切的前提是多个行业的标准化和车间高度的自动化、信息化以及创新的商业模式。就当下的情况来看，实现之路还很长。可行的方法是先在单一的产业链上实现，再将其移植、扩展到整个商业范围内。

就像演化经济学家威廉·拉佐尼克在《车间的竞争优势》中说的那样，迄今为止的历次工业革命都始于车间技术革新。众所周知，产生于第一次工业革命的工厂一直是工业文明存在的最直观的体现。车间在工业文明中起着极其重要的地位。作为智能制造时代的车间革命，我们将网络化引入车间价值创造体系，从而产生新的工业价值生态。此举将大大促进人类生产力释放的进程。

高度的网络化使得产业链的信息集成更加便利，也为工业 4.0 时代的制造业革命带来了车间革命以外的新活力。在实现大规模个性化定制的过程中，产业链上游的企业可以集成下游的供应链信息，提高智能工厂的原材料供应能力。高度网络化的制造模式将智能工厂在价值链中的触角延伸到了传统工厂所无法触及的地方。企业还可以通过 IoS 提供类似于目前消费互联网所提供的电子商务服务，或者通过应用商店的形式扩展产品的增值服务范围。

当网络化在多个行业得到应用后，如果拥有一定的标准化数据及信息标准，不同行业代表的产业链将产生交织，形成横向集成的模式，最终促进新工业价值生态的诞生。

8.4 横向集成与网络化

工业互联网技术是工业 4.0 的横向集成技术赖以实现的基础，它可以将分布在全球范围内的智能工厂、公用设备、设计专家、生产工艺、专用设备或机器人，通过特定的 CPS 集成起来，生产出特定的智能产品。在全球范围内动态配置各类资源以组成智能产品的智能生产线。智能工厂、公用设备、设计专家、生产工艺、专用设备或机器人的相关信息被横向集成在一起，为智能产品的生产服务。

网络化的程度可以通过横向集成的边际来凸显。企业的网络化程度代表着它的商业模式的复杂度。我们之所以研究工业 4.0 时代的商业模式，其实是研究企业在价值网络中的位置，以及其是否具有较好的网络外部性，能否为企业的竞争提供更好的条件。

Chapter9 第 9 章

全流程的端到端集成

端到端集成指的是围绕客户价值进行的集成,围绕企业核心形成竞争优势,也因此能够提供最佳的用户体验。端到端的集成贯穿于产品的整个生命周期,包括原料供应、研发设计、生产制造、销售服务等各个环节。正是由于端到端集成具有这样的特点,使得其可以优化与产品相关的整条价值链,参与此价值链的各个环节的企业可以借此优化自己的策略,实现利益最大化。如青岛海尔推出的行业内首个用户社群交互定制体验平台——众创汇平台,通过模块定制、众创定制、专属定制等模式,为用户提供多种解决方案与产品。同时,海尔自主研发的COSMO互联工厂平台,将用户需求、创意、体验、预售、智造、迭代等与产品整个生命周期相关的流程融入该平台(见图9-1),整合了网络化背景下用户的碎片化需求,为快速满足大规模定制打下了一定的基础。

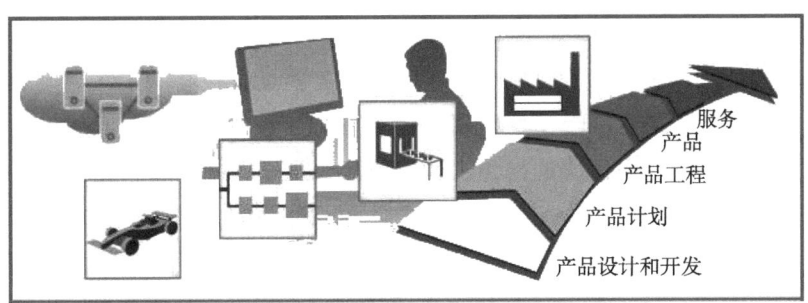

图 9-1 全流程的端到端集成

通过端到端的集成,产业链的领导企业可以获得竞争优势。产业链的领导企业通过分析自身在整个环境中的地位,从而对产业链进行优化,提升自己对产业链的控制能力，最终提升产品的竞争力。由于装备制造业中研发设计和销售是创造价值的两大关键环节，因此，大部分的领导企业通过围绕客户需求，进一步满足客户需求的方式加强对产业链的控制。

通过端到端集成控制产品的研发和销售环节获得成功的典型企业有苹果公司和小米公司，后者以此种方式在四年内实现了 450 亿美元的估值。德国工业 4.0 中端到端集成的本质是指，控制产品生命周期中的研发、知识产权、品牌管理和销售等关键环节，而把其他的环节，如生产交给合作方（如中国），以此实现面向客户的交付能力。

9.1 全流程的端到端集成简介

为了在整个工业生产过程中实现端到端的数字集成，使现实世界和数字世界在产品的整个生命周期所包含的价值链的各个环节之间实现整合。我们采用建立模型的方法，这对管理复杂系统具有非常重要的作用。于此同时，我们需要一个跨学科的、全面系统的工厂方法，使其能够覆盖产品的研发、制造、销售等各个环节，为产品的整个生命周期提供周全的端到端支持。为了达到以上这些，我们需要对工程师进行一定的培训，使得他们能够适应这种新的工作模式。

所谓的工业 4.0 的端到端的数字化集成，就是用户可以通过互联网参与产品的研发与制造的各个环节。企业可以在客户参与的过程中为其提供更多的服务，带来更多的体验，从而提升产品的附加值，这也是对 C2B 模式的一次具有创新性的应用。在实现这一目标的过程中，企业需要借助互联网技术，同时开发更好的产品管理系统来统筹管理与产品生命周期相关的各个环节，用虚拟化的设计、虚拟化的制造、虚拟化的评估等方式将客户的需求融入产品生命周期的所有流程。

在这种创新的 C2B 模式下，企业需要对来自客户的个性化、多样化的订单进行及时的处理。为了实现这样的目标，工厂需要具有较高的柔性、灵活性和运行效率。事实上，柔性、灵活性与高运行效率所带来的，正是我们孜孜追求的目标——大规模定制。与传统的批量生产不同，大规模定制会给企业带来很多明显的好处。其一，由于客户参与了产品的设计和制造环节，加深了客户对产品和企业的认识与感情，有助于培养客户的忠诚度与黏滞度，有助于维护与扩展客户群。其二，在 C2B 模式下，交易的过程由企业先垫资生产直至销售获得回报的模式变为客户先下订单并提供一定的资金作为保证金的模式，这大大缓解了企业的现金流压力。其三，由于客户是直接面对生产商的，因此可以免去中间商的利润分割和层层提价，对客户和企业来说都是双赢的局面。其四，对于严格按订单需求生产的企业来说，完全没有了库存的压力，这将大大降低企业运行的成本。然而，这样的大规模定制并不容易实现，需要企业在关键的时刻进行战略性的深度转型。第一，这既然是基于互联网客户参与的生产模式，那么，网络侧的流量导入就显得尤为重要。第二，企业需要具有将网络侧的流量转化为订单，并及时响应这些订单的能力，不管是企业自己的工厂生产，还是通过横向网络找到最合适的厂家生产。第三，对于需要在本工厂满足的生产需求，企业需要开发具有端到端集成的生产模式，实现完全按照需求生产。当然，实现这一切的基础是对物理世界，包括工厂、车间、产品、设备等进行相应的升级。最后，小批量多品种的生产系统完全不同于传统的大批量自动化生产，需要企业的经营者站在更高的层面进行深入的理解才能做出对企业具有真正价值的对策。

工业4.0中端到端的集成更强调各生产阶段终端设备的集成。一个产品生产的工程过程分为不同阶段，在CPS支持下，它们的数字信息可以被集成在一起，从而实现智能化制造。生产行进的每一步都有相应的信息被综合到CPS中，也可以使产品在每一个阶段受到信息控制，甚至做出改变。

智能产品的生产过程包括：设计和开发、生产计划、生产工程、产品和服务五个阶段。每个阶段都会有相应的数字终端设备支持，这些终端的数字信息通过接口进入CPS中并被集成在一起，从而进入生产工程数据库或生产云。于是各阶段的数字信息在数据库中融合、交互，生产工程实现了端到端的数字集成。

实时透明是跨越整个价值链的端到端工程数字集成中的一个非常重要的概念。如上所述，当生产过程各阶段的设备终端被实时数据库相连，那么，这些终端也就实现了实时透明。端到端的信息交互变得既实时又直接，从而使端与端透明贯通。显然，实现实时透明的关键技术是数据库技术与接口技术，是大数据的融合技术。端到端实时透明也意味着生产全过程信息的共享与实时应用，这样就支持了智能产品动态地出现在任何生产设备前，都可以立即得到设备终端的智能人机界面的支持，并进行应有的生产处理或加工。相应地，生产线上的设备终端都同时得到了支持此产品生产的信息及功能画面。跨越整个价值链的端到端工程数字集成是实现智能生产的基础，也为生产智能产品提供了保障。

9.2 端到端——供应链要达到最佳的状态

工业4.0模式下，理想的状态是智慧工厂的下游都有共有的云，在云端集成了整个供应链，实现物和物、服务和服务、人和人的对话。在实现这一目标的过程中，信息技术显得尤为重要。将流程与信息技术深度结合，是工业4.0模式下整个供应链发展的思路,也是企业发展工业 4.0 的着力点。

9.3 端到端集成解决方案

信息孤岛是当前我国制造业企业在信息化升级建设中普遍遇到的问题,信息孤岛的存在阻碍了各个生产单元之间信息的有效传递,从而对整个生产系统带来了负面影响。

PLM 关系集成模型可以用于描述企业中各个数字业务或者各个学科之间的关系。事实上,企业在信息化的过程中建立系统也正是为了解决众多的业务问题。从底层技术角度来看,只要实现对 PLM 关系集成模型中的关系的管理,就能实现端到端的整体协同,因此这是一种不错的解决方案。

从业务场景模型(见图 9-2)中,我们可以看出:

1)需要多个 IT 厂商共同努力才能为制造业提供完整的支撑。

2)数据的交换与互通在制造业的四大关键环节中均有存在。

3)业务场景模型的中间是一个主系统模型,实现了与各个信息系统的关联。

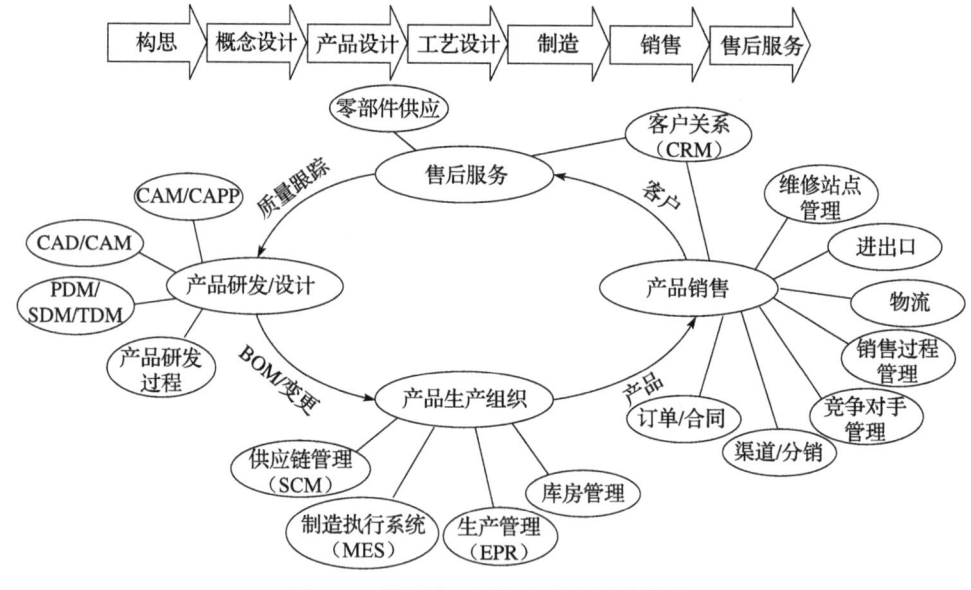

图 9-2 端到端的制造业业务场景模型

9.4 全价值链端到端系统工程

跨越全价值链的端到端的数字化集成(见图 9-3)是指通过部署 CPS,实现从产品需求到最终的产品交付的全流程覆盖。通过数字化建模等方法,在一个端到端工程工具链中,使得用户的所有需求信息与各个程序之间的相互依存关系能够标准化、准确、清晰、数字化、高效地描述、确认和传递,最终完成制造过程并输出结果,且输出结果与最初输入的需求完全一致,不会产生任何偏差。制造生产系统能够实现并行开发,并与产品开发过程同步,最终实现个性化定制生产过程。价值链数字化端到端集成能够使企业获得有更大的市场、更高的客户满意度、更大的销售规模,同时还可以大幅度降低公司内部的运营成本。

现今

IT 支持系统间的不同接口

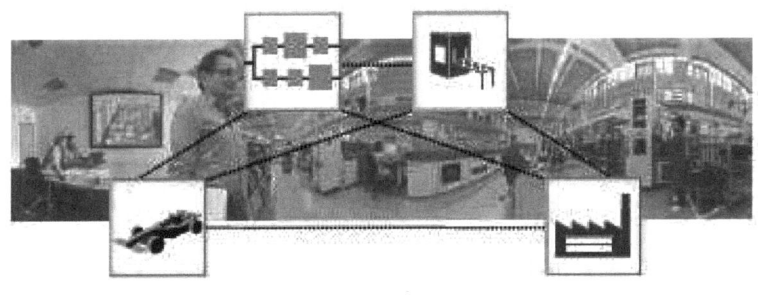

未来

跨越全价值链的端到端系统工程

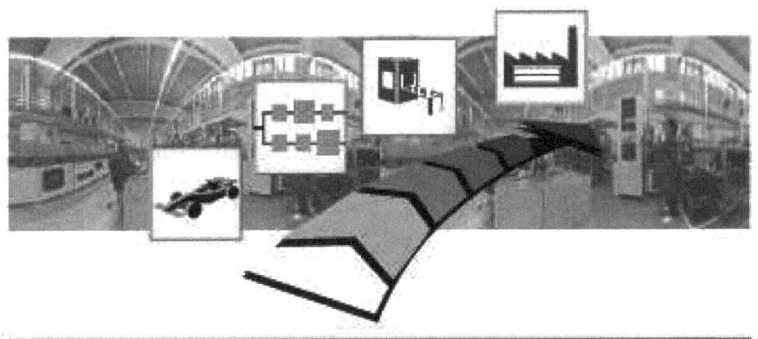

图 9-3 跨越全价值链的端到端的数字化集成

在现今生活中,一般消费者需要从制造商预先制造的产品系列中挑选自己需要且满意的产品。一旦实现端到端的数据系统工程和价值链优化，则意味着消费者可以通过个性化功能或组件的混合与重置，获得自己需要的产品，以满足自己的个性化需求。

当前从客户提出需求到产品设计，再到投入生产的价值链过程往往是相对静止的，一般需要较长时间才能完成。另一方面，IT 支撑系统虽然可以通过不同的接口来交换信息，但这些信息通常只能用在具体的个案中，同时 IT 系统的维护费用相当昂贵，因此无法催生产品制造的全球化视野。全价值链端到端系统工程虽然从技术角度来说可以实现，但目前顾客还无法做到自由地订购满足其所需的所有功能和特性的产品。举例来说，顾客可以为自己的车订购一个后挡风玻璃刮水器，但刮水器却不一定能用在由同一家公司生产的其他豪华轿车上。

把 CPS 技术应用于基于模型开发的设计生产过程中，通过端到端、模拟、数值等方法，可以实现从客户需求定义到产品设计加工，再到成品完成出库等各个方面的配置。它可在端到端的工程工具链中确定和描述各个环节的相互依存关系。把 CPS 应用于基于模型开发的制造业系统是一种全新的打包开发模式，并且可以始终跟上产品开发的步伐，这种方法使得个性化定制生产模式成为可能。

Chapter10 第 10 章
网络化的纵向垂直集成与网络化制造

纵向集成就是解决企业内部信息孤岛的集成，工业 4.0 所追求的就是在企业内部实现所有环节的信息的无缝连接，这是所有智能化的基础。纵向集成是基于未来智能工厂中网络化的制造体系，实现个性定制生产，替代传统的固定式生产流程（如固化的流水线）的关键实现。

从涉及的边界来看，工业 4.0 三大集成实现的难度各不相同。目前，工业 4.0 已逐步在某些行业中得以实践，但大都在车间层面，即所谓的工厂或数字化工厂改造，这主要是因为目前制造业的主要价值创造过程仍然在工厂，所以企业以提升工厂的数字化水平来提升生产效益。另外，基于工厂边界的模式变革相对容易实现，产生的边界效应也容易获得领导者的认可，而端到端的集成和横向集成则涉及单一或多条价值链，协调的利益相对较多，且因缺乏相应的技术与用户基础，在短期内实现的可能性较小，还需要较长时间的不断试验与优化。

如果一个企业能够高度纵向集成，则其可以完全控制从原材料到产品零售的整个生产过程，例如，阿莫克石油公司。有些专家认为纵向集成可以提高企业网络化，可以使组织在交易市场中将交易成本降到最低，同时也可以更好地控制物流、有效地交流信息及降低成本等。但其也有不利的一面，如，拥有全部的所有权并不能保证企业能为消费者提供最好的服务，也无法有效地应对外界需求的变化。此外，纵向集成度高的企业往往组织庞大，管理机构相对复杂，因此对市场的反应速度相对较慢。网络化的纵向集成是一个组织拥有一个供应链各个部分的方法。

10.1 PDM 与 ERP 集成

10.1.1 PDM 与 ERP 集成的必要性

在企业信息化中，PDM 与 ERP 分别被认为是涉及技术管理和信息化管理的两个不同领域。从理论上说，PDM 能够集成并管理所有与产品有关的信息和过程，它能帮助企业构造一个适合异构计算机运作的集成应用平台，对"粗放型"发展的各种单项计算机辅助技术进行"集约化"管理。ERP 是一种新型的先进企业经营管理模式。在 MRP II 基础上进一步吸取现代管理思想，对于制造相关的企业活动的所有资源、过程进行统一管理，有目标地进行成本管控、质量管控和客户服务管理等，PDM 着眼于制造业领域内的连续计算机化管理，主要集中用于生产制造阶段的管理。PDM 和 ERP 在管理上的重点各不相同，但同一产品的形成周期通常涉及 PDM 和 ERP 两个领域，况且现今 PDM 和 ERP 的部分功能也出现了重叠。若能把 PDM 和 ERP 进行集成并进行研究，即将产品开发与生产管理甚至仓储管理等打通，有效缩短产品形成周期，加速产品设计到制造领域的转化，从而在根本上促进企业的现代化进程，这对企业生产活动具有十分重要的现实意义。

10.1.2 PDM 与 ERP 的集成模式

PDM 与 ERP 的集成模式有以下 3 种。

1. 接口交换模式

当前 PDM 和 ERP 系统均有各自的数据库，但没有统一的数据模型，而且大多数 PDM 系统与 ERP 系统都提供了 API 接口，所以，接口交换模式是当前比较普遍的一种集成模式，其结构如图 10-1 所示。

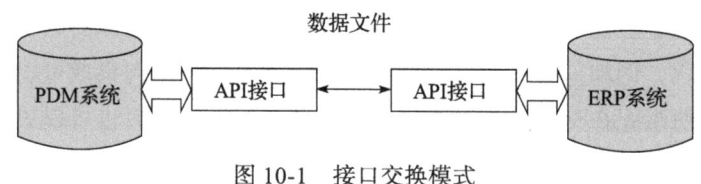

图 10-1 接口交换模式

在接口交换模式下，PDM 与 ERP 之间的信息传递通常需要通过打包的数据文件来完成，如 PDM 系统要访问 ERP 系统中的信息，则首先要通过 ERP 系统的 API 接口把所要的信息提取出来，转换成数据文件，然后该数据文件通过 PDM 的 API 接口传递到 PDM 系统以实现访问。以这种方式实现的信息集成非常有限，难以做到整个企业信息的共享。

2. 封装集成模式

所谓"封装"是指将对象的属性和操作方法同时封装在定义的对象中。用操作集来描述可见的模块外部接口，从而保证对象的界面独立于对象的内部表达。通常对象的操作方法和结构是不可见的，对象唯一的可见部分是外部接口，是作用于对象上的操作集的说明。需要特别指出的是：通过OMG（对象管理组织）制订的CORBA规范可以增强PDM的可扩展性、与ERP系统或与其他应用系统的集成能力。OMG所制定的"PDM使能零部件（PDM Enabler）"指的是实现或者支持一种特定的抽象处理过程的物理实体，通过提供共享产品数据的灵活方式来增强产品开发的效率。遵循PDM使能零部件规范的PDM系统之间将能够：把一个PDM系统的数据转移到另一个PDM系统之中；实现应用系统的联邦机制，即PDM应用系统能够管理ERP系统或者另一个PDM系统中的数据。同时，对于通过该规范定义的统一的对象界面，CAD、CAM可以调用它们定义的服务而不必关注对应的具体产品，从而极大地方便了系统的集成，其结构如图10-2所示。目前，OMG的"PDM使能零部件"规范尚未最终形成。

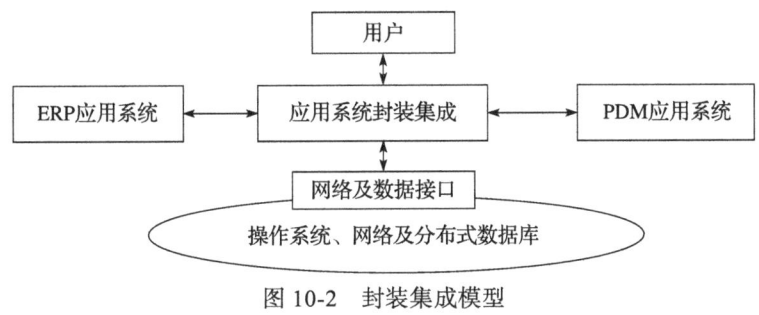

图 10-2 封装集成模型

3. 紧密集成模式

在该模式下，PDM系统与ERP系统有机地结合在一起，它们使用统一的数据模型，所有的数据存放在同一个数据库中，它们不仅可以共享数据，还可以共享操作服务。该模型使得ERP系统和PDM系统相互调用有关服务、执行相关操作成为可能，也使得ERP与PDM之间的关系更为紧密，进而能够真正实现一体化。

紧密集成是PDM系统与ERP系统集成的主要发展方向，但受技术等方面的限制，要实现PDM与ERP的紧密集成还有很长的路要走。

10.2 ERP与MES集成

MES的主要功能包括：资源配置和状态模块；生产单元（以任务、订单、批次和工作命令等形式表达）调度模块；数据采集获取模块；质量管理模块；维护管理模块；性能分析、运行细节计划编制与调度模块；文件文档控制模块；劳务管理模块；过程管理模块；产品跟踪模块等。目前，大多数同时实施 ERP 和 MES 的制造企业中，其集成企业模型呈现出典型的三层结构，即最上层为管理决策层（ERP 层），中间层为计划调度层（MES 层），底层为一般控制层。集成企业模型如图 10-3 所示。

图 10-3　集成企业模型

这种典型的三层结构在实际生产中也会存在一些不可忽视的问题，主要原因是 ERP 本身并不能对工厂生产的瓶颈进行分析，无法改进和控制产品的质量，无法对具体的产品进行排产。此外，MES 解决方案为企业提供的是一个相对狭窄的视野，从企业的角度看，管理层在广度和深度上缺乏为进行决策支持所需要的生产执行数据。因此，对 ERP 和 MES 系统进行集成，可以不断完善 ERP 与 MES 的自身功能，同时也为制造业信息化提供有效手段。

ERP 与 MES 集成的优点主要有：①生产计划以实时数据为依据，能够及时准确地反映整个生产情况；②可以有效地改善信息技术基础设施，帮助企业实现内部信息和数据的集中管理，从而从根本上减少信息和数据在内部流通的时间；③可以实现财务系统数据当日更新和管理报表能够即时统计的功能；④可以配合供应链管理系统，从而减小供应链成本，对顾客需求具有快速的反应能力，对客户服务进行优化，从而提高公司的整体工作效率；⑤可以改进现有的操作流程，对企业管理层和车间管理层进行一体化标准运作，有效缩短产品生产周期，大幅度提高劳动生产率。

10.2.1　ERP 与 MES 的集成分析

在生产制造中，大多数 ERP 产品只可以做到零部件级的生产计划，目前还无法做到工序级的生产计划，而目前的 MES 主要用来采集客户订货到生产制造的产品全过程的各种产品及设备的相关数据与状态。若底层控制层要求的实时时间系数为 1，则 MES 层的实时时间系数为 10，ERP 层的实时时间系数则为 100。

作为管理决策层和控制层之间的一个中间层，MES 起到为 ERP 层和控制层传递相关计划与控制信息的作用。ERP 与 MES 集成系统的信息传递如下所示：

1）ERP 系统自上而下的驱动数据主要来源于客户订单和销售预测两个方面，在 ERP 进行处理后将生成采购件的采购订单和自制件的工作订单。生成的采购订单可以直接下达给相关采购部门，或者可以与 SCM 系统进行集成，从而可以及时跟踪、监控相关物流状态。生成的自制件的工作订单一般会下达到相关车间的 MES 中，工作订单中包含物料、生产数量、完工时间等相关信息。与自制件的工作订单同时下达到 MES 中的还会有相关的标准物流 BOM、标准生产工艺、相关设计文档等。MES 根据这些相关信息，对相关的资源进行分配，对相关工序进行梳理、对生产调度进行安排，并将产生的工作指令下达给底层控制层的工人、设备或控制系统，同时将控制系统需要的控制系统参数发送给控制层。

2）自下而上的信息流将底层控制系统的相关信息实时传送到 MES 层，再经 MES 处理后传送到 ERP 层。控制层会在工作的同时或者工作完成后将底层的相关信息实时传输给 MES，这些实时信息包括相关生产信息，如起止时间、装配时间、等待时间、排队时间、实际工作时间、完成数量、废品数量，又包括作业任务状态以及底层设备、人工状态等；MES 在得到底层信息后，将对某些信息进行处理，并将处理结果反馈给 ERP 系统，如工作订单状态、完成情况、起止时间、资源状态情况、工时信息、实际的物料 BOM、实际的生产工艺、WIP 信息、废品信息、实际库存状态等，这些反馈信息对 ERP 系统至关重要：

- 使 ERP 系统中物料 BOM、生产工艺根据反馈数据得以调整；
- 实时的资源状态（物料、人工、设备）使闭环 MRP 得以实现；
- 实时信息的反馈使成本计算、WIP 状态、库存状态更加可靠。

由此可见，MES、ERP 以及底层控制系统的信息流是整个制造业信息化的基础。ERP、MES 及底层控制系统的信息交换情况如图 10-4 所示。

10.2.2　ERP 与 MES 的集成模式与方法

ERP 与 MES 的集成没有统一的最佳方案，各个企业应根据各自的实际生产情况、应用情况和目标需求等来确定最佳的解决方案。通过充分研究企业的发展目标、运营模式和业务过程，确定信息交换共享的方式与方法，以保证相关信息的准确传输。通过研究相关 ERP 与 MES 集成的实践经验，ERP 与 MES 可有以下几种集成模式。

（1）封装调用集成模式

和 PDM 与 ERP 集成的封装集成模式一样，ERP 与 MES 封装以后通过接口调用就可以有效实现 ERP 与 MES 系统的集成。比较典型的调用方法有：基于 API 的函数调用方法、JDBC-ODBC 方法等。

基于 API 的函数调用方法的 ERP-MES 封装调用集成模式同一般的 API 函数调用基本相同，其模式如图 10-5 所示。目前比较流行的是 SAP R/3 的业务应用程序接口（Business Application Program Interface，BAPI），其通过对 BAPI 的调用来实现系统的集成。在这个集成系统中，ERP 中的 BAPI 函数可以将 MES 想要访问的数据从 ERP 系统中提取出来，并转换成数据文件，再将数据文件转换成符合 MES API 函数的数据结构传递到 MES 中。这种封装调用集成模式的优点是可以适应于提供开放接口的外部系统集成，缺点是一般的 ERP 产品并不提供 API 的封装调用集成模式。

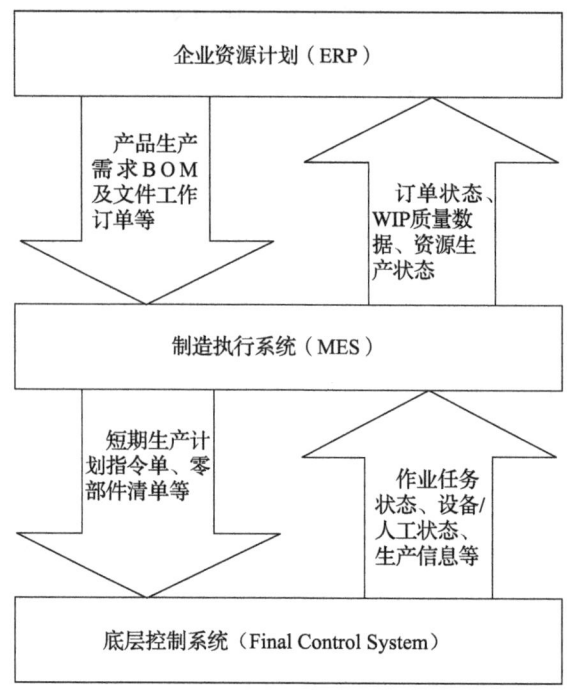

图 10-4　ERP、MES 与底层控制系统的信息交换情况

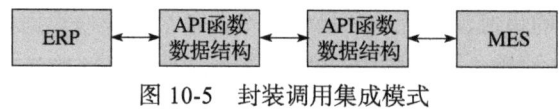

图 10-5　封装调用集成模式

　　JDBC-ODBC 方法可以实现普通的 ERP 与 MES 的集成。对于这种方法，在 Java 编程或者 .NET 编程的相关书籍中有很详细的叙述，在这里就不赘述了。这种方法同下面叙述的直接集成方法比较相似。缺点是需要了解集成系统的底层数据库的构造，通过底层数据库来实现集成，因此可能打破原有系统的平衡性。

　　（2）间接集成模式

　　间接集成模式主要是通过中间文件、中间数据库以及 XML 数据流等实现 ERP 与 MES 之间的集成。

　　通过中间文件实现 ERP 与 MES 的集成主要是通过将 EPR 及 MES 的数据格式统一为相同的文件格式来实现，如电子文档 EDI 格式、Excel 格式等。ERP 和

MES 通过访问中间文件库来实现系统的集成，其结构如图 10-6 所示。

如图 10-6 所示，系统通过数据输出程序将 MES 中的相关数据读入文件库中，再由数据读入程序将文件库中想要的相关数据读入 ERP 中，从而实现 ERP 与 MES 的集成。反之亦然，最终实现数据的双向输入输出，以及系统的完整集成。

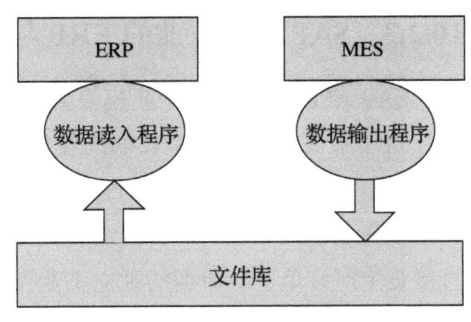

图 10-6 间接集成模式

通过中间数据库集成模式，即通过建立数据格式统一定义的中间数据库，访问中间数据库并提取数据，从而实现 ERP 与 MES 之间的信息联通。这种集成比较适合于完整的 ERP 与 MES 的自行开发与实施，而实现中间数据库集成模式的关键就是多数据库集成技术的应用。

基于可扩展标记语言（Extensible Markup Language，XML）的集成技术也属于间接集成模式，有通过中间文件集成的属性，也有通过中间数据库集成的属性，因此将这种方法单独作为一种方法进行研究。XML 改变了人们对程序设计、通信甚至一般表示的含义以及环境的理解。XML 可以作为不同应用数据进行交换的通用格式。在 ERP 与 MES 的集成中，采用 XML 能够使不同数据库的数据通过 XML 数据流进行集成。XML 集成技术既可以把 XML 看成一个文件集进行传输交换集成，又可以将 XML 文件作为一个数据源进行访问以起到中间数据库的功能。例如，ERP 端可以将 MES 端所需的信息提取出来，并转换成 XML 格式文件发送给 MES，MES 可以提取文件中的信息并转换成自己的数据格式的信息，以此实现 ERP 与 MES 的集成，如图 10-7 所示。

（3）直接集成模式

ERP 与 MES 的底层数据库都是关系型数据库，要想实现 ERP 与 MES 的直接集成，就需要让两个系统分别对各自的数据库进行操作并交换数据，而实现直接集

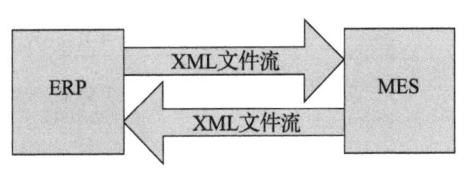

图 10-7 基于 XML 的 ERP 与 MES 集成

成模式的最好方法是将 MES 的数据存放在 ERP 的数据库中，从而实现两个系统数据库的真正共享。由于这种集成的紧密度较高，故将 ERP 与 MES 作为整体系统开发是较好的，但目前大多数企业一般均采用不同公司的相对成熟的 ERP 与 MES 商业软件，所以直接集成模式并不太适合这些企业进行系统集成，这是这种方法的局限性。

以上即为 ERP 与 MES 集成的集成模式，在实际生产中，企业应该根据自身

实际情况，选择适合自己的方法，从而实现系统的最优功能发挥。

10.2.3 SAP 制造行业的 ERP 与 MES 集成架构

SAP APO 与独立的工业模块无缝集成在一起，组成一个完整的计划体系。这个计划体系可以完成从中长期的整体计划一直到分钟或秒级的作业计划，从而构成整个信息化管理体系中的计划层。这里，APO 中的生产计划与详细排产模块可以真正完成中短期的计划并产生计划工单。因此，在 MES 中不再有生产计划，而直接是生产订单了。所谓的独立工业模块主要用来完成基于件次的排产工作。SAP APO 中的计划与独立工业模块中的计划的区别或者说分工是：所有基于订单的计划，比如产生计划工单，并对计划工单进行排序、分拆、合并等优化工作全由 SAP 来完成；而所有基于物料件次的计划都由独立的工业模块来完成。比如加热炉的上料计划，再比如轧制薄板类产品时的龟壳型排序（见图 10-8）。

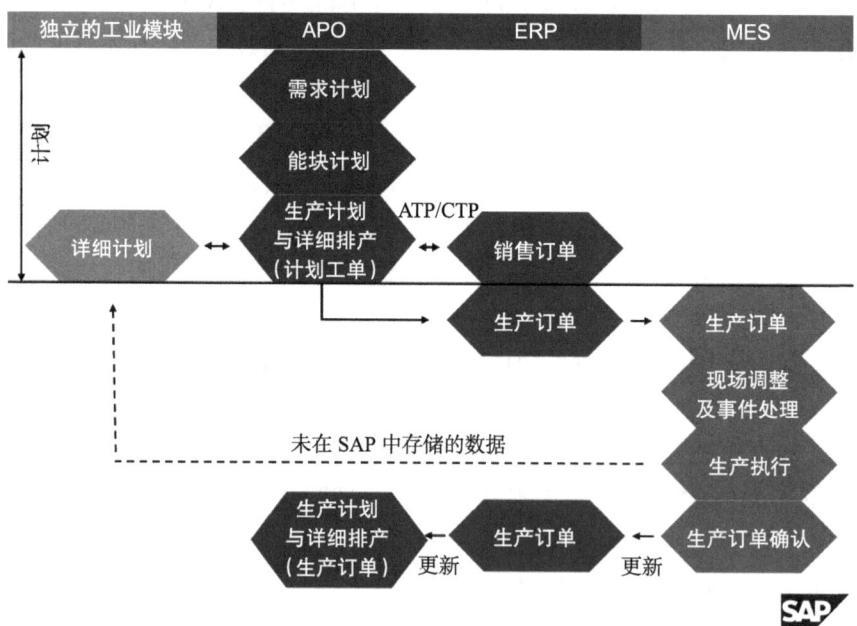

图 10-8 SAP 制造行业的 ERP 与 MES 集成架构

之所以采用这种独立的工业模块主要是因为基于件次的计划与钢铁冶金企业的设备、工艺的关系非常密切，很多独立的工业模块中内置了大量的工业优化算法。这些算法模型主要关注技术层面，与管理层面的关系不大。而 SAP 公司作为企业管理软件供应商，注重的是管理层面的问题，不会提供类似的工业算法模型，要在 SAP 系统中实现这些算法也是可以的，但用户必须自己在 SAP 中建立这样的算法模型，SAP 只提供建立模型的平台和工具。鉴于这种情况，直接采用这些独立的工业模块，并使之与 SAP 集成便成为一种效率最高的解决方案。另外，如果要在 SAP 中完成基于件次的计划也是可以的，但除了要在 SAP 中建立相应的算法模型之外，还必须满足一个计划工单等于一个件次、一个批次等于一个件次这样的约束条件。这是因为，到目前为止所有的 ERP 系统中的计划都是基于工单来进行的。因此，在这种最新的架构中，采用了所谓的独立工业模块。当然，这种独立的工业模块除了直接在市场上采购外，也可以由客户自行开发。

另外，在这种架构中，SAP ERP 系统与三级 MES 构成了一个大的执行层，SAP ERP 是企业级的执行层，而三级 MES 是分厂或车间级的执行层，这里保留了现场调整与事件处理功能，主要用来处理突发事件和短期的计划调整，使得三级 MES 可以及时处理各种现场情况。

在这种架构中，三级 MES 成了名副其实的制造执行系统，即只有执行没有计划。可以说这种架构是一种"厚四薄三"型的 ERP/MES 架构。当然，上述架构只是众多可行架构中的一种，在项目中具体如何设计，需要根据企业的实际情况而定。

10.3 PLM 与 MES 集成

10.3.1 PLM 与 MES 的集成分析

实现 PLM 与 MES 的集成后，PLM 的设计数据与 MES 的相应管理模块可以同步进行，即可直接将产品要求、设计和制造信息与车间执行系统连接。例如 MES 的工艺管理、物料管理等模块将会存储在 PLM 的设计数据中，以供生产执行过程使用。将 PLM 与 MES 进行集成有效避免了两个系统中数据不同步的情况，集成系统中的数据可以实现实时连接。

PLM 与 MES 的集成解决方案是一个无缝的途径，不仅可以提高生产灵活性，还可以提高生产速度，提供创新的产品和优化的方法，更可以不断地通过分发最新的产品设计和组装方法到更多的、更快捷、更有效的生产价值链，确保生产和工程领域的全面可视性转移需求。

10.3.2 西门子的 PLM 与 MES 集成架构

设计系统与制造执行系统之间的业务关系不仅仅是数据的简单同步，还包括业务逻辑的互操作性。PLM 与 MES 之间可以实现紧密的系统集成，如 Teamcenter 与 SIMATIC IT 之间的集成。两者的数据同步并非传统意义上的通过中间文件方式实现的，而是通过底层函数互调实现的，全盘考虑数据传输的效率和完整性，保证企业是建立在一个统一的数据源的基础上。Teamcenter 与 SIMATIC IT 通过独有的内部数据通道，实现设计系统与制造执行系统间的紧密结合。同步的数据内容不仅仅是文字性的、静态的、局部的，还是包括了结构化参数、生产指导文件和三维数字模型等全局数据的完备数据包，保证了各种主数据信息，如产品编号、物料编码、工装刀具编码以及人员编号等信息在两个系统中的一致性，百分百的匹配度（见图 10-9）。

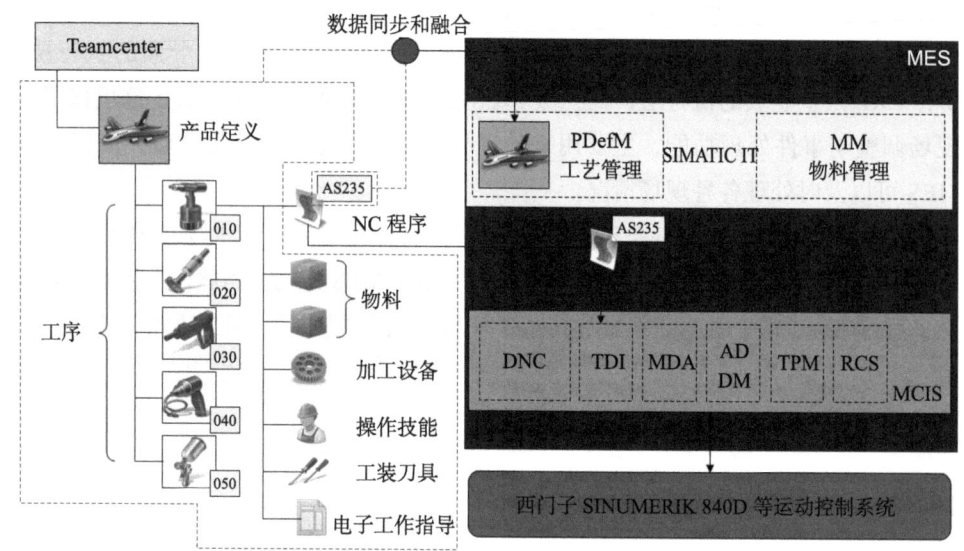

图 10-9　西门子的 PLM 与 MES 集成架构

PLM 将完整的产品数据包通过内部通道传递给 MES，MES 内部的各个模块分别负责接收和存储不同类型的产品设计数据。

MES 的 MM 模块负责物料数据管理，它将存储来自于 PLM 的产品编号、物料类型和分类、物料编码（包括零组件、刀具、工装等）和物料属性等信息。

MES 的 PDefM 模块负责工艺数据管理，它将存储来自于 PLM 的工艺数据，并且能够与 PLM 中的工艺数据结构保持高度一致，包括完整的工艺路线信息，每道工序涉及的毛坯、刀具、设备类或指定设备、操作技能、刀具类或具体刀具，以及生产指导文件等。

MES 的 PRM 模块负责人员数据管理，它将存储来自于 PLM 的人员数据信息，包括人员编码、所属部门、岗位、技能、资质、班组等信息。

MES 的 MCIS 模块负责程序传输、数据采集、在线刀具管理等，PLM 可以直接将数控机床程序通过内部通道下载至数控系统中，并且整个过程都是在系统的监控下进行的，相应的容错程序能够保证数控机床程序传输的完整性和正确性。

案例分析篇

成就创新　引领卓越

制造运营管理案例

成功案例1 青岛啤酒

1. 客户企业概况

青岛啤酒股份有限公司成立于1993年（以下简称"青岛啤酒"），它的前身是1903年8月由德国商人和英国商人合资在青岛创建的日耳曼啤酒公司青岛公司，它是中国历史悠久的啤酒制造厂商，也是2008年北京奥运会官方赞助商。

1993年7月15日，青岛啤酒股票（0168）在香港交易所上市，这是中国内地第一家在海外上市的企业。同年8月27日，青岛啤酒（600600）在上海证券交易所上市，成为中国首家在两地同时上市的公司。

青岛啤酒远销美国、日本、德国、法国、英国、意大利、加拿大、巴西、墨西哥等70多个国家和地区。全球啤酒行业权威报告Barth Report依据产量排名，青岛啤酒为世界第六大啤酒厂商。

青岛啤酒

青岛啤酒（揭阳）有限公司位于揭东区经济开发新区，项目总投资8亿元人民币，占地300亩，生产能力为60万千升/年。青岛啤酒（揭阳）有限公司选用目前国际一流的啤酒生产设备，配备不锈钢发酵罐、进口过滤系统、瓶装及易拉罐包装线，从原料处理直至成品酒出厂全过程自动化控制。生产过程采用先进的二氧化碳回收、冷凝水回收、梯级制冷等环保节能新工艺、新技术，实现高效率、低能耗、信息化的生产运行。

2. 企业信息化应用总体现状

青岛啤酒（揭阳）有限公司目前正在应用多个信息系统，包含：
❏ Oracle EBS 系统，该系统已经在青岛啤酒集团成功应用10年以上；
❏ 作业成本系统，该系统已经在10多家分公司成功实施；
❏ KM（知识管理）系统。

3. 信息化项目详细情况介绍

（1）项目背景介绍

青岛啤酒（揭阳）有限公司是一家新建的生产工厂，在设计初期即确立了打造一个一流的自动化、信息化的示范生产基地的目标，由此，青岛啤酒股份有限公司引入了西门子的 SIMATIC IT MES 系统。

（2）项目目标与实施原则

根据青岛啤酒对信息战略的总体规划框架，围绕啤酒生产六大改善——品质改善、效率改善、质量改善、队伍改善、安全改善、资源改善，为提升六大核心能力——快速响应的产品交付能力、全面过程的质量保障能力、精湛成熟的工艺技术能力、投入产出的成本控制能力、永不满足的持续创新能力、统筹兼顾的和谐发展能力提供信息化技术支持，满足管理进一步由定性向定量、由静态到动态、由事后到实时的转变要求，达到增强企业综合能力、创建"一流啤酒制造工厂"的总体目标。

青岛啤酒根据设定的目标，提出了系统的设计原则。
❏ 实用性原则：突出实用，确保管理理念和技改目标达成。
❏ 先进性原则：引入先进技术和理念，提升项目整体水平。
❏ 集成性原则：生产全覆盖结合周边系统，构建整体集成。
❏ 灵活性原则：确保系统良好的适应性以应对业务变化。
❏ 标准化原则：参照标准应用商品软件建设示范性系统。

（3）信息系统的层级结构

层级一：啤酒生产划分为两大部分：酿造部分和包装部分。其中在酿造部分，青岛啤酒（揭阳）有限公司采用西门子的 Braumat 系统，用于管理酿造部分的整体生产控制流程；包装部分采用了 WinCC 系统，与各台设备（如灌装机、杀菌机、包装机等）进行信息集成。

层级二：MES 的所有硬、软件网络，主要功能包括配方管理、糖化工段数据采集及监视、发酵工段数据采集及监视、过滤及清酒罐数据采集及监视、包装工段管理、OEE、物料追踪、报表及数据分析等。

层级三：Oracle EBS 系统、作业成本系统以及 MDM 系统。

其示意图如下：

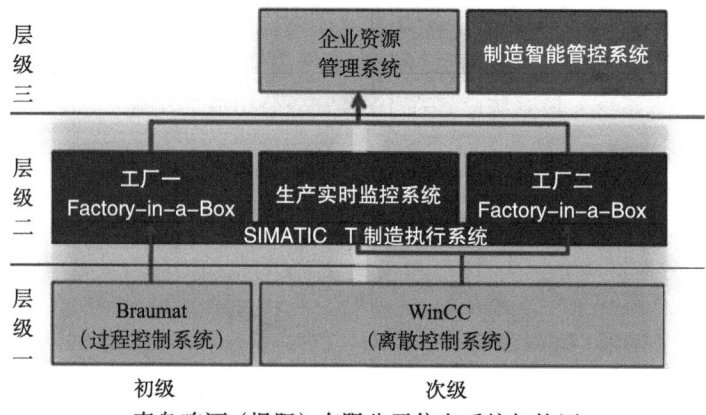

青岛啤酒（揭阳）有限公司信息系统架构图

（4）MES 功能实现

配方管理：包含对于酿造配方的管理及包装配方（BOM）的管理；配方是后续的生产工单创建的基础，同时也为实际发生的物料消耗及产品与标准消耗产出对比分析提供了数据基础。

包装生产计划管理：此功能包含 4 部分内容，即包装工单制定与下发、包装工单运行、包装工单查询、包装工单监视。

包装生产计划管理系统

包装生产效率管理（停机管理）：此功能主要利用 MES 自动采集设备的各类停机

信号及故障原因，帮助客户计算实时真实的生产效率，并以此为基础进行设备运行分析，找到生产瓶颈点，为进一步提高生产效率提供基础。停机管理主要包含停机原因对应表、设备故障点采集、停机信息自动采集、停机信息人工维护、停机分析等功能。

班组		丙班	甲班	乙班
班次		夜班	早班	中班
	合计			
产量	702703	146880	144000	210840
计划生产时间（min）	2300	480	480	930
运行时间（min）	2201.5	437.5	480	898
实际运行时间（min）	1637.41	339.13	315.02	745.02
产量标准时间（min）	1171.18	244.8	240	351.4
速度损失时间（min）	466.23	94.33	75.02	393.62
停机时间（min）	564.09	98.37	164.98	152.98
设备故障停机时间（min）	475.94	76	149.48	135.48
其他停机时间（min）	88.15	22.37	15.5	17.6
可扣除时间（min）	98.5	42.5	0	32
换瓶型/酒液时间（min）	0	0	0	0
有计划停机时间（min）	98.5	42.5	0	32
包装线效率	53.20%	55.95%	50.00%	39.13%
速度损失率	21.18%	21.56%	15.63%	43.83%
设备故障停机率	21.62%	17.37%	31.14%	15.09%
其他停机损失率	4.00%	6.11%	3.23%	1.95%

包装生产停机时间

物料追踪/追溯：物料追踪功能主要实现从糖化原料（大米、麦芽等）到成品的追踪以及从成品到原料的追溯，快速反映在生产过程中所使用的物料信息，保证产品质量的溯源。

（5）MES系统上线成果

MES的成功实施解决了企业计划管理层（ERP）与生产过程控制层（PLC、Braumat等）之间的信息"断层"问题，其中包含物料、设备等整个工厂的各个生产元素，从而实现了生产信息的透明化以及管理方式的精细化、扁平化。通过MES可使用户随时了解并掌握生产状况的实时动态信息，提前做出准确判断和决策部署，彻底提高生产效率，在生产管理及生产运行层面上实现对市场变化的快速反应。

从公司运营层来看，MES系统的上线实现了与ERP系统的无缝对接；在设备自动化及控制方面，实现了包括Braumat系统、大米/麦芽粉碎系统、包装线生产设备等在内的控制层系统的实时集成，实现了设备停机/生产工艺数据/物料流动的数据采集、生产监视以及生产效率分析功能；在物料消耗产出方面，通过物料追踪模块，实现了对原料及成品在生产过程中的追踪/追溯以及整个生产过程的追根溯源；在生产计划及执行方面，通过计划及生产过程管理、实时数据采集及报表分析功能的有效结合，实现了工厂全过程的生产管理功能。通过系统的各类数据信息的展示、利用及分析，MES 帮助工厂打破了生产过程这个"黑箱"，展现出了一个可视化工厂，使生产过程透明化，企业的管理人员无论何时身处何地，只要通过互联网就能将生产现场的状况看得清清楚楚，轻松地对生产进行分析及指导。

如今，生产车间中的每一包物料、每一个操作都成了鲜活的个体，它们的整个生命历程都有清晰的印记，无论你身处何方，都可以掌控远在千里之外的生产车间的实时运行状况，真正让管理者与操作车间实现零距离。

4. 企业信息化的未来发展规划

青岛啤酒将会在总部建一套集团化 MES，用于采集及对比分析全国各家工厂的相关数据，将各工厂服务器内的数据用一个标准的协议发送到中心工厂服务器，如此就可以在总部对各工厂的生产进行实时、直观的对比分析。

成功案例 2　京信通信

1. 客户企业概况

京信通信成立于 1997 年，是一家集研发、生产、销售及服务于一体的移动通信设备专业厂商，致力于为客户提供无线优化、传输与接入的整体解决方案。该集团于 2003 年在香港联交所主板上市（2342.HK），现有员工 1 万余人。

公司拥有无线优化、无线接入、天线及子系统、无线传输四大产品线，在各产品领域均掌握了核心关键技术，拥有众多自主知识产权。在广州经济技术开发区，该公司建有全球生产基地，拥有近 5 万平方米的通信设备制造厂房。

京信通信在广州经济技术开发区的全球生产总部

京信通信注重自主研发和技术创新，在广州科学城设有总部研发基地，在中国南京、美国弗吉尼亚及加利福尼亚分别设有研究所，拥有国内外专利1000余项。

京信通信建立有覆盖全球的市场服务网络，全球业务蓬勃发展，先后在亚太、欧洲、北美、南美设立10余个海外分支机构，于全球80多个国家和地区开展产品销售和技术服务。2012年集团销售收入超过60亿。

展望未来，京信通信将继续专注于无线通信领域的创新发展，力争成为全球无线优化、传输与接入领域的佼佼者，为客户贡献理想价值。

2. 企业信息化应用总体现状

京信通信目前有多个系统平台：
- SAP：8年的企业级ERP应用。
- PLM：6年的PLM系统应用。
- ATS（Automatic Testing System）：自动测试系统是一套测试数据采集系统，管理所有测试设备，集中记录所有测试数据。
- MES：制造执行系统集成了SAP与ATS，管理生产执行。

3. 信息化项目详细情况介绍

京信通信已经拥有多年企业级的ERP系统应用经验，在产品生命周期管理上也应用了PLM系统，为打造一流的数字化工厂，京信通信引入了西门子的SIMATIC IT MES。

（1）项目背景介绍

为了进一步加强生产过程的透明化、信息化，提升生产效率，公司拟对各产品线的生产进行管控，从作业单的下达到产品的入库全部纳入管理，实现对关键物料的跟踪追溯、半成品及成品的条码化管理以及质量控制，使得产品状态的清晰明确。同时，借助MES项目的实施，借鉴行业最佳业务实践的经验，京信通信希望进一步优化并规范公司各个生产制造产线的业务流程，并逐步在整个集团建立起标准化的工厂管理体系。

（2）项目目标与实施原则

京信通信的MES是面向制造企业车间级的信息化解决方案，旨在帮助公司提升制造生产管理能力，解决生产黑洞问题，提升产品品质，提高生产效率，通过条码技术对生产环节的即时数据进行采集、控制、监控和分析处理，为产品提供全程可追溯管理，从而帮助制造企业实现更加精益化的生产管理、降低成本、减少作业人员、改进工艺工序、应对客户要求等。

京信通信根据设定的目标，提出了系统的设计原则：

- 功能性原则：无缝连接产品、工艺设计、制造、执行。
- 集成性原则：高效、标准化数据集成，确保与企业业务层的充分沟通、反馈。
- 扩展性原则：定义各层信息系统的交互模型，为企业信息化成长预留国际接口。
- 经济性原则：减少自动化系统集成成本。
- 可靠性原则：确保整个生产过程中数据的完整性及一致性，以达到数据可靠。
- 灵活性原则：确保系统有良好的适应性，以应对业务变化。
- 标准化原则：参照标准应用商品软件建设示范性系统。

（3）应用系统的网络架构

应用系统的网络架构主要包含生产机房和灾备机房。在发生紧急状况的情况下，这些设备可以进行数据的恢复，保证生产的正常运行。

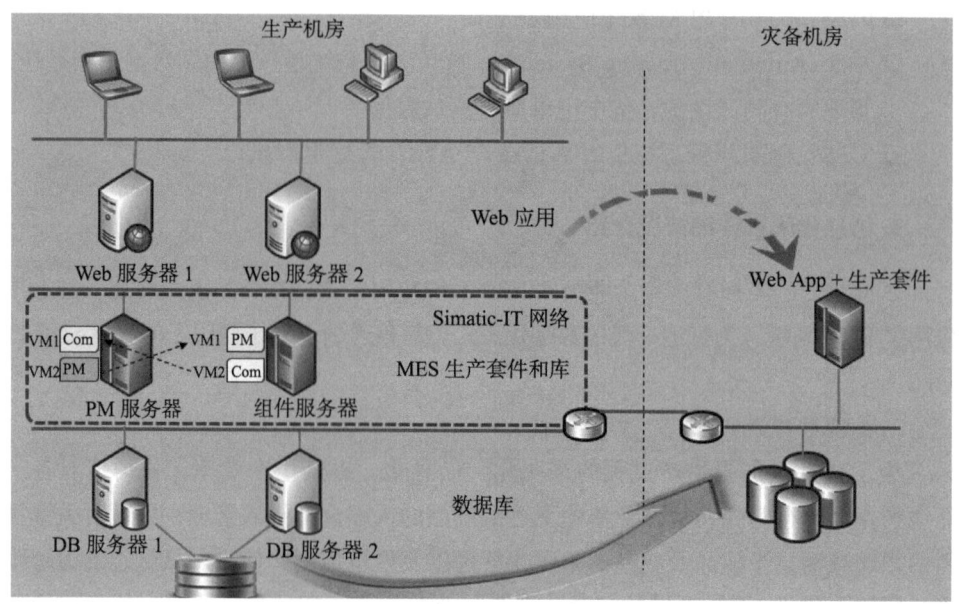

应用系统的网络架构

应用系统分为四级结构：
- 第一层为用户层。
- 第二层为应用功能层。
- 第三层为应用平台与服务层。
- 第四层为数据服务层。

（4）MES 的功能实现

西门子拥有成熟的电子行业 MES 产品与解决方案，帮助电子装配制造商克服各种挑战，MES 从工单全周期管理、生产透明化与流程管控、物料可追溯性、质

于是，济南二机床对各种商业软件系统进行了详细的比对分析，最终选择了产品生命周期管理软件专家 Siemens PLM Software 的 Solid Edge，因其最契合公司的需求。

"Solid Edge 促进了零部件模型和装配模型的设计变更，并具有很好的扩展性，使我们可以根据公司的实际业务需求来扩展应用。"济南二机床的 CAD 经理表示，"它的价位比较适中，最重要的是它所提供的零部件设计、装配设计、焊接设计、钣金设计、曲面设计等功能基本满足济南二机床的产品设计要求。"

这位 CAD 经理指出，"Solid Edge 的实用性很强，所提供的互操作体验简化了 CAD 三维的操作，易学，易用。同时，Solid Edge 还提供二维制图模块。Solid Edge 使得我们可以根据三维模型自动创建工程图和更新图纸。不仅如此，在三维建模过程中，Solid Edge 还使得我们可以直接使用二维 CAD 数据，从而解决了二维、三维设计脱节问题，有助于企业平滑地过渡到三维应用。"

3. 实现二维到三维的过渡

三维 CAD 软件的引入是企业实现全三维技术应用的基础。为了推进 Solid Edge 的部署，济南二机床管理层制定了从二维走向三维的三步规划。

第一步，搭建三维应用的基础数据框架，包括建立外构件库、通用件库和标准件库，并通过 Solid Edge 软件的产品数据管理功能逐步导入使用。

第二步，积累新产品三维设计的应用经验，即对于一些新订单产品（如变型产品）采用三维 Solid Edge 设计，逐步增加产品三维模型和数字化设计的数量。

第三步，在企业内部全面推广应用三维 CAD。当公司有 1/2 的产品应用 Solid Edge 设计之后，就开始逐步甩掉二维，完成由二维到三维的转换和升级。

目前，济南二机床已完成了基础数据框架的搭建工作，建立了基于 Solid Edge 的 PDM 平台，大部分产品都开始应用三维设计，平均每年有十多个新产品在 Solid

Edge 中进行设计。

然而，济南二机床三维应用推广的过程也并非一帆风顺，公司项目在实施初期并未能达到预期目标。为了找出造成该问题的根本原因，济南二机床的工程师与 Siemens PLM Software 的顾问组成了实施团队。西门子为工程师组织和提供定期的培训与技术支持，使他们能够更加熟练地掌握 Solid Edge 的应用。此外，西门子还通过版本升级和二次软件开发等手段进一步契合企业的需求。

济南二机床已应用了 Solid Edge 的所有基本功能，包括应用 Solid Edge 的零部件设计和装配设计功能。工程师应用装配设计功能并通过自顶向下或自底向上的设计技术，根据装配关系装配已有的零部件，而且同一个装配项目还能由多个工程师共同操作，实现协同设计。

应用 Solid Edge 的钣金设计功能，工程师得以快速完成各种钣金零部件的设计。同样来自 Siemens PLM Software 的 Femap 软件也被应用于装配环境中，以对零部件和钣金进行简单的应变或模态分析。基于 Solid Edge 的二维制图功能，可以根据三维模型自动创建和更新图纸，并迅速创建标准视图和辅助视图。另外，公司还应用了 Solid Edge 的其他功能，如图纸浏览、BOM 搭建、Web 发布等。

除此之外，济南二机床还实施了 Siemens PLM Software 的 Teamcenter 和 NX Nastran 软件。这三款来自 Siemens PLM Software 的软件解决方案紧密集成，共同搭建起了济南二机床的数字化产品开发平台。Solid Edge 主要用于产品的三维设计，NX Nastran 定位于专业级的有限元分析（FEA）、结构曲线分析及仿真，而 Teamcenter 提供完整的产品生命周期管理。

4. BOM 信息自动提取，消除信息孤岛

济南二机床的产品 BOM 复杂，单台产出涉及的零部件达一万种左右。在激烈的市场竞争推动下，产品设计和更新速度加快，产品设计通常会被反复修改和完善，其产品的 BOM 也会随之发生相应的变化。为此，工程师希望可以最大限度地利用设计阶段的 BOM 信息，消除"信息孤岛"（如 PDM 与 ERP）的数据存储问题。

济南二机床的工程师进行了一定的二次开发，根据其自身需求实施 Solid Edge。基于 Solid Edge 与 Teamcenter 之间的紧密集成，利用装配 BOM 信息的自动提取能力，可以轻易地对装配及包含于装配体中的零部件进行分析。利用 Solid Edge 完成装配设计后，可以在 Teamcenter 系统中直接添加装配图，再从装配图上自动提取装配 BOM 信息。然后，可将装配 BOM 作为基础数据以生成中间数据表，进而提交到 ERP。

在应用该功能之前，济南二机床的装配搭建都是手工完成的，因此很容易出现错误。而如今，手动搭建变成系统自动搭建，大大缩短了产品的研发周期，减轻了工作人员的工作量。

5. 实施收益

济南二机床的 CAD 经理说："Solid Edge 的实施明显提升了济南二机床的产品设计质量、研发效率。例如，在装配时，若发现了设计中不合理的地方，可以很快地进行修改，这样就能在设计过程中避免问题。而且，Solid Edge 允许工程师直接利用所有的资源进行关联设计和同步修改，大大提高了设计效率。同时，三维进阶前期准备工作的开展，促使济南二机床的基础数据得到了全面整合、梳理和规范，为以后信息化工作的展开打下了坚实的基础。"

Solid Edge 的实施应用只是济南二机床从二维走向三维的第一步，随着三维的深化应用，济南二机床将进一步把三维应用推广到工艺、制造等环节，逐步实现产品全生命周期三维应用的最终目标。

济南二机床通过应用符合其业务需求、战略的三维数据和信息管理软件取得了极大的成效，但以后仍会继续深入探索该领域，以期获得更大的优势。该公司的 CAD 经理说："我们相信，信息化建设定会在济南二机床的发展过程中发挥更大的能动效益。"

全集成自动化案例

1. TIA 概念

在制造行业中，生产效率和生产力是迈向成功的两大重要因素。在复杂的机器和工厂生产中，工程组态尤为重要。也正因此，在工程组态早期阶段，即可实现高效应用，从而使生产运行更快速、更灵活和更智能。为此，西门子推出了一款卓越的解决方案：全集成自动化（TIA）。

2. TIA 系统所带来的优势

西门子推出的这一款工业自动化系统 TIA 是所有自动化组件高效协作的典范。其中，开放式系统架构覆盖了整个生产过程，并且所有的组件都具有以下特性：统一的数据管理、全球统一标准以及统一的硬件和软件接口。这些特性极大地缩短了工程组态时间，从而在大幅提升系统灵活性的同时显著降低成本和面市时间。

集成的工程组态显著缩短了系统组态时间、成本和工作量，因而极大地提升了工程项目的盈利能力和市场竞争力。运行过程中所有数据的记录/生成高度透明，确保了管理决策的准确性，进而能大幅提升工厂的成本效益。通信集成基于国际标准，实现跨供应商标准的灵活应用，这种无限制的通信集成可确保所有层级全部组件间的高效协作与数据的高度透明，即在工厂任何角落均可随时获取相关信息。

TIA 的优势

3. TIA 博途产品覆盖范围总览

全新工程设计软件平台——TIA 博途将所有的自动化软件工具集成在统一的开发环境中。TIA 博途代表着软件开发领域内的一个里程碑，它是世界第一款将所有自动化任务整合在一个工程设计环境下的软件，包含西门子大部分产品线，主要有 SIMATIC STEP 7、SIMATIC WinCC 和 SINAMICS StartDrive V12。

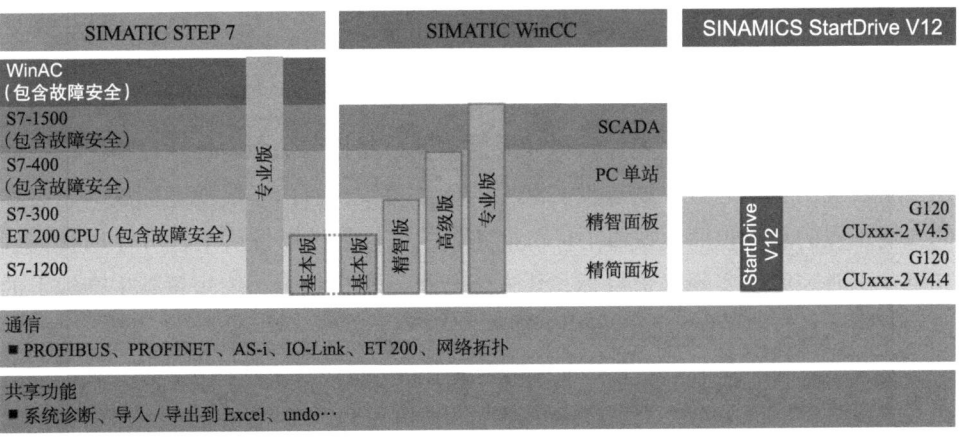

TIA 博途产品覆盖范围

4. TIA 博途在华晨宝马中的应用

作为宝马集团全球最先进工厂之一的沈阳铁西工厂全面应用了西门子 TIA 解决方案，在 SIMATIC Manager 集成环境下使用了 PLC 编程软件 STEP 7，还配合着使用了西门子 LIS 超宽带实时定位识别系统，且集成了 PROFIsafe 安全技术解决方案。制造过程的通信采用 PROFINET 网络传输，底层执行器和中间控制器也主要由西门子提供，如 SIMATIC S7 控制器、SINAMICS 驱动产品等。

宝马沈阳铁西工厂

耗资 15 亿欧元，占地面积 2.07 平方千米的铁西工厂，拥有冲压、车身、涂装和总装四大完整的汽车制造工艺。总装车间是工厂的最后一道关口，将发动机以及传动系统、内饰、仪表板、座椅等所有的其他附件装配到涂装完成的车身上，使其成为一辆名副其实的汽车，因此总装车间对汽车质量和产量都起着至关重要的作用。与其他车间相比，总装车间更需要在生产上分秒必争，对设备运行率的要求更高。

走进总装车间，基于 TIA 概念的西门子产品"无处不在"。西门子先进的设备、解决方案和专业的服务能够保证设备的运行率达到 99% 以上，稳定运行的生产线有利于实现宝马汽车对质量和效率的不懈追求。

西门子是电子电气工程领域内领先的企业，而设备的稳定性在铁西工厂一期建设中表现出色，通过一期建设实践中的优胜劣汰，西门子成功竞标成为总装车间二期工程的总承包商。铁西工厂二期建设的目标是把产量从 15 台 / 小时提高到 30 台 / 小时。为了实现这个目标，让人工与机器有机结合，缩短每条生产线上的节拍时间，是西门子在二期建设中对总装车间的改造方向之一。

在总装车间的合车工位上，车身与底盘及动力总成首次结合在一起。西门子将合车工位从原来的 1 个人工工位细化成 12 个工位。其中，只有 4 个工位需要配备工人，其余全部是自动化完成，而每个螺钉的拧紧程度都被计算机录入系统并保存直到车辆报废，从而确保每一项数据都是可追溯的。在新的设计下，车身与底盘及动力总成的结合可以按照流水线的方式连续进行，减少了零部件的等待时间。

全新 BMW 3 系标准轴距、长轴距和 X1 都是铁西工厂目前生产的。为客户提供专属定制服务，意味着工厂要实现订单式生产，这也是当前汽车行业的发展趋势。所谓订单式生产，最基本的做法是根据经销商获得的订单，在工厂"按需生产"，从而很好地控制库存。随着消费者个性化需求的增加，订单式生产又成为汽车厂家营销的新武器——用户可以根据自己的喜好选择车型甚至车辆的配置，工厂再根据订单的实际要求进行相应的生产。

宝马装配车间

5. TIA 博途在中信戴卡建设面向未来的生产线中的应用

目前，中信戴卡与西门子合作，在秦皇岛总部和浙江宁波分厂投入建设三条新的轮毂压铸线，其中两条已经投入生产，产能均达到 220 万件 / 年。借此，中信戴卡开始积极尝试生产方式的转型，依托西门子最新的自动化软件平台——TIA 博途，双方共同打造面向未来的统一工程平台，将轮毂生产从人力制造转向机器制造。TIA 博途的使用至少为其带来了三大方面的变化。

第一，统一的电子化数据和权限管理。当 TIA 博途连接上数据总线后，所有的手工操作全部移至工业信息管理网络中进行，直接避免了人工或书面的文件传递，极大地缩短了车轮换型的工作时间，重要的生产数据还将被投放在机加工信息化看板上，方便巡检人员了解生产进度和产品质量状况。通过 TIA 博途可规范操作人员授权，即只有限定范围内经过授权的工程人员才能进行工艺参数的操作和调整。

第二，高效的信息集成。当不同机台生产同一种轮型时，可在 TIA 博途上实现工艺参数的固化，进行系统备份。工艺参数能够很容易地达到统一，并下载到不同的机台上去，如有变动，可在上位机上做一次性修改。

第三，高效的质量管控。由于 TIA 博途和各个机台的 SIMATIC S7-1500 PLC 已经取得通信，并且实现了与后续检测设备的联网，因此，当产品通过后续检查铸造质量的 X 光机时，一旦出现问题，X 光机能够通过设备之间的信号连接，快速地将结果反馈到总线，由总线进行判断，并进行生产过程参数的调整。由于快速的质量反馈和介入，使生产过程中的不良品率降低了 30%。

设备条件和基础管理水平的领先还只是冰山一角，中信戴卡最具实力的部分重点体现为依托 TIA 博途搭建的软件开发平台和完备的系统结构框架。通过工业以太网的扩展，中信戴卡已经将 TIA 博途与 MES、压铸机台的所有 PLC、后续品质管理的 X 光机控制器对接。同时，中信戴卡还不失远见地为系统扩展预留了对接接口，未来将重点实现与 ERP 的对接。为了实现精细化的生产管理，在未来，中信戴卡还会计算出单机每小时的工时费用，甚至可以渗透到 SRM 供应商管理和 CRM 客户管理层面，实现全价值链的集成和整合。

中信戴卡

推荐阅读

智能制造之虚拟完美模型：驱动创新与精益产品

作者：[美]迈克尔·格里夫斯（Michael Grieves） 译者：方志刚等 ISBN：978-7-111-56101-9 定价：69.00元

本书扩展了迈克尔·格里夫斯博士关于产品全生命周期管理的开创性观点，深入阐述了智能模型是如何经过描述、定义、建造、服务等一步步演变和成长为完整的产品数字孪生。本书不仅包括性能建模和仿真，也包括成本/利润和质量的仿真，以实现商业决策的自动化；不仅考虑机器人仿真，也考虑人因工程，并对全生命周期数字神经系统——BOM主线进行深入论述，对系统工程、多学科优化、机电软一体化建模、物联网也有独到见解。本书最后还结合中国制造2025，对整合人、组织、流程/实践的关键实施成功要素提出了实用建议。

本书深入阐述了如何通过产品全生命周期管理驱动创新和精益产品，企业如何通过连接物理产品和虚拟产品（它们往往在生产过程中会产生产品的信息，即虚拟产品）来为企业自身及客户获得价值。作者作为PLM领域开创性的创造者及思想的领导者，通过本书将行业实践以及学术框架都呈现了出来。

工业创新方法与实践

作者：刘勇谋 ISBN：978-7-111-53991-9 定价：69.00元

本书以通俗易懂、深入浅出的方式，全面、系统地介绍了系统创新技术所涉及的主要理论，包括TRIZ（发明问题解决理论）、VE（价值工程）、QFD（质量功能展开）、FMEA（故障及失效模式分析）、田口方法、AD（公理设计）、DFSS（六西格玛设计）。另外，还采用大量的日常生活中常见的产品作为案例，从问题的提出、问题的表达，到问题的求解和结果的评估，在各个创新流程阶段全面地运用各种系统创新理论，系统地展示系统创新的全过程，帮助读者了解相应理论的核心内容和基本解题流程。同时，为了便于广大工程技术人员在创新实践中规避专利风险，还特别加入了各国专利法简介的内容。

推荐阅读

工业4.0核心之德国精益管理实践

作者：徐春珺 等　ISBN：978-7-111-55146-1　定价：79.00元

工业4.0驱动下的制造业数字化转型

作者：彭俊松 等　ISBN：978-7-111-54024-3　定价：79.00元

工业4.0实战：装备制造业数字化之道

作者：西门子工业软件公司　ISBN：978-7-111-51535-7　定价：69.00元

工业4.0：正在发生的未来

作者：夏妍娜 等　ISBN：978-7-111-49794-3　定价：39.00元